राजस्थान में महिला शिक्षा का योगदान
राजनीतिक व आर्थिक परिप्रेक्ष्य में

राजस्थान में महिला शिक्षा का योगदान राजनीतिक व आर्थिक परिप्रेक्ष्य में

डॉ. सीमा

रिसर्च इंडिया प्रेस
नई दिल्ली

ISBN : 978-93-5171-173-5

मूल्य : ₹ 1500/-

प्रथम संस्करण : 2020

प्रकाशक :
रिसर्च इंडिया प्रेस
ई-6/34, संगम विहार
नई दिल्ली-110062
दूरभाष : 011-26047013, मोबाइल : 9818085794
E-mail: researchindiapress@gmail.com

टाईपसेटिंग
जी. आर. शर्मा

“पूजनीय माँ रामवती देवी और बड़े भाई
डॉ. मनोज कुमार एडवोकेट की स्मृति में”

अनुक्रमणिका

प्रस्तावना

भारत की कुल जनसंख्या का आधा हिस्सा महिलाएँ हैं। महिलाएँ समाज का अभिन्न भाग हैं, महिलाएँ परिवार, समाज एवं सुदृढ़ राष्ट्र की रचना में महत्वपूर्ण भूमिका निभाती हैं। महिलाएँ परिवार, सभ्यता एवं संस्कृति का आधार- स्तम्भ हैं। अतः देश का समग्र विकास महिलाओं के उद्धार, कल्याण में उनकी भागीदारी सुनिश्चित करने से ही हो सकता है।

वर्तमान में शिक्षा के प्रसार के कारण स्त्रियों की स्थिति में परिवर्तन आया है। महिलाएँ भी आज पुरुषों के साथ जीवन के प्रत्येक क्षेत्र में भागीदार हैं। अब महिलाओं ने देश की राजनीतिक व आर्थिक विकास में भी भाग लेना प्रारम्भ किया है। अनेक महिलाएँ लोकसभा तथा देश की विभिन्न विधानसभाओं में प्रतिनिधित्व करने लगी हैं। अतः राजनीतिक एवं आर्थिक क्षेत्र में महिलाओं की उभरती हुई भूमिका को अनदेखा नहीं किया जा सकता है।

प्रस्तुत अध्ययन महिलाओं के मूल्य, दृष्टिकोण, अपेक्षाओं और कुशलताओं के मूल्यांकन पर आधारित है। महिलाएँ जो प्रबुद्ध और विवेकशील हैं, वे राजनीतिक व आर्थिक संवर्धन से क्या अपेक्षाएं रखती हैं व सशक्तिकरण के माध्यम से किस तरह से अपनी सोच, आशा, व्यवहार, अपेक्षाओं एवं ज्ञान द्वारा भारत में एक नव संवेदना को जाग्रत कर भारत की दयनीय स्थिति जोकि आतंकवाद, राजनीतिक अपराधीकरण, मानवाधिकार के हनन, भ्रष्टाचारिता, दल-बदल जैसे अनेक विषयों के बारे में क्या विश्वास रखती हैं।

प्रस्तुत अध्ययन **''राजस्थान में महिला शिक्षा का योगदान राजनीतिक व आर्थिक परिप्रेक्ष्य में''** के बारे जानने का एक प्रयास है। राजस्थान की राजनीति में भी महिलाओं की भूमिका महत्वपूर्ण रही है। महिलाओं की राजनीतिक व आर्थिक जागरुकता तथा रुचि के बारे में छोटे पैमाने पर अध्ययन

कर इसे बड़े पैमाने पर लागू किया जा सकता है। राजस्थान की महिलाओं की राजनीतिक व आर्थिक विकास में जागरुकता के सन्दर्भ में एक गम्भीर अध्ययन करने का प्रयास किया गया है।

उपर्युक्त विषय पर अध्ययन करते हुए सम्पूर्ण प्रबन्ध को छः अध्यायों में विभक्त किया है–

प्रथम अध्याय में परिचय पद्धति के आधार पर महिलाओं के सामने आने वाली समस्याओं को स्पष्ट किया गया है। महिलाएँ इन समस्याओं से निकलकर किस प्रकार से अपने उद्देश्यों को पूरा करती हैं; साथ ही प्रत्येक स्तर पर अपने आप को किस प्रकार सशक्त बनाती हैं, किस प्रकार परिवार एवं समाज में अपनी भागीदारी देती हैं, का विवरण दिया गया है।

द्वितीय अध्याय में, **'राजस्थान में महिलाओं की स्थिति'** समाज के विकास की सूचक है। महिलाओं की स्थिति महिलाओं के प्रति समाज के दृष्टिकोण को इंगित करती है। महिलाओं की स्थिति का मूल्यांकन महिलाओं की शिक्षा, रोजगार, स्वास्थ्य सुविधा, राजनीतिक, प्रशासनिक एवं आर्थिक क्षेत्र में पहुँच से किया जा सकता है। प्रस्तुत अध्याय में महिलाओं की स्थिति की अवधारणा को बताते हुए उसको दर्शाने वाले सूचकों का विस्तार से विश्लेषण किया गया है।

तृतीय अध्याय में, **'राजस्थान में महिला शिक्षा एवं आर्थिक सशक्तिकरण'** की पृष्ठभूमि के आधार पर अध्ययन किया गया है कि महिलाओं को आर्थिक रूप से सशक्त करने में शिक्षा कितनी महत्वपूर्ण होती है। शिक्षा से महिलाओं का बौद्धिक स्तर किस प्रकार उच्च होता है, एवं सामान्य जागरूकता में किस प्रकार वृद्धि होती है। शिक्षित महिला अपने हितों को ध्यान में रखकर पारिवारिक, सामाजिक, राजनीतिक एवं आर्थिक क्षेत्रों में किस प्रकार महत्वपूर्ण निर्णय लेती है। महिलाओं के प्रति समाज का दृष्टिकोण किस प्रकार परिवर्तित होता है आदि का अध्ययन किया गया है।

चतुर्थ अध्याय में, **'राजस्थान में महिलाओं की सामाजिक स्थिति एवं दशा'** से सम्बंधित समस्त पहलुओं पर जानकारी प्राप्त की गई है। महिलाओं की परिवार एवं समाज से संबंधित निर्णयों में सहभागिता एवं

स्वतंत्रता महिलाओं की सामाजिक स्थिति का सूचक है। यह सहभागिता व स्वतन्त्रता जितनी अधिक होगी उतनी ही महिलाओं की स्थिति सुदृढ़ होगी। इस अध्याय में महिलाओं के द्वारा परिवार से संबंधित दैनिक कार्यों, महिलाओं के उत्तरदाताओं का प्रारूप, निर्णयों में सहभागिता व स्वतंत्रता महिला की स्थिति काविभिन्न बिन्दुओं के माध्यम से अवलोकन किया गया है।

पंचम अध्याय में, **'राजस्थान में महिला की राजनीतिक भागीदारी एवं सशक्तिकरण'** पर अध्ययन किया गया है। राजस्थान में महिला की उन्नति व विकास के लिए आवश्यक है कि जीवन के प्रत्येक क्षेत्र विशेषकर राजनीति में उनका सशक्तिकरण हो, उनकी सहभागिता का स्तर उच्च हो। ऐसा होने पर ही लैंगिक आधार पर एक समानतापूर्ण समाज की स्थापना होगी। महिला सहभागिता के मुद्दे को अधिक सशक्त ढंग से किस प्रकार उठाया जाये आदि का अध्ययन किया गया है।

षष्ठ अध्याय में, **'राजस्थान में महिलाओं के लिए राज्य की नीतियाँ'** के आधार पर महिला के विकास की धारा को और सशक्त बनाने के लिए क्या-क्या कदम उठाये गये है आदि के परिणामों की समस्त जानकारी प्रस्तुत की गई है।

अन्त में समग्र अध्ययन का मूल्यांकन प्रस्तुत किया गया है। राजस्थान में महिला का विकास किस प्रकार संभव हुआ। महिलाएँ समाज का अभिन्न भाग हैं। महिला परिवार, समाज और सुदृढ़ राष्ट्र की रचना में महत्वपूर्ण भूमिका किस प्रकार निभाती है। महिलाओं को समाज में उचित स्थान एवं प्रतिष्ठा प्रदान करके ही एक समाज का, एक राष्ट्र का विकास संभव हो सकता है। इसी दृष्टिकोण को ध्यान में रखते हुए महिलाओं के सशक्तिकरण हेतु संबंधि त परिणामों की समस्त जानकारी प्रस्तुत की गई है।

डॉ. सीमा

पुरोवाक्

"राजस्थान में महिला शिक्षा का योगदान राजनीतिक व आर्थिक परिप्रेक्ष्य में" को रेखांकित करने के लिये डॉ. सीमा द्वारा चयनित विषय अपने आप में तथा राजस्थान प्रदेश में महिलाओं के अनयन को रेखांकित करने का एक सराहनीय प्रयास हैं। महिलाओं की उन्नति व प्रगति में लगातार प्रयासरत केन्द्र व राज्य सरकारों के प्रयासों के फलस्वरूप महिलाओं की राजनैतिक व आर्थिक स्थिति में महत्वपूर्ण परिवर्तन दिखाई दे रहा हैं।

इस पुस्तक में महिलाओं की स्थिति, प्रस्थिति व समाज में महत्वपूर्ण भूमिका के संदर्भ में ऐतिहासिकता के परिपेक्ष्य में चिंतन व मूल्यांकन करने का एक सार्थक प्रयास दिखाई देता है। पुस्तक में महिला शिक्षा एवं आर्थिक सशक्तीकरण के मापक के तौर पर जिला स्तर पर इसका अवलोकन व मूल्यांकन कर यह दर्शाने का प्रयास किया गया है कि प्राचीन, मध्यकालीन, आधुनिक व वर्तमान भारत में महिलाओं के प्रति व विरुद्ध जो भी लोक रीतियाँ, विडंबनाये तथा कुप्रथाएं प्रचलित थी उनका काफी हद तक उन्मूलन हो चुका है और इस दिशा में महिला आंदोलन व संगठनों ने महती भूमिका निभाई हैं। सरकार द्वारा वैध सम्मत प्रक्रिया को अपनाते हुए महिलाओं के सामाजिक आर्थिक तथा राजनीतिक सशक्तीकरण को एक नई बुलन्दी व नए आयाम देने के सार्थक प्रयास जारी हैं।

इन प्रयासों का ही परिणाम है कि भारत की संसदीय प्रक्रिया में महिलाओं की भागीदारी है धीरे - धीरे परंतु आवश्यक तौर पर बढ़ रही है और संसद के साथ - साथ प्रशासनिक सेवा, पुलिस सेवा व न्याय सेवा में इनका योगदान दिन प्रतिदिन बढ़ रहा है।

पुस्तक की लेखिका स्वयं बहुआयामी व्यक्तित्व की स्वामिनी हैं जो जीवन की विभिन्न आयामों में लेखिका, अधिवक्ता तथा सह–आचार्य एवम् डॉक्टर ऑफ फिलॉसफी की उपाधि (Ph.d) धारक है जो एक शिक्षित महिला होने के फलस्वरूप बदलती परिस्थितियों व अपने देश की प्रगति में योगदान को रेखांकित करने के लिए पर्याप्त प्रमाण प्रस्तुत करती है।

मैं डॉ सीमा के इस प्रयास को महिला सशक्तीकरण की अवधारणा में एक नया अध्याय जोड़ने हेतु प्रयास के लिए साधुवाद देता हूँ।

डॉ. आलोक कुमार

प्राचार्य– राजकीय, महाविद्यालय नदबई

(भरतपुर) तथा विभागाध्यक्ष इतिहास

एम एस जे कॉलेज, भरतपुर राजस्थान

आभार

"राजस्थान में महिला शिक्षा का योगदान राजनीतिक व आर्थिक परिप्रेक्ष्य में" के बारे में जानने का अपने आप में एक विस्तृत प्रयास हैं। अतः पुस्तक की पूर्णता पर उन सबका स्मरण करना और उनके प्रति कृतज्ञता ज्ञापित करना, मैं अपना नैतिक कर्त्तव्य समझती हूँ। प्रथमतः वंद्य चरण अपने गुरुवर राजस्थान विश्वविद्यालय अंतर्गत एम. एस. जे राजकीय स्नातकोत्तर महाविद्यालय भरतपुर (राजस्थान) के इतिहास विभाग की वरिष्ठ व्यख्याता डॉ. संतोष गुप्ता जी की मैं चिर ऋणी हूँ जिनकी स्नेहिल, कृपा, प्रेरणा, और कुशल निर्देशन में यह कार्य पूर्णता को प्राप्त हुआ।

इस पुस्तक के लेखन कार्य को पूरा करने में अनेक संस्थानों व पुस्तकालयों का सहयोग रहा, मैं जिनकी विशेष रूप से हमेशा ऋणी रहूंगी।

मेरी पुस्तक की सामग्री तथा तथ्य संकलन में राजस्थान विश्वविद्यालय के केंद्रीय पुस्तकालय, महिला अध्ययन केन्द्र, राजस्थान विश्वविद्यालय, जयपुर, राधाकृष्णन पुस्तकालय जयपुर, दिल्ली विश्वविद्यालय के केंद्रीय पुस्तकालय दिल्ली, जवाहरलाल नेहरू विश्वविद्यालय के केंद्रीय पुस्तकालय, दिल्ली तथा अध्ययनरत शिक्षार्थियों व इन संस्थानों के सभी कर्मचारियों, अधिकारियों को ह्र्दय आभार एवं धन्यवाद ज्ञापित करती हूं, जिनसे मुझे हर स्तर पर पूर्ण सहयोग मिला।

मैं विशेष रूप से अपने पूर्व इस विषय पर लिखे गये सभी विद्त मनिषी, लेखकों, सहयोगियों, सहायक ग्रंथों तथा पत्र–पत्रिकाओं के सम्पादको, ग्रन्थों के व्यवस्थापकों और उन समस्त पुस्तकों के विद्वान लेखकों को भी मेरा प्रणाम निवेदित हो जिनसे मैंने सहायता ली है।

इस पुस्तक के सम्पूर्ण कार्य, में मैं इतिहास – विभाग के विभागाध्यक्ष प्रोफेसर कृष्ण गोपाल शर्मा, प्रोफेसर विभा उपाध्याय (पूर्व विभागाध्यक्ष), डॉ. विजय कुमारी जिन्होंने मुझे समय – समय पर मुझे उचित मार्गदर्शन प्रदान किया। साथ ही मैं एम. एस. जे. राजकीय स्नातकोत्तर महाविद्यालय भरतपुर (राजस्थान) के हिंदी विभाग के डॉ. अशोक गुप्ता जी और डॉ. अलोक कुमार जी इतिहास विभागाध्यक्ष एवं कार्यवाहक प्रचार्य राजकीय महाविद्यालय नदबई, भरतपुर (राजस्थान), डॉ. प्रो. के. रतनम अध्यक्ष इतिहास अध्ययन मंडल जीवाजी विश्वविद्यालय, ग्वालियर, सदस्य भारतीय इतिहास अनुसंधान परिषद, नई दिल्ली, को भी धन्यवाद देना चाहूँगी जिन्होंने उचित मार्ग दर्शन व मेरे कार्य को पूर्ण करवाने में सहभागिता प्रकट की है।

साथ ही मैं अपने बाबूजी श्री डॉ. सरदार सिंह तथा अपने बड़े भाई (स्व.) डॉ. मनोज कुमार (एडवोकेट) को मेरा शत– शत नमन जिनके आशीर्वाद से मैं अपना लक्ष्य प्राप्त कर सकी। तत्पश्चात छोटे भाई राजकुमार मीना, (एडवोकेट), रवि कुमार मीना, चंद्रशेखर मीना, (PGT अध्यापक), प्रेमसागर मीना, सुरजन लाल मीना, (PGT अध्यापक), डॉ. श्यामसुंदर मीना जी सहायक प्रो. दिल्ली विश्वविद्यालय, दिल्ली डॉ. प्रीति प्रिया मरांडी, जवाहरलाल नेहरू विश्वविद्यालय दिल्ली, डॉ. रशिमी मीना राजस्थान विश्वविद्यालय, जयपुर, साथ ही मैं अपने परिवार के सभी सदस्यो जिन्होंने प्रत्यक्ष और अप्रत्यक्ष रूप से मुझे सहयोग प्रदान किया, मैं उनकी भी आभारी हूँ

साथ ही मैं रिसर्च इंडिया प्रेस के स्वत्वाधिकारी श्री सुमन कुमार पाठक जी के प्रति आत्मीय आभार व्यक्त करती हूँ जिन्होने व्यवसायिक दृष्टि को एक तरफ रखकर एक सहयोगी की तरह सम्बल दिया तथा बहुत ही कम समय में बड़ी ही कर्तव्यनिष्ठा से बड़ी खूबसूरत साज–सज्जा से पुस्तक प्रकाशित कर आप तक पहुँचायी। यह पुस्तक महिलाओं के विकास में निर्णायक भूमिका निभायेगी, तो इसे हम अपनी मेहनत का प्रतिफल समझेंगे।

अन्त में मुझे यह कहने में तनिक भी संकोच नहीं है की इस पुस्तक में निहित त्रुटियाँ आमूल मेरी है। अतः प्रबंध में तनिक भी त्रुटि होने पर शिक्षा जगत मुझे क्षमा करेगा और अवसरानुकूल अपना अमूल्य परामर्श देगा ऐसा मेरा विश्वास है।

डॉ. सीमा

अध्याय-प्रथम

परिचय

समस्या की प्रकृति

महिलाएँ समाज का अभिन्न भाग हैं जो कुल जनसंख्या का महत्वपूर्ण हिस्सा हैं। महिलाएँ परिवार, समाज एवं सुदृढ़ राष्ट्र की रचना में महत्वपूर्ण भूमिका निभाती हैं। महिलाएँ परिवार, सभ्यता एवं संस्कृति का आधार स्तम्भ हैं। महिला स्थिति से व्यक्ति, परिवार, समाज एवं राष्ट्र की सामाजिक तथा आर्थिक स्थिति प्रभावित होती है। महिलाओं को समाज में उचित स्थान एवं प्रतिष्ठा प्रदान करके ही समाज का विकास संभव है। इसी दृष्टिकोण को ध्यान में रखते हुए महिलाओं के सशक्तिकरण हेतु समय-समय पर केन्द्र एवं राज्य सरकार द्वारा प्रयास किये जा रहे हैं। महिला सशक्तिकरण पिछले एक दशक से राष्ट्र व अन्तर्राष्ट्रीय स्तर पर चर्चा का विषय बना हुआ है।

राष्ट्र के विकास के लिये महिलाओं को पूर्ण रूप से सशक्त होना आवश्यक है तभी उनकी क्षमताओं का लाभ उठाया जा सकता है। महिलाओं को विकास की मुख्यधारा से जोड़े बिना किसी समाज, राज्य एवं देश के आर्थिक, सामाजिक और राजनीतिक विकास की कल्पना नहीं की जा सकती है। भारतीय संविधान में महिलाओं के उत्थान के लिये शिक्षा एवं रोजगार से संबंधित समान अवसर, समान आजीविका, समान कार्यों के लिये समान भुगतान के अधिकार दिए गये हैं।[1] स्वतंत्रता प्राप्ति के पश्चात आर्थिक एवं सामाजिक परिवेश में महत्वपूर्ण परिवर्तन के कारण महिलाओं की आर्थिक एवं सामाजिक स्थिति में बहुत परिवर्तन हुआ है। ग्रामीण एवं शहरी क्षेत्र में महिला

शिक्षा के प्रसार से सामाजिक, आर्थिक एवं राजनीतिक क्षेत्र में सहभागिता बढ़ी है जिसके कारण महिला सशक्तिकरण को प्रोत्साहन मिला है।

महिला सशक्तिकरण का विकास

महिला सशक्तिकरण एक विस्तृत अवधारणा है। यह एक बहुआयामी प्रक्रिया है जिसके द्वारा महिलाओं को उनकी शक्ति, सामर्थ्य एवं क्षमता का अहसास कराया जाता है जिससे महिलाओं की सामाजिक, आर्थिक एवं राजनीतिक क्षेत्र में सहभागिता बढ़ सके एवं स्वतंत्र निर्णय लेने की शक्ति में वृद्धि हो। परिणामस्वरूप महिलाओं में आत्मविश्वास बढ़ता है और वे आत्मनिर्भर होती हैं। यह एक जटिल प्रक्रिया भी है जो केवल प्रयत्नों द्वारा अर्जित की जा सकती है। इसमें शक्तियों का पुनर्वितरण होता है जो लैंगिक विषमताओं को दूर करने में सहायक है और महिलाओं को पुरुषों के समान अधिकार प्राप्त होते हैं।

वर्तमान में अधिकांश महिलाओं को लैंगिक विषमता का सामना करना पड़ता है। एशिया एवं पैसिफिक की द्वितीय मंत्री सम्मेलन (जून 1994) में 'जकार्ता घोषणा' में कहा गया कि महिलाएँ विश्व की जनसंख्या का महत्वपूर्ण भाग हैं। महिलाएँ श्रमबल में तीस प्रतिशत एवं कार्यशील घंटो में साठ प्रतिशत का योगदान देकर भी विश्व की आय का कुल दस प्रतिशत ही उपार्जित कर पाती हैं। विश्व की सम्पत्ति में महिलाओं का हिस्सा एक प्रतिशत से भी कम है जो कि महिलाओं की आर्थिक स्थिति को सूचित करता है। यह तथ्य भारत में विशेषकर ग्रामीण महिलाओं के लिये भी सत्य है।

महिला सशक्तिकरण एक ऐसी सतत प्रक्रिया है जिसके द्वारा महिलाओं का बहुआयामी विकास संभव है। महिला आर्थिक सशक्तिकरण, महिला सशक्तिकरण का ही एक पहलू है जिसके अन्तर्गत महिलाओं की आर्थिक निर्णयों में स्वतंत्र रूप से सहभागिता सुदृढ़ होती है। महिला सशक्तिकरण के लिये महिलाओं का आर्थिक रूप से आत्मनिर्भर एवं सशक्त होना आवश्यक है। महिला के आर्थिक सशक्तिकरण से ही महिलाओं की स्थिति सुदृढ़ हो सकती है और इस दिशा में महिला शिक्षा ने अपना विशेष योगदान दिया है।

विगत तीन दशकों में महिला शिक्षा एवं कार्य-सहभागिता का प्रतिशत बढ़ा है। महिलाओं की स्वयं की सक्रिय भागीदारी से समाज के दृष्टिकोण में परिवर्तन हुआ है। महिला सशक्तिकरण में शिक्षा एवं रोजगार महत्वपूर्ण घटक हैं।

शिक्षा महिला के बौद्धिक विकास में सहायक होने के साथ-साथ महिलाओं को रोजगार प्राप्त करने एवं निर्णय लेने में सक्षम बनाती है। शिक्षित महिला न केवल स्वयं लाभान्वित होती है बल्कि भावी पीढ़ी भी लाभान्वित होती है। इसलिए विश्वविद्यालय शिक्षा आयोग का कहना है कि यदि पुरुष एवं महिला में से किसी एक के लिये शिक्षा का प्रावधान करना हो तो यह अवसर महिलाओं को दिया जाना चाहिए तब यह शिक्षा स्वयंमेव अगली पीढ़ी को प्राप्त हो जाएगी क्योंकि एक लड़के की शिक्षा केवल एक व्यक्ति की शिक्षा है परन्तु एक लड़की की शिक्षा सम्पूर्ण परिवार की शिक्षा है। महिला शिक्षा के स्तर को उच्च करने हेतु भारत में राष्ट्रीय शिक्षा नीति का समय-समय पर निर्माण किया जाता रहा है।[2]

भारत सरकार ने सर्वे करके जो परिणाम प्राप्त किये वे आज भी सही है कि महिलाओं की शिक्षा में बाधक-तत्व स्कूलों की कमी, पृथक स्कूल का अभाव, घर से दूरी, महिला अध्यापकों की कमी मुख्य हैं। शिक्षा महिला सशक्तिकरण में प्रभावी औजार है जिससे महिलाएँ नवीन ज्ञान अर्जित कर नई तकनीकों का प्रयोग कर सकती हैं। अब समय आ गया है कि भारतीय योजनाकारों को शिक्षा व्यय को इस रूप में समझना चाहिए कि वह तीव्र आर्थिक विकास के लिये तथा विकास को सुदृढ़ करने के लिये एक असरदार शैक्षिक कार्यक्रम जिसमें विज्ञान और प्रौद्योगिकी की शिक्षा पर बल दिया गया हो जो युवा महिलाओं के सशक्तिकरण में सहायक होगी जिसके माध्यम से दीर्घावधि के लिये स्थायी उच्च आर्थिक विकास तथा राजनीतिक विकास की ठोस नींव रखी जा सकेगी।

इस प्रकार शिक्षित महिलाएँ समय प्रबंधन एवं कुशल तकनीक के प्रयोग के द्वारा उत्पादक क्रियाओं में महत्वपूर्ण भूमिका अदा करती हैं। सरकार द्वारा संचालित कार्यक्रमों के प्रति शिक्षित महिलाएँ अशिक्षित महिलाओं की तुलना में अधिक जागरूक एवं लाभान्वित होती हैं।

शिक्षा के द्वारा प्राप्त रोजगार महिला को आर्थिक सशक्तिकरण के साथ स्थायित्व प्रदान करता है। रोजगार से महिलाओं को पुरुषों पर आर्थिक निर्भरता कम होती है। कार्यशील महिलाओं का सामाजिक मूल्य अधिक होने से महिलाओं की रोजगार में संख्या बढ़ रही है। पहले यह समझा जाता था कि आर्थिक रूप से कमजोर महिलाएँ ही भुगतान कार्य करती हैं लेकिन आज महिलाएँ अपने जीवन स्तर को बेहतर बनाने हेतु एवं पारिवारिक जीवन स्तर को उच्च करने हेतु कार्य करती हैं।

कार्यशील महिला अपने बच्चों की शिक्षा एवं स्वास्थ्य पर स्वतंत्र रूप से आय को व्यय कर सकती है। इस प्रकार महिलाओं के रोजगार प्राप्त करने से न केवल व्यक्तिगत स्थिति में सुधार होता है बल्कि समाज में भी उन्हें उच्च प्रतिष्ठा प्राप्त होती है। परिणामतः महिलाओं की परिवार में भूमिका एवं मूल्य परिवर्तित हो जाते हैं। शिक्षित महिलाएँ रोजगार प्राप्त कर अधिक सशक्त होती हैं। इसका मुख्य कारण उनका जागरूक होना है। शिक्षा रोजगार के परिप्रेक्ष्य में महत्वपूर्ण विनियोग है, शिक्षा से महिलाओं की राजनीतिक, आर्थिक एवं पारिवारिक निर्णय में सहभागिता बढ़ती है। इन सब का उद्देश्य **'लिंग समानता एवं महिला सशक्तिकरण'** है। वह महिला सशक्त होती है जो सही दिशा में सोच सकती है, समझ सकती है। महिलाओं में शिक्षा प्राप्त करने की जिज्ञासा बढ़ी है ताकि वे उच्च रोजगार को प्राप्त कर घर की चारदीवारों से निकल सकें।

संभवतः महिलाएँ आज सरकारी और निजी दोनों ही क्षेत्रों में अपना योगदान दे रही हैं। महिलाओं में शिक्षा का स्तर बढ़ने से ही यह स्तर प्राप्त हुआ है। भारतीय संविधान में महिलाओं को रोजगार से संबंधित समान अवसर, समान आजीविका, समान कार्य के लिये समान भुगतान के अधिकार दिये गये है फिर भी राजस्थान में विभिन्न सामाजिक परम्पराओं एवं रूढ़ियों के कारण महिलाओं की समाज में आज भी स्थिति अधीनस्थ बनी हुई है।

महिलाएँ देश की सामाजिक एवं आर्थिक स्थिति को महत्त्ववूर्ण रूप से प्रभावित करती हैं। कार्यशील महिलाएँ चाहे वे शिक्षित होकर उच्च पदों पर आसीन हों या स्वरोजगार या निजी क्षेत्र में कार्यरत हों, देश के विकास में योगदान करती हैं।[3]

स्वामी विवेकानन्द ने कहा था समाज रूपी गरूड़ के स्त्री और पुरुष दो पंख होते हैं। यदि एक पंख सबल तथा दूसरा दुर्बल हो तो उसमें गगन को छूने की शक्ति कैसे निर्मित होगी इसमें कोई संदेह नहीं कि स्त्री–पुरुष एक ही गाड़ी के दो पहिए हैं। यदि एक भी पहिया कमजोर होगा तो गाड़ी आगे बढ़ेगी कैसे।[4]

हजारों वर्षों से हमारे समाज में लिंगानुभेद आधारित विविधता के परिप्रेक्ष्य में महिला सशक्तिकरण की चुनौती धीरे–धीरे परस्पर द्वेष के भाव में परिवर्तित होती जा रही है। हमारे इतिहास के पृष्ठों में शब्दों से अंकित नारियों की यशोगाथाएँ निश्चित रूप से शोभायमान हो रही हैं परन्तु समय बदला, परिवेश बदला और हमारी दृष्टि भी बदल गई। नारी की सत्ता को समकालीन प्रतिस्पर्धा का सूचक बना लिया गया और परिस्थिति की अनुकूलता और प्रतिकूलता के आधार पर नारी को देवी–नारायणी शक्ति और धीरे–धीरे समतुल्य माना जाने लगा।[5]

महिला सशक्तिकरण के विषय पर जब भी हम विचार करते हैं तो एक बात स्पष्ट रूप से परिलक्षित होती है कि भारतीय समाज में सदैव ऐसी ताकतें सक्रिय और सशक्त रही है जो महिला सशक्तिकरण का पुरजोर विरोध करती है। ये एक तथ्यात्मक सत्य है और इसे हमें स्वीकार करना चाहिए कि हजारों वर्षों से चली आ रही लिंगानुभेद आधारित विविधता को रातोंरात ठीक नहीं किया जा सकता है।

आज वर्तमान में जहाँ हम हैं, इस पर विचार करना आवश्यक हो गया है। आज की महिला योग्यता के मापदण्ड पर तो विकास कर रही है परन्तु पुरुष प्रधान समाज में अभी भी सामाजिक दृष्टिकोण में बदलाव पर जोर देना होगा।6 महिलाओं के प्रति पूर्वाग्रही हमारा समाज महिला को कब तक भावनात्मक अत्याचार के पाश में बांध कर उसकी आंतरिक स्वत: जन्य योग्यताओं और सशक्त प्रतिनिधित्व की उसकी क्षमता को दबाता रहेगा।

परिवार नामक संस्था की पुरोधा बनकर जिस स्त्री ने अपने त्याग से समाज की श्रृंखला को उन्नत किया है, ये उस नारी का ही तो संस्कार है जो हमें माँ के ममत्व के रूप में मिला है। ये एक नारी का ही तो त्याग है जो

भार्या के रूप में उसे मिला। हम आज उसी नारी के सशक्तिकरण पर इतने व्यग्र इसलिये हैं क्योंकि समाज के बहुआयामी विकास की परिकल्पना में चाहें तो सामाजिक, राजनीतिक या आर्थिक प्रतिनिधित्व की बात हो या महिला के अंदरूनी विकास की, हर तरफ शून्यता ही नजर आती है।[7] नारी को उपभोग की वस्तु मानने वाले इस समाज ने पश्चिम की विसंगति को मानो आत्मसात कर लिया हो। अत्याचार और दुराचार, दहेज की आग में धधकना और मिथ्या पुरूषार्थ के दबाव में सिसकना मानों नारी समाज की नियति बन गई है।

महिला सशक्तिकरण की अपेक्षा में समाज की तरफ टकटकी लगाए बैठी ये नारी अपनी इस दुर्गति के लिये किसको दोषी ठहराए, यह एक यक्ष प्रश्न समाज के समक्ष अनुत्तरित पड़ा है। छोटी उम्र में विवाह के कारण अपनी शिक्षा पूर्ण न करने वाली लड़कियों की संख्या भी बहुत है। स्कूल तक शिक्षा लेकर कॉलेज तक न पहुँचने वाली छात्राएँ भी खूब होंगी। अतः महिला शिक्षा का अभाव भी नारी समाज के प्रति दुराग्रही मानसिकता का करण है।

महिला सशक्तिकरण के लिये भारत की तत्कालीन सरकार ने वर्ष 2001 में **'महिला सशक्तिकरण वर्ष'** घोषित किया था परन्तु विडम्बना ये रही है कि उस घोषणा के बाद इस पर कुछ भी कार्य नहीं हुआ[8] अगर कुछ हुआ भी है तो यह कैसे मान लिया जाए जबकि आज की महिला अपनी परिस्थिति को ही अपने नियंत्रण में नहीं रख सकती है। कभी-कभी तो ये लगता है कि सशक्तिकरण की बात करना कहीं महिलाओं की तात्कालिक सनक तो नहीं है?

भारत की कुल जनसंख्या में 52 प्रतिशत तथा राजस्थान की 48.09 प्रतिशत हिस्सेदारी वाली महिला का जीवन बहुत कठिन एवं यातनापूर्ण बन कर रह गया है। आँकड़ों में यदि स्थिति देखी जाये तो प्रत्येक 1000 पुरुषों पर 922 महिलाएँ है। (2001 की जनगणनानुसार)

जिनका शैक्षणिक विकास वर्ष 2001 में 44.34 प्रतिशत रहा। वही भारतीय संसद में ये 10 प्रतिशत भी नहीं है, प्रशासकीय, प्रबन्धकीय व व्यावसायिक पदों पर 2.3 प्रतिशत और तकनीकी क्षेत्रों में मात्र 20 प्रतिशत प्रतिनिधित्व ही है। ये आँकड़े साफ बता रहे हैं कि महिला वर्ग को किस तरह

से समाज की विभिन्न गतिविधियों में हाशिए पर रखा जा रहा है। समाज में कन्या का जन्म मानो अभिशाप माना जाता है। कन्या भ्रूण-हत्या के मामले

क्रियान्विति आवश्यक है। महिला सशक्तिकरण की परिकल्पना में एक और परिदृश्य है जोकि स्थितियों में बदलाव का संकेत देता है। एक ओर जहाँ हम शहरी महिलाओं के रहन-सहन, चाल-चरित्र और चिंतन को सम्पूर्ण भारत का प्रतिदर्श समझने की भूल करते हैं वहीं दूसरी ओर ग्रामीण महिला आज भी अपनी आधारभूत आवश्यकताओं, यथा- ईंधन की व्यवस्था, शुद्ध पीने के पानी की व्यवस्था, स्नान व शौचालय की व्यवस्था में ही दिन-रात एक करके गुजारा कर रही है।

भारतीय संविधान में महिलाओं का समानता का अधिकार और पंचायती राज में आरक्षण का अधिकार मिला तो लिंग भेद आधारित विभिन्न समस्याएं सशक्तिकरण में बाधा बन गई। समाज में महिला सशक्तिकरण के लिये सामाजिक पद्धति और नियमों की वृहद् परम्परा में यदि पुरुष प्रधान मानसिकता के मध्य अमृत मंथन की कल्पना करेंगे तो शायद ये सम्भव नहीं होगा। अरस्तू कहते है "किसी भी राष्ट्र की स्त्रियों की उन्नति या अवनति पर ही उस राष्ट्र की उन्नति या अवनति निर्भर है"।[9] भारत जैसे राष्ट्र में हमने अपने देश को भी भारत माँ कहा है, माँ भारती के उच्चारण के साथ हम गौरव का अनुभव करते हैं ऐसे देश में नारी आज अबला बनी है, अपनी प्रतिकूलता और दुर्दशा पर आंसू बहा रही है। ये एक कष्टदायक परिदृश्य है।

- सभी व्यक्तियों के लिये कानून के समक्ष समानता (अनुच्छेद-14)
- धर्म, मूलवंश, जाति लिंग या स्थान के आधार पर भेदभाव पर निषेध (अनुच्छेद-15 (1)), महिलाओं और बच्चों के लिये अनुच्छेद (15 (3)) में विशेष प्रावधान।
- राज्य के अधीन किसी भी पद, रोजगार या नियुक्ति से संबंधित समान अवसर (अनुच्छेद-16)
- पुरुषों और महिलाओं के लिये सुरक्षित जीविका के पर्याप्त साधन उपलब्ध कराने का अधिकार (अनुच्छेद 39 (ए))
- समान कार्य के लिये समान भुगतान का अधिकार (अनुच्छेद 39(द))
- स्थानीय निकायों में 1/3 आरक्षण का प्रावधान (अनुच्छेद 343 (द) और 343 (त))

इसके अतिरिक्त घरेलू हिंसा अधिनियम 2005, सती निवारण, बाल विवाह, हिन्दू वसीयत अधिनियम, विदेशी विवाह अधिनियमों के माध्यम से विधिक सुरक्षा, संरक्षा प्रदान कर महिलाओं के सशक्तिकरण के क्षेत्र में गम्भीर प्रयास हुए हैं। ग्रामीण महिलाओं को उनकी क्षमता के अनुरूप शिक्षा, स्वास्थ्य, रोजगार की पूर्ण गारंटी कागजी योजनाओं के बाहर आकर क्रियान्वित का रूप लेंगी तो महिला सशक्तिकरण के बारे में एक महिला की वेदना निश्चित रूप से कम होगी। साथ ही साथ महिला सशक्तिकरण की राह में बाधक समाज की कथित उन्नतिशील और प्रगतिशील महिलाओं से भी आग्रह है कि अपने रहन-सहन आचार-विचार में पाश्चात्य की झलक लाने से समाज को भी भ्रांति होती है कि ये महिला कौन से सशक्तिकरण की बात कर रही हैं। आप सर्वगुण सम्पन्न हैं तो आपका दायित्व है कि अपने से कमजोर बहनों को आगे लाने का प्रयास करें।

महिलाओं की जागृति ने उनमें शक्ति का संचार किया है जिससे महिलाएँ आन्दोलित होकर समाज की बुराईयों के सामने चुनौती बनकर खड़ी होने लगी हैं। जैसे अच्छे-भले घर को बर्बाद करने वाली 'शराब' को अब

महिलाओं से लोहा लेना पड़ा रहा है। राजस्थान की महिलाओं ने गाँव-गाँव जाकर शराब के ठेकों को बंद कराने में वृहद भूमिका निभाई।

राजस्थान में जागृति बिना महिला जागृति संभव नहीं है। **'सशक्त नारी सशक्त राजस्थान'** का नारा साकार करना होगा। आज के राजनीतिक परिवेश में महिलाओं की संख्या अत्यन्त कम है। यह तर्क अच्छा नहीं है कि राजनीतिक में भले लोगों का स्थान नहीं। इस भय के कारण अच्छे लोगों द्वारा राजनीति में भागीदारी नहीं निभाने से राजनीति में अपराधी तत्वों का नियंत्रण होने के अवसर बढ़ते जा रहे हैं। अतः राजनीतिक के बिगड़ते स्वरूप को संवारने व उसे स्वच्छ बनाने के लिए महिलाओं को हिम्मत करके राजनीति में उतरना ही चाहिए। इसके लिये महिलाओं को सम्मान देने का उत्तरदायित्व पुरुष, समाज और राष्ट्र को लेना होगा। ऐसी विशेषताएँ जिन पर पुरुषों का ही एकाधिकार समझा जाता था, उन सभी विशेषताओं को महिलाएँ अपनाने लगी हैं। वह हर चुनौती को स्वीकार करने लगी है और अधिक आत्मविश्वास के मार्ग पर बढ़ रही है।

महिला सशक्तिकरण का आत्मवलोकन करने से एक सच्चाई तथ्य के साथ सामने आती है कि महिलाएँ वर्तमान में राजस्थान में राजनीति, सरकारी तथा गैर-सरकारी संस्थानों में उच्च पदों पर हैं। प्रशासनिक एवं पुलिस सेवा में महत्वपूर्ण योगदान दे रही हैं किसी को भी यह स्वीकार करने में संकोच नहीं होना चाहिए कि राजस्थान की महिलाएँ अनेक चुनौती भरी राह पर दौड़ लगाने में पुरुषों से आगे हैं। देश के प्रथम उपराष्ट्रपति एवं शिक्षाशास्त्री **डॉ. सर्वपल्ली राधाकृष्णन** ने कहा है कि ''शिक्षित महिला के बिना शिक्षित पुरुष हो ही नहीं सकता।''[10]

गांधी जी का मानना था कि आजादी की शुरूआत निचले स्तर से होनी चाहिए। गांधी कहते थे कि ''मैं ऐसे भारत के लिये कोशिश करूंगा, जिसमें गरीब से गरीब आदमी भी महसूस करे कि यह उसका देश है जिसके निर्माण में उसकी आवाज का महत्त्व है उसमें स्त्रियों को पुरुषों के समान अधिकार मिलेंगे। सारी दुनिया से हमारा संबंध शांति और भाईचारे का होगा, यही है मेरे सपनों का भारत''[11] लेकिन क्या हम आजादी के बाद गांधीजी के सपनों को

पूरा करने में सफल रहे? राष्ट्रीय स्तर पर गरीबों, ग्रामीण क्षेत्रों या आधी दुनिया की सापेक्ष वंचना देखी जा सकती है। महिलाओं को मुख्यधारा में लाना बहुत जरूरी है और उनके समुचित अधिकारों की पहचान सुनिश्चित करना भी अभी बाकी है।

आजादी के चौथे दशक तक महिलाएँ हाशिये पर रही हैं। हमारी राजनीतिक प्रणाली में उनको वोट देने का अधिकार तो है परन्तु राजनीतिक प्रशासन में उनकी भूमिका नाम मात्र की है। लोकतंत्र की नर्सरी कहे जाने वाले ग्रामसभा में महिलाओं की भूमिका को प्रारंभ से ही संदेह की दृष्टि से देखा गया। प्रारंभ में पुरुष दासता की मानसिकता और महिलाओं में व्याप्त निरक्षरता के कारण पंचायतीराज व्यवस्था मजबूत न हो सकी लेकिन 1992 में 73वां व 74वां संविधान संशोधन द्वारा पंचायतीराज में महिलाओं का प्रतिनिधित्व एक तिहाई किया जाना गांधी जी के सपनों को पूरा करने की दिशा में एक क्रांतिकारी कदम था। संविधान सामाजिक क्रांति की अपेक्षा रखता है और यह क्रान्ति निर्दिष्ट सामाजिक परिवर्तन के एक साधन के रूप में विधि के प्रयोग के माध्यम से ही लाई जा सकती है। स्त्रियों के लिये समानता की प्राप्ति एक ऐसा विशिष्ट उद्देश्य है जो उद्देशिका, मूल अधिकारों तथा राज्य के निदेशक सिद्धान्तों से उपलक्षित होता है। इन संवैधानिक उपबंधों के प्रभाव और तद्नुसार की गई विधिक तथा प्रशासनिक कार्यवाहियों के मूल्यांकन के लिये हमें ऐसी जटिल सामाजिक प्रक्रियाओं की जांच करनी पड़ी जिनमें विभिन्न समूहों के चर सम्मिलित थे जैसे-

(1) आर्थिक और सामाजिक असमानता के अपने बुनियादी ढांचे सहित भारतीय समाज का पंचमेल स्वरूप

(2) समुदाय और वर्ग पर आधारित परंपरागत सामाजिक संरचना में अंतर्निर्हित असमानताएं तथा स्त्रियों की वे प्रत्याशित भूमिकाएं जिनका उनकी स्थिति पर अत्यंत महत्वपूर्ण प्रभाव पड़ता है

(3) सामाजिक, आर्थिक, राजनीतिक परिवर्तन की दिशाएं और उनका स्त्रियों की स्थिति पर प्रभाव।

गांधीजी ने ग्रामसभा के गठन में पुरुष और महिलाओं के निर्वाचन का तरीका अपनाया था कि ग्रामसभा का मुख्य कार्य ग्रामों को आत्मनिर्भर बनाना

और सामाजिक न्याय प्राप्त करने के लिए अपने कार्य के प्रति निष्ठावान होना जरूरी है। इस कार्य के लिये महिलाओं को सबसे आगे रखा गया क्योंकि महिलाएँ परिवार की जरूरतों को पुरुषों की अपेक्षा ज्यादा समझती हैं। हालांकि प्रारंभ में महिलाएँ अपनी भागीदारी से झिझकती थीं। उनकी यह हीन भावना उनके कदमों को पुनः घर की ओर मोड़ देती थी। 73वें और 74वें संशोधन का मुख्य लक्ष्य ग्रामीण महिलाएँ थी क्योंकि भारत की महिलाओं की 80 प्रतिशत आवादी गांवों में ही है और ग्रामसभाओं में उनका सहभागी होना उनके आत्मसम्मान का पहला चरण है।

महिलाओं में यह जागृति लानी होगी कि विकास के कार्यों को बढ़ाने में वे सक्षम हैं व निरक्षरता रूपी बाधा को दूर किया जा सकता है। अपनी शोध यात्रा के दौरान मैंने पाया कि महिलाएँ एक तरफ अपनी व्यक्तिगत समस्याओं को सुलझाती हैं वहीं दूसरी ओर सौहार्द्रपूर्ण माहौल बनाये रखने का काम करती हैं।

भारत में वर्तमान समय में भी पुरुष प्रधान समाज व्याप्त है जिसके चलते महिलाओं की स्थिति दयनीय है और यदि भारत में नवीनता लाना है तो उसे महिलाओं के सम्बंध में उचित व्यवस्था का मार्ग प्रशस्त करना होगा क्योंकि कई स्थानों पर अलग-अलग स्वीकार्य विधियों के कारण महिलाओं के साथ उचित न्याय नहीं हो पाता है। महिलाओं को आधुनिक तकनीकी ज्ञान का व्यापक प्रशिक्षण दिया जाना चाहिए जिससे वे अपने परम्परागत ज्ञान को कुशलता के साथ-साथ अधुनिक बना सकें।

73वें संशोधन विधेयक को प्रस्तुत करते हुए ग्रामीण विकास मंत्री ने कहा था कि हमने प्रत्येक स्तर पर कम से कम एक-तिहाई आरक्षण का प्रावधान रखा है लेकिन इस तथ्य को ध्यान में रखते हुए कि महिलाएँ हमारी आबादी का आधा हिस्सा हैं, इस आरक्षण को भी अपर्याप्त ही कहा जाएगा।[12] जहां तक स्त्रियों की स्थिति और उनकी चेतना का सवाल है तो 1990 का दशक इस दृष्टि से बेहद महत्वपूर्ण है क्योंकि पिछले 20 वर्षों में स्त्रियों की स्थिति और चेतना में व्यापक बदलाव व विकास हुए हैं। इसी का परिणाम है कि आज स्त्रियाँ अपनी पारंपरिक घरेलू भूमिका से अलग एक नयी भूमिका गढ़ते हुए नजर आ रही हैं। अधिकांश स्त्रियाँ अब घर की दहलीज लांघकर

अनेक क्षेत्रों में मजबूती के साथ अपने कदम बढ़ा रही हैं। अतः आत्मविश्वास, आत्मनिर्णय व आत्मशक्ति के बिना सशक्तिकरण स्थापित नहीं किया जा सकता।

नजमा हेपतुल्ला के अनुसार आरक्षण से महिला की व्यवस्था और सत्ता में भागीदारी बढ़ेगी और घर से संसद तक के प्रति जागरुक होंगी।[13] यद्यपि यह सही है कि मात्र ग्राम संस्थाओं में महिलाओं को आरक्षण देने से उनकी स्थिति में सुधार नहीं आएगा बल्कि पुरुष प्रधान समाज को महिलाओं के प्रति अपना नजरिया बदलना होगा। महिलाओं को राजनीतिक रूप से सशक्त करने के लिए व पुरुषों की वर्तमान भागीदारी के स्तर को हासिल करने के लिए महिलाओं को आगे आना होगा व स्वयं रास्ता तलाशना होगा। इस हेतु आवश्यकता है पुरुषों की संकुचित मनोवृत्ति में परिवर्तन की।

राजनीति में महिलाओं द्वारा सामना की जाने वाली प्रमुख बाधाओं में पहली है, राजनीति का अपराधीकरण या अपराधियों का राजनीतिकरण और दूसरा राजनीतिक संस्कृति। राजनीतिक संस्कृति में न केवल राजनीतिक प्रक्रिया उलझ जाती है। कई निर्णय पर्दे के पीछे से लिए जाते हैं लेकिन भारतीय समाज में पुरुषों की तुलना में महिला उम्मीदवारों के समक्ष विश्वसनीयता की समस्या ज्यादा होती है। विश्वसनीयता की समस्या तीन तथ्यों के आस–पास घूमती हैः योग्यता, दृढ़ता और चुनाव जीतने की क्षमता।

हमारी चुनाव प्रणाली मुख्यतः तीन–एममनी पावर (धनराशि), मसल पावर (बाहुबल) और मिनिस्ट्रियल पावर (मंत्री पद की ताकत अर्थात् सरकारी तंत्र के दुरूपयोग) से पीड़ित है। इसे तीन–सीकैश (पैसा), क्रिमिनल (अपराधी, बाहुबली) और करप्सन (भ्रष्टाचार) भी कहा जाता है।14 निर्वाचन आयोग द्वारा आदर्श चुनाव आचार–संहिता पर सख्ती और प्रभावी ढंग से अमल कराए जाने के कारण सरकारी तंत्र के दुरूपयोग पर अब काफी हद तक रोक लगी है। गांधी जी का मानना था कि अनुशासनबद्ध और जागृत लोकतंत्र संसार की सुन्दर से सुन्दर वस्तु है। पूर्वाग्रहों से जकड़ा हुआ, अज्ञान में फंसा तथा अंध विश्वासों का शिकार बना हुआ लोकतंत्र अराजकता के दल–दल में फंस जाएगा और खुद ही अपना नाश कर लेगा।

हमें यह नहीं भूलना चाहिए कि राष्ट्रवादी आन्दोलन के गांधीवादी दौर में महिलाएँ बड़ी संख्या में घर की चारदीवारी से बाहर निकली थीं और स्वतंत्रता की लड़ाई में उन्होंने अहम एवं सक्रिय भूमिका निभाई थी। आज महिलाएँ हर क्षेत्र में पुरुष के साथ कदम से कदम मिलाकर अपनी अंतर्निहित क्षमता के बल पर आत्मविश्वास और साहस के साथ पुरुष प्रधान समाज में अपने अस्तित्व का अहसास करवाने का सफल प्रयास कर रही हैं। महिलाएँ विकास प्रक्रियाओं एवं निर्णय लेने की प्रक्रिया में सहभागिता से एक ओर सामाजिक, राजनीतिक न्याय तथा समानता के मध्य संबंधों को अभिव्यक्त करती हैं तथा दूसरी ओर लोकतांत्रिक जड़ों को मजबूर करती हैं। साथ ही महिलाएँ वित्तीय संसाधनों का उचित प्रयोग करती हैं।

यह लिज्जत पापड़ उद्योग, हाथकरघा उद्योग, कृषि क्षेत्र, बैंकिंग क्षेत्र, फार्मास्यूटिकल उद्योग, चाय बागान आदि में कार्यशील महिलाओं के योगदान द्वारा स्पष्ट होता है। महिलाओं की आर्थिक क्रियाओं में सहभागिता बढ़ रही है लेकिन महिलाओं के पारिवारिक उत्तरदायित्व में कोई कमी नहीं आयी है। जिसके फलस्वरूप उनके कार्य के घंटे बढ़े है। यह तथ्य ग्रामीण एवं नगरीय दोनों क्षेत्र में महिलाओं के लिये सत्य है लेकिन ग्रामीण क्षेत्र में महिलाओं की स्थिति अत्यधिक दयनीय है।[15]

महिलाओं को निम्न मजदूरी, अल्पपोषण, स्वास्थ्य सुविधाओं तक पहुँच का अभाव, शिक्षण एवं प्रशिक्षण सुविधाएँ नहीं मिल पाती हैं और वे हर क्षेत्र में हर स्तर लैंगिक विषमता का सामना करती हैं। अतः महिलाओं की इस स्थिति में सुधार हेतु लगातार प्रयत्न की आवश्यकता है जिससे परिवार समुदाय एवं समाज में उनका स्तर ऊँचा उठ सके। महिलाओं को प्रोत्साहन एवं सहयोग देने हेतु अनेक कार्यक्रम बनाए गए हैं लेकिन वास्तविकता यह है कि ग्रामीण महिलाओं के अशिक्षित होने के कारण वे जागरुक नहीं।

ह्यूमन डेवलपमेंट रिपोर्ट (1995) के अनुसार वियना के सम्मेलन में 171 देशों ने महिला एवं पुरुष के समान मानवीय अधिकारों को सार्वभौमिक रूप से स्वीकार किया। विकासशील देशों का विश्लेषण करके पाया कि औद्योगिक क्षेत्र में महिलाओं की कार्यसहभागिता बढ़ी है लेकिन उनके साथ

मजदूरी के भुगतान में समान व्यवहार नहीं किया जाता है।[16] इस प्रतिवेदन में यह भी बताया गया है कि 1.3 विलियन गरीब जनसंख्या में 70 प्रतिशत महिलाएँ हैं। इसका कारण महिलाओं की पारिवारिक, राजनीतिक एवं श्रम बाजार में असमान स्थिति है। महिलाओं को तीनों क्षेत्रों शिक्षा, स्वास्थ्य एवं साख में संसाधनों की कठिनाईयों का सामना करना पड़ता है। अतः राज्य एंव केन्द्र सरकार द्वारा महिलाओं को रोजगार तक पहुँच बढ़ाने हेतु कई कार्यक्रम चलाए गए हैं। परिणामस्वरूप महिलाओं का रोजगार में प्रतिशत बढ़ाने से वे आर्थिक रूप से सशक्त हो रही हैं।

ह्यूमन डेवेलपमेंट (1990) के अनुसार सामाजिक विकास एवं न्याय की दृष्टि से महिलाओं की शिक्षा, स्वास्थ्य, रोजगार, प्रशिक्षण,राजनीतिक स्थिति तथा साख एवं ऋण आदि तक पहुँच बढ़ाना आवश्यक है। महिलाओं के सक्रिय योगदान से ही महिला सशक्तिकरण संभव है। आत्मनिर्भरता के द्वारा ही महिलाओं का सशक्तिकरण सभंव है। आर्थिक रूप से सशक्त होने पर ही वह परिवार में स्वतंत्र रूप से आर्थिक निर्णय ले सकेगी। आर्थिक निर्णय में सहभागिता से महिला में आत्मविश्वास की भावना का विकास संभव होगा जिससे महिलाओं की स्थिति में क्रमिक रूप से सुधार होगा। शिक्षा से महिला में कार्यकुशलता बढ़ेगी जिससे वह किसी भी संस्था में कार्यशील होगी वहाँ उत्पादकता में वृद्धि होगी। इस प्रकार शिक्षित कार्यशील महिलाएँ न केवल संस्था या संगठन में लाभदायक होंगी बल्कि देश के विकास में सहायक होंगी।[17]

उद्देश्य

अध्ययन के उद्देश्य निम्न हैं:-

1. राजस्थान में महिला शिक्षा तथा महिला रोजगार की विशेषताओं का समालोचनात्मक अध्ययन करना।
2. महिला साक्षरता दर एवं कार्यसहभागिता दर को प्रभावित करने वाले कारकों का समालोचनात्मक विश्लेषण करना।
3. महिलाओं के आर्थिक सशक्तिकरण में शिक्षा एवं कार्य सहभागिता के योगदान का विश्लेषण करना।

4. महिला आर्थिक सशक्तिकरण का राज्य व जिलास्तर पर शहरी एवं ग्रामीण क्षेत्र के परिप्रेक्ष्य में अध्ययन करना।
5. पारिवारिक स्तर पर महिला शिक्षा व रोजगार का महिला के आर्थिक सशक्तिकरण पर प्रभाव का अध्ययन करना।
6. कच्ची बस्ती एवं शहरी क्षेत्र में महिला आर्थिक सशक्तिकरण का तुलनात्मक अध्ययन करना।
7. उन सुझावों का वितरण करना जिससे महिला शिक्षा व रोजगार में वांछित परिवर्तन करके महिला आर्थिक सशक्तिकरण को बढ़ावा दिया जा सके।

परिकल्पनाएं

परिकल्पनाएं निम्न हैं:-

1. शिक्षा एवं रोजगार महिला के आर्थिक सशक्तिकरण को सकारात्मक रूप से प्रभावित करते हैं।
2. महिला आर्थिक सशक्तिकरण परिवार के आर्थिक एवं सामाजिक स्तर को बढ़ाता है।
3. महिला आर्थिक सशक्तिकरण से महिला के व्यक्तित्व के अनेक पहलुओं जैसे-कार्यकुशलता, जल्दी निर्णय क्षमता, स्वतंत्र विचार, अच्छी अभिव्यक्ति को अनुकूल रूप से प्रभावित करता है।
4. शिक्षित कार्यशील महिलाएँ, अशिक्षित गृहणियों से निर्णय लेने में अधिक स्वतंत्र व सक्षम होती हैं। कार्य को प्राथमिकता देने की होती है। महिला रोजगार, महिला की राजनीतिक, सामाजिक एवं पारिवारिक स्थिति को प्रभावित करता है।

साहित्य समीक्षा

भारत में महिला शिक्षा, रोजगार एवं राजनीतिक सशक्तिकरण पर पूर्व में अलग-अलग रूप में काफी अध्ययन हुआ है परन्तु इनका एकीकृत रूप में अध्ययन बहुत ही कम हुआ है। वर्तमान अध्ययन महिलाओं की राजनीतिक व

आर्थिक विकास में शिक्षा के योगदान से संबंधित है। राजस्थान के संदर्भ में यह अध्ययन अपने आप में मौलिक प्रयास है। पूर्व में किये गए कुछ अध्ययनों की समीक्षा निम्न प्रकार है-

Srivastava (1978) ने "Employment of Educated Married Women in India", के अन्तर्गत चंडीगढ़ में शिक्षित महिलाओं का यादृच्छिक प्रतिदर्श विधि द्वारा सर्वे करके महिला रोजगार का महिला की स्थिति पर प्रभाव देखा। इस अध्ययन के लिए 300 महिलाओं में से 150 शिक्षित कार्यशील महिलाओं एवं 150 शिक्षित अकार्यशील महिलाओं से सूचनाएँ एकत्रित की गई। सर्वे में पाया गया कि 38 प्रतिशत कार्यशील महिलाओं ने आर्थिक आवश्यकता, 22 प्रतिशत महिलाओं ने जीवन स्तर सुधारने एवं 40 प्रतिशत महिलाओं ने गैर-आर्थिक लाभ (व्यक्तिगत विकास) हेतु कार्यशील रहना पसंद किया। उच्च आय वर्ग में 70 प्रतिशत महिलाओं ने गैर आर्थिक लाभ हेतु कार्यशील रहना पसंद किया। निम्न वर्ग में 70 प्रतिशत महिलाओं ने कार्यशील महिला द्वारा अर्जित आय को परिवार की पूरक आय माना। इसमें यह भी पाया गया कि उच्च आय वर्ग में महिलाओं की प्रवृत्ति उच्च श्रेणी के अन्तर्गत थी।[18]

Devi (1982) ने "Status and Employment of Women in India" के अन्तर्गत केरल राज्य की राजधानी त्रिवेन्द्रम में महिला रोजगार का महिला की सामाजिक स्थिति पर प्रभाव का अध्ययन किया। इसके लिए इन्होंने विश्वविद्यालय, सरकारी, संस्थानों एवं बैंक में कार्यशील 300 महिलाओं एवं 100 अकार्यशील महिलाओं से सूचनाएं प्राप्त की। इसमें महिलाओं की सामाजिक स्थिति को चार चरों क्रमशः परिवार में धन व बच्चों से संबंधित निर्णय लेने की शक्ति, पारिवारिक आय को व्यय करने की स्वतंत्रता, पारिवारिक जिम्मेदारियों से छूट एवं परम्परागत रीति-रिवाजों एवं व्यवहारों का अध्ययन किया। इसमें पाया गया कि रोजगार से महिलाओं की परिवार में स्थिति सुदृढ़ होती है। कार्यशील महिलाएँ अकार्यशील महिलाओं की तुलना में निर्णय लेने में अधिक स्वतंत्र थीं।[19]

Acharya and Bennet - (1983) ने "Women and Subsistence Sector: Economic Participation and household Decision Making in Nepal" के अन्तर्गत नेपाल के 7 गांवों में 478 महिलाओं एवं 443 पुरूषों से साक्षात्कार द्वारा सूचनाएँ एकत्र कर महिला सशक्तिकरण का अध्ययन किया। इसमें बाजार श्रम एवं अवैतनिक पारिवारिक श्रम को स्वतंत्र चर का रूप लिया।[20]

Gugnani (1994) ने "Literacy, Liberation and Empowernment of Women", के अन्तर्गत दिल्ली में 'वयस्क' शिक्षा कार्यक्रम की महिला के सशक्तिकरण में भूमिका से संबंधित है। इस अध्ययन हेतु 15-35 आयु वर्ग की 1964 महिलाओं को जिसमें नियंत्रित समूह एवं प्रायोगिक समूह विभाजित करके अध्ययन किया गया। नियंत्रित समूह जिसमें असाक्षर महिलाएँ (571) एवं प्रायोगिक समूह जिसमें साक्षर महिलाएँ (1393) पर शिक्षा के प्रभाव का विश्लेषण किया। इस अध्ययन में देखा गया कि इस प्रकार के कार्यक्रमों से महिला शिक्षा पर घनात्मक प्रभाव पड़ा। महिला शिक्षा से आत्मविश्वास तुरन्त निर्णय क्षमता, अपने आप को अभिव्यक्त करने की क्षमता का विकास हुआ।[21]

Kalawati (1994) ने "Educational Status of Rural Girls" के अन्तर्गत हरियाणा राज्य में हिसार जिले के 11 गांवों का यादृच्छिक प्रतिदर्श विधि द्वारा सर्वे किया गया। इसका निदर्शन आकार 255 उत्तरदाता थे जिसमें 100 छात्राएँ जो कि दसवीं कक्षा में अध्ययनरत थीं, 55 अध्यापक, 100 माता-पिता थे। इस अध्ययन में लड़कियों का स्कूल जाना निर्भर चर था एवं स्वतंत्र चरों में आयु, माता-पिता की शिक्षा, परिवार की संरचना, जाति, व्यवसाय, माता-पिता की आर्थिक एवं सामजिक स्थिति को लिया। इसमें पाया गया कि स्कूल शिक्षा बालिका के लिये आवश्यक है लेकिन लड़कियों को आठवीं एक नवीं कक्षा के पश्चात् स्कूल छोड़ना पड़ता था क्योंकि उनके लिए घरेलू कार्य एवं शादी करना महत्वपूर्ण था।[22] परिणामस्वरूप लड़कियों का शैक्षणिक स्तर निम्न था।

Parvathy and Naidu (1974) ने "Education and Socio-Economic Development of Women in Southern States" के अन्तर्गत जनगणना समंको की सहायता से 1971 एवं 1981 की समयावधि में भारत

के दक्षिण राज्यों तमिलनाडू, कर्नाटक, केरल एवं आंध्र-प्रदेश में महिला शिक्षा का अध्ययन किया। केरल में महिलाओं की शिक्षा का स्तर उच्च होने से परिवार की सामाजिक एवं आर्थिक स्थिति अच्छी है। अतः महिला शिक्षा पारिवारिक, सामाजिक एवं आर्थिक स्थिति पर घनात्मक प्रभाव डालती है।23

Kingdon (1995) ने "Education of Females in India, Determinant and Economic Consequences", के अन्तर्गत भारत में उत्तर प्रदेश राज्य के लखनऊ शहर का अध्ययन किया गया। इस अध्ययन हेतु यादृच्छिक स्तरित सर्वे विधि का प्रयोग करके 1000 परिवारों से 15-59 आयु वर्ग के उत्तरदाताओं से सूचनाएँ एकत्रित की गयीं। इसमें निजी व पारिवारिक लक्षणों, शिक्षा का स्तर, पैतृक सूचनाएँ, समय आवंटन, श्रम बल में सहभागिता एवं आजीविका जैसे चरों का उपयोग करके शिक्षा एवं कार्य के भुगतान में सम्बंध देखा गया और लिंग भेदभाव के कारणों का विश्लेषण किया। उन्होंने पाया कि महिला को शिक्षा व रोजगार में लैंगिक विषमता का सामना करना पड़ता है। महिलाओं के अशिक्षित होने के कारण रोजगार में कम शिक्षित थी और उन्हें आर्थिक रूप से कम स्वतंत्रता प्राप्त थी। इसमें पाया गया कि शिक्षा का महिलाओं की स्थिति पर सकारात्मक प्रभाव पड़ा है।[24]

Rajvanshi (1991) ने "Education, Status Mobility and Social Change" के अन्तर्गत मध्यमवर्गीय शिक्षित कार्यशील महिला एवं अकार्यशील महिला का तुलनात्मक अध्ययन किया। इस अध्ययन हेतु राजस्थान के जयपुर जिले में स्थित राजस्थान विश्वविद्यालय से प्रतिदर्श लिया गया। इसमें प्रतिदर्श का आकार 679 लिया गया जिसमें 360 शिक्षित कार्यशील महिलाओं एवं 319 अकार्यशील महिलाओं का चयन किया गया। इस अध्ययन में विभिन्न चरों शिक्षा, आयु, पारिवारिक पृष्ठभूमि, बच्चों की संख्या एवं सूचनादात्री की आय आदि चरों को लिया गया। इसमें पाया गया कि शिक्षित एवं कार्यशील महिलाएँ, शिक्षित एवं अकार्यशील महिलाओं से निर्णय लेने में अधिक स्वतंत्र व सक्षम होती हैं। कार्यशील महिला आर्थिक रूप से सशक्त होने से परिवार में उसकी स्थिति सुदृढ़ पायी गयी है।[25]

Rehmen and Biswal (1993) ने "Education Work and Women" के अन्तर्गत भारत के विभिन्न राज्यों में जनगणना समंकों एवं अन्य

स्त्रोतों की सहायता में 1981-91 की समयावधि में किया गया। इस अध्ययन में महिला शिक्षा, ग्रामीण एवं शहरी क्षेत्र, पारिवारिक स्थिति, मजदूरी में भेदभाव के चरों का विश्लेषण किया गया। यह पाया कि महिलाओं के साथ शिक्षा एवं मजदूरी के स्तर पर भेदभाव किया जाता है। महिलाएँ उन कार्यों में संलग्न थीं जिसमें कम कार्यकुशलता की आवश्यकता थी। यही कारण है कि उनके साथ मजदूरी में भेदभाव किया जाता है। इस विश्लेषण में यह भी पाया गया कि उच्च स्तर के व्यवसाय में वे महिलाएँ ही जाती हैं जिनका सामाजिक एवं आर्थिक स्तर उच्च होता है।[26]

Gray, Kittlson and Sandhaltz (2000) ने "Women and globalization a study of 180 countires, 1975-2000" के अन्तर्गत महिलाओं की सामाजिक, आर्थिक एवं राजनीतिक स्थिति पर वैश्वीकरण का प्रभाव देखा। इसमें 180 देशों पर 1975-2000 के बीच की समयावधि में काल श्रेणी आँकड़ों से प्रतिगमन तकनीक का प्रयोग कर वैश्वीकरण का महिलाओं की जीवन प्रत्याशा, शिक्षा, अर्थव्यवस्था में सहभागिता एवं लोकसभा में प्रतिनिधित्व पर प्रभाव देखा। इसमें पाया गया कि वैश्वीकरण से महिलाओं के जीवन स्तर में सुधार हुआ है एवं लैंगिक विषमता को कम करके महिलाओं की स्थिति पर सकारात्मक प्रभाव डाला।[27]

Mazumdar (2001) ने "Women's worker and Globalization: Emregent Contradiction in India" के अन्तर्गत भारत के दिल्ली राज्य में महिला कर्मियों पर वैश्वीकरण का प्रभाव का अध्ययन किया। इस हेतु दिल्ली में चार औद्योगिक क्षेत्रों से महिला कर्मियों का साक्षात्कार किया गया। ये क्षेत्र-कपड़ा निर्यात उद्योग, विनिर्माण, घरेलू उद्योग एवं सूचना प्रौद्योगिकी से लिए गए। इसमें पाया गया कि कपड़ा निर्यात उद्योग में रोजगार का प्रतिशत बढ़ा लेकिन महिलाओं की स्थिति में कोई सुधार नहीं आया क्योंकि महिलाओं को दैनिक मजदूरी पर रखा गया। यहां मजदूरी में भेदभाव व कार्य के अधिक घंटे एवं कानूनी सुरक्षा का अभाव था। विद्युत विनिर्माण उद्योग में महिला रोजगार का प्रतिशत कम था। घरेलू उद्योग में श्रम कानूनों का अभाव होने के कारण मजदूरी की दर न्यूनतम मजदूरी से 22 प्रतिशत कम थी। सूचना प्रौद्योगिकी उद्योग से सभी देशों की अर्थव्यवस्थाएँ आपस में जुड़ गयीं जिससे

महिलाओं पर अधिक कार्यभार, पदोन्नति के अवसरों का अभाव एवं रात्रि पाली में काम करने आदि समस्याओं से महिलाओं के स्वास्थ्य पर बुरा प्रभाव पड़ा। अतः महिला सशक्तिकरण पर वैश्वीकरण का विपरीत प्रभाव पड़ा।28

उपरोक्त साहित्य समीक्षा यह दर्शाती है कि राजस्थान में महिलाओं के राजनीतिक व आर्थिक विकास पर बहुत कम कार्य है। वर्तमान अध्ययन में महिलाओं के राजनीतिक व आर्थिक विकास पर शिक्षा व रोजगार का प्रभाव देखा गया है।इस अध्ययन में महिला राजनीतिक विकास के विभिन्न पहलुओं जैसे महिला की राजनीतिकस्थिति, सामाजिक–आर्थिक स्थिति, तथा आर्थिक विकास को प्रभावित करने वाले विभिन्न निर्धारकों एवं राज्य स्तर पर व जिला स्तर पर महिला शिक्षा व रोजगार का आर्थिक सशक्तिकरण पर प्रभाव एवं पारिवारिक स्तर पर महिला शिक्षा व रोजगार का महिला आर्थिक सशक्तिकरण पर प्रभाव का अध्ययन किया गया है।

शोध प्राविधि

इस अध्ययन में दो स्तरों पर महिला राजनीति व आर्थिक विकास का विश्लेषण किया गया है। एक राज्य स्तर और दूसरा पारिवारिक स्तर। राज्य स्तर पर महिला राजनीति तथा आर्थिक विकास पर महिला शिक्षा व रोजगार का प्रभाव दो जनगणना परिणामों 1991 व 2001 पर आधारित है। पारिवारिक स्तर पर विश्लेषण सर्वे द्वारा चयनित परिवारों से महिला उत्तरदाताओं की प्रतिक्रिया पर आधारित है।

अतः यह अध्ययन प्राथमिक व द्वितीयक आँकड़ों पर आधारित है। प्राथमिक आँकड़ों हेतु राजस्थान राज्य के जयपुर शहर से बहुस्तरीय दैव निदर्शन विधि का प्रयोग करके 310 परिवारों का चयन किया गया है। प्रत्येक परिवार से महिला उत्तरदाताओं से शोध संबंधित प्रतिक्रियाओं को साक्षात्कार विधि से एकत्रित किया गया है। परिवारों का चयन व्यवस्थित यादृच्छिक प्रतिदर्श विधि से किया गया। सूचनाओं के संकलन के लिये प्रश्नावली का प्रयोग किया गया है। महिला आर्थिक सशक्तिकरण पर विभिन्न चरों शिक्षा व रोजगार का आय, स्वास्थ्य पारिवारिक पृष्ठभूमि, कच्ची बस्ती, सरकारी नीतियाँ व प्रयासों के रूप में अध्ययन किया गया है।

सन्दर्भ सूची

1. भारतीय संविधान : पृष्ठ - 70
2. Apte, JS (1995) "Education and Women Empowerment" India Journal of Adult Education 56 (3) PP. 27
3. Arya, Sadhna (2000) "Women Gender Equality and State", Deep Publication Pvt. Ltd., New Delhi.
4. कुरुक्षेत्र पत्रिका (2013), महिला सशक्तिकरण, पृष्ठ-3
5. कुरुक्षेत्र पत्रिका (2013), महिला सशक्तिकरण, पृष्ठ-3
6. कुरुक्षेत्र पत्रिका (2013), महिला सशक्तिकरण, पृष्ठ-4
7. कुरुक्षेत्र पत्रिका (2013), महिला सशक्तिकरण, पृष्ठ-4
8. कुरुक्षेत्र पत्रिका (2013), महिला सशक्तिकरण, पृष्ठ-4
9. कुरुक्षेत्र पत्रिका (2013), महिला सशक्तिकरण, पृष्ठ-5
10. कुरुक्षेत्र पत्रिका (2013), महिला सशक्तिकरण, पृष्ठ-20
11. कुरुक्षेत्र पत्रिका (2013), महिला सशक्तिकरण, पृष्ठ-15
12. योजना भारत सरकार (2010), पृष्ठ-13
13. योजना भारत सरकार (2010), पृष्ठ-13
14. योजना भारत सरकार (2012), पृष्ठ-8
15. Gupta, Mukta (2000) Economic participation of Women's Sarup, Delhi.
16. Human Development Report (1995) World Bank.
17. Human Development Report (1990).
18. Srivastava (1978) Employment of Educated married women in India, National Publishing House, New Delhi.
19. Devi (1982), "Status and Employment of Women in India" B.R Publishing Corporation Delhi.
20. Acharya and Bennet (1983) women and Subsistence Sector: Economic, Partipation and Household Decisioin making in Nepal", Working Paper number 526 Washington wold bank.

21. Gugnani, HR (1994), Literacy, Liberation and Empowernment of Women, University News, Vol. XXXII, No. 28.

22. Kalawati (1994), "Education Status of Rural Girls" Discovery Publishing House New Delhi.

23. Parvathy and Naidu (1974) Education and Socio-Economic Development of Women in Southern States" Print Well, Jaipur.

24. Kingdon, Geeta, Gandhi (1995) Education of Females in India Determinant and Economic Consequence. A case study of urban Uttar Pradesh" Institute of Economic and Statistics University of Oxford.

25. Rajvanshi Jyotsana (1991) "Education Status Mobility and Social Change a Comparative Sociological Study of Educated Middle Class Working and nonworking women", Ph.D Insis University of Rajasthan, Jaipur.

26. Rehmen and Biswal (1993) "Education Work and Women Common Wealth Publication, New Delhi.

27. Gray. Kittlson and Sandhaltz (2000) Women and Globalisation A Study of 180 Countries 1975-2000 Interm actional organization.

28. Malumdar, Indrani (2001) "Women Worker's and Globlisation: Emergent Contradictions in India", Stree Kolkata for center for Women Development Studies, Delhi.

अध्याय–द्वितीय

राजस्थान में महिला स्थिति

महिलाओं की स्थिति समाज के विकास की सूचक है। महिलाओं की स्थिति जितनी अधिक सुदृढ़ होगी, उस देश का विकास उतना ही उन्नत होगा। महिलाओं की स्थिति महिलाओं के प्रति समाज के दृष्टिकोण को इंगित करती है। यह वह धुरी है जिसके चारों ओर परिवार, समुदाय व राष्ट्र घूमता है। महिलाओं की स्थिति का मूल्यांकन महिलाओं की शिक्षा, रोजगार, स्वास्थ्य, सुविधा, राजनीतिक, प्रशासनिक एवं आर्थिक क्षेत्र में पहुँच से किया जा सकता है। प्रस्तुत अध्याय में महिलाओं की स्थिति की अवधारणा को बताते हुए उसको दर्शाने वाले सूचकों का भी विश्लेषण किया गया है।

राजस्थान राज्य क्षेत्रफल की दृष्टि से भारत का सबसे बड़ा राज्य है। यह सात संभागों एवं 33 जिलों में विभाजित है तथा 241 तहसीलों, 222 शहरी ईकाइयों एवं 41353 गाँवों से बना है। राजस्थान को महिलाओं की निम्न स्थिति, पुरुष प्रधान समाज, सामन्ती प्रथा का बाहुल्य, जातीय आधार पर सामाजिक ध्रुवीकरण, अशिक्षा एवं गरीबी के पर्याय के रूप में देखा गया है।[1]

प्राचीन समाज में स्त्रियों के प्रति सुरक्षात्मक उपायों के रूप में कई कुप्रथाएँ प्रचलित हो गई। भ्रूण–हत्या, बाल–विवाह, सती–प्रथा, पर्दा–प्रथा, बहुपत्नी विवाह आदि जैसी प्रथाओं ने स्त्री की स्थिति को निम्नतम बिन्दु पर पहुँचा दिया। इसके लिये हमारे समाज की सोच और उनकी पुरुषवादी मानसिकता को भी प्रमुख रूप से जिम्मेदार माना जाता है।[2]

यद्यपि संविधान द्वारा महिलाओं को पुरुषों के समान अधिकार प्रदान किए गए हैं, जिससे महिलाओं की शिक्षा, रोजगार व स्वास्थ्य सुविधाओं तक

पहुँच हो सके परन्तु इन अधिकारों का वास्तविक जगत में उपयोग राज्य में प्रभावपूर्ण ढंग से न होने के कारण महिलाओं की स्थिति में बहुत अधिक सुधार नहीं हो पाया है।[3]

महिला स्थिति : अवधारणा

महिला स्थिति, महिला की परिवार व समाज में स्थान बताती है। यह समाज में महिलाओं की विभिन्न भूमिकाओं से बनती है- एक बेटी के रूप में, एक पत्नी के रूप में, एक माँ के रूप में, आर्थिक, सामाजिक एवं राजनीतिक क्रियाओं में सहभागिता के रूप में, महिला को किसी निश्चित समय में समाज में जो स्थान दिया जाता है वह उस समय उसकी स्थिति का द्योतक है।[4]

इसका तात्पर्य उनकी सामाजिक, आर्थिक, राजनीतिक एवं पारिवारिक क्षेत्र में सहभागिता के साथ-साथ निर्णय लेने की व्यक्तिगत स्वतंत्रता से है। यह महिलाओं की परिवार, समाज व समुदाय में भौतिक संसाधनों तक पहुँच को बताता है। महिलाओं को समाज में अनेक कार्यों को सम्पन्न करना होता है एवं इन कार्यों के साथ शक्ति एवं प्रतिष्ठा जुड़े होते हैं। महिलाओं की स्थिति सुदृढ़ होने से उनके शारीरिक एवं मानसिक दोनों स्तरों पर प्रभाव पड़ता है जिससे उनका स्वास्थ्य अच्छा रहता है, बौद्धिक स्तर उच्च होता है।[5]

परिणामस्वरूप महिलाएँ समाज में प्रतिष्ठा एवं सम्मान को प्राप्त करती हैं। यह एक सापेक्षिक धारणा है जो समाज के दृष्टिकोण एवं मूल्यांकन पर निर्भर करती है और इसी कारण विभिन्न समाज में महिलाओं की स्थिति भिन्न-भिन्न पायी जाती है।[6]

राजस्थान में सामाजिक एवं आर्थिक परिवर्तन से महिलाओं की स्थिति में आधारभूत परिवर्तन हुआ है। महिलाओं ने अपनी बहुआयामी क्षमताओं के द्वारा समाज, प्रदेश, राष्ट्र एवं अन्तर्राष्ट्रीय स्तर पर महत्वपूर्ण भूमिका निभायी है। महिलाओं में शिक्षा के प्रसार एवं औद्योगीकरण के फलस्वरूप उन्हें आर्थिक क्षेत्र में प्रवेश करने के अधिक अवसर प्राप्त हुए हैं। फलस्वरूप उनकी स्थिति पहले से अधिक सुदृढ़ हुई है।[7]

महिला स्थिति : एक ऐतिहासिक परिप्रेक्ष्य

महिलाओं की स्थिति में समय के साथ-साथ परिवर्तन हुआ है। प्रस्तुत परिच्छेद में महिलाओं की स्थिति का ऐतिहासिक परिप्रेक्ष्य में व्याख्या की गई है। यह प्राचीन काल से वर्तमान समय तक से संबंधित है[8]-

स्वतंत्रता से पूर्व

इसमें समयावधि को तीन भागों में विभाजित किया गया है जो निम्न हैं:

प्राचीनकाल

वर्तमान समय में ऐसा कहा जाता है कि यह पुरुष प्रधान समाज है, जहां प्राचीनकाल से ही महिलाओं को पुरुषों की दासी एवं दासता, अत्याचार, शोषण, गुलामी इत्यादि को सहने वाली नारी के रूप में चित्रित किया जाता है किन्तु सत्य इसके ठीक विपरीत है। यदि हम अत्यंत प्राचीनकाल की बात करें तो 'उस समय समाज में महिलाओं की स्थिति सुदृढ़ थी। समाज में उनका स्थान सम्मानजनक, आदरणीय, मर्यादायुक्त एवं आदर्शात्मक था। महिलाओं को आध्यात्मिक एवं व्यक्तित्व विकास की पूर्ण स्वतंत्रता थी। उन्हें जीवन साथी का चयन, शिक्षा, सम्पत्ति आदि के अधिकार प्राप्त थे। ये महिलाएँ शौर्य, पराक्रम वीरता में निपुण थीं।'[9]

वैदिक काल में पुत्र और पुत्री के सामाजिक, धार्मिक तथा राजनीतिक कार्यों में बहुत अधिक अन्तर नहीं था। पुत्र की भाँति पुत्री भी उपनयन, शिक्षा, दीक्षा एवं यज्ञादि की अधिकारिणी थी।[10] वैदिक युग में महिला की शिक्षा का स्तर उच्च था। शिक्षा, ज्ञान, यज्ञ आदि विभिन्न क्षेत्रों में वह स्वतंत्रता पूर्वक सम्मिलित होती तथा सम्मानपूर्वक आदर प्राप्त करती थी। उस युग में ऐसी अनेक विदुषी स्त्रियाँ थीं जिन्होंने ऋग्वेद और अन्य वेदों की अनेक ऋचाओं का प्रणयन किया था। **'लोपामुद्रा, विश्ववारा, सिक्ता, घोषा'** आदि ऐसी ही विदुषी व महापंडित स्त्रियाँ थीं। शिक्षा, ज्ञान और विद्वता के क्षेत्र में ही नहीं बल्कि यज्ञ कार्यों में भी वे अग्रणी थीं।11

वहीं मौर्यकालीन समाज में स्त्रियों के विवाह-विच्छेद, तलाक की अनुमति थी। समाज में वेश्यावृत्ति की प्रथा हमें मौर्यकाल से देखने को मिलती

है जिसे राजकीय संरक्षण प्राप्त था। स्वतन्त्र रूप से वेश्यावृत्ति करने वाली स्त्रियाँ रूपाजीवा कहलाती थीं वहीं गुप्त काल में नारी का आदर्शमय चित्रण है परन्तु व्यवहारिक रूप में उनकी स्थिति पहले की अपेक्षा दयनीय हो गई थी।[12]

प्राचीनकाल में महिलाओं को सामाजिक रीति रिवाजों, शिक्षा के अवसरों, निर्णय प्रक्रिया में भागीदारी, आर्थिक गतिविधियों में भूमिका तथा सार्वजनिक आयोजनों में पुरुषों के समान ही अवसर प्राप्त थे।[13]

मध्यकाल

मुस्लिम आक्रमणों के पश्चात् मुस्लिम शासकों के काल में महिलाओं की सुरक्षा के भाव तथा सामाजिक व्यवस्था के संबंध में उपस्थित हुई चुनौतियों की पृष्ठभूमि में महिलाओं की सामाजिक और सार्वजनिक भूमिका को क्रमशः सीमित कर दिया गया। इसकी परिणति मध्यकाल में महिलाओं को सामाजिक जीवन की परिधि में लगभग सीमित कर देने के रूप में हो गई किन्तु उनकी स्थिति पराधीनता की नहीं हो सकी क्योंकि महिलाएँ अर्थव्यवस्था में कृषि एवं उद्योगों में सक्रिय योगदान करती थीं। अतः सामाजिक व सार्वजनिक गतिविधियों में नगण्य भूमिका के उपरान्त भी वें परिवार के आर्थिक ढांचे पर निर्भर नहीं अपितु उसमें सक्रिय सहभागी थीं।[14]

अतः मुगलकाल में महिलाओं की स्थिति दयनीय हो गयी। इस समय महिलाओं द्वारा पर्दा रखना प्रारम्भ हुआ और उनकी भूमिका चारदीवारी तक ही सीमित हो गई।[15] समाज में बाल-विवाह, सती प्रथा, पर्दा प्रथा, कन्यावध जैसी कुरीतियों की शुरूआत हो गई। बाल विवाह की प्रथा के प्रचलन के परिणाम स्वरूप समाज में विधवा-विवाह की अनुमति नहीं दी।[16]

राजस्थान में सती-प्रथा सर्वाधिक प्रचलित थी जिसमें पतिव्रता स्त्री का अपने पति की चिता के साथ जलना एक पुनीत कार्य समझा जाता था। कन्यावध की प्रथा विशेष रूप से राजपूत नरेशों व सामन्तों में प्रभावशाली थी। 18वीं सदी के अन्त तक यह प्रबल रूप से प्रचलित थी। इन सबके परिणामस्वरूप महिलाओं की समाज में स्थिति बिगड़ती चली गई। इस बिगड़ी स्थिति के पीछे शिक्षा का अभाव था जिसने स्त्री के जीवन को अन्धकारमय बना दिया।[17]

ब्रिटिश काल

ब्रिटिश काल में स्कूल महाविद्यालय एवं विश्वविद्यालय खुलने के कारण महिलाओं को शिक्षा के अवसर प्राप्त हुए। ब्रिटिश सरकार ने महिलाओं के उत्थान के लिये कई कानून भी पास किए। **सती प्रथा उन्मूलन कानून 1829, हिन्दू विधवा पुनर्विवाह कानून 1856, बाल विवाह 1929** बनाए गए, जिससे सामाजिक कुरीतियाँ सीमित हो जाएँ।[18] 1813 के चार्टर एक्ट के तहत सर्वप्रथम शिक्षा की स्थिति को सुधारने का कदम उठाया गया। शिक्षा के प्रचार–प्रसार से राष्ट्रीय आन्दोलन में महिलाओं की सहभागिता बढ़ी। महिलाओं की स्थिति को सुधारने एवं उत्थान के लिये समाज सुधारकों ने भी प्रयास किए।[19]

ईश्वर चन्द्र विद्यासागर, ज्योतिराव फूले, राजाराममोहन राय, दयानन्द सरस्वती आदि ने सामाजिक कुरीतियों को दूर करने के लिये अथक प्रयास किए। सर सैयद अहमद ने अलीगढ़ मुस्लिम विश्वविद्यालय की स्थापना की। अतः इस काल में महिलाओं को कुछ अधिकार एवं स्वतंत्रता दी गयी जिससे महिलाओं की स्थिति में सुधार आया।[20]

स्वतंत्रता के पश्चात्

स्वतंत्रता के पश्चात् संविधान में समान कार्य के लिये समान वेतन, महिलाओं को पुरुषों के समान अधिकार एवं अधिनियम बनाए गए। संवैधानिक उपबंधों के अतिरिक्त महिलाओं के लिये कई विधान पारित किए गए जिससे महिलाओं की स्थिति सुदृढ़ हो सके। महिला शिक्षा का तीव्र प्रसार किया गया। कई विश्वविद्यालय, कॉलेज व स्कूल केवल महिलाओं के लिये खोले गए। 1950 में भारत में महज 28 विश्वविद्यालय एवं 700 कॉलेज थे जो अब बढ़कर क्रमशः 431 एवं 20,000 से भी ज्यादा हो गए। 1950 में शिक्षकों की संख्या 15 हजार के आसपास थी जो कि अब 5 लाख को पार कर गई। पहले हर साल लगभग एक लाख विद्यार्थी भर्ती होते थे, अब 1 करोड़ 16 लाख विद्यार्थियों का नामांकन होता है। अन्य शिक्षण संस्थानों और दूरस्थ शिक्षा प्रणाली की बदौलत यह दुनिया की सबसे बड़ी शिक्षा व्यवस्थाओं में एक है।[21]

अतः शिक्षा के क्षेत्र में विकास हुआ है। कई महिलाएँ सरकारी कार्यालयों, औद्योगिक संस्थाओं और अन्य विभिन्न क्षेत्रों में नौकरी करने लगी हैं जिससे वे आर्थिक रूप से आत्मनिर्भर हैं। लोकसभा, राज्यसभा एवं पंचायत समितियों में महिलाओं का प्रतिनिधित्व बढ़ा है। भारत में स्वतंत्रता के पश्चात् 1952 में लोक सभा में महिलाओं की भागीदारी कुल सीट की 4.4 थी, जो 2001 में 8.16 प्रतिशत हो गई। महिलायें प्रशासनिक पदों पर भी आरूढ़ हुई हैं। इन सबके परिणामस्वरूप महिलाओं की स्थिति में काफी सुधार हुआ है।[22]

वर्तमान समय में अनेक प्रयासों के फलस्वरूप महिलाओं में चेतना आई है। अब वे पहले के मुकाबले अपने-अपने अधिकारों के प्रति अधिक सजग हो गई हैं जिसमें मीडिया की भूमिका को भी नकारा नहीं जा सकता। बलात्कार, दहेज हत्या, कन्या-भ्रूणहत्या जैसी घटनाओं को उजागर करने में मीडिया ने अहम भूमिका निभाई जिससे हर आय वर्ग के लोग जिनका उस घटना से कोई निजी लेना-देना नहीं था वे भी अपने अधिकारों एवं इंसाफ के लिये सड़कों पर उत्तर आए। मीडिया ने अपने समाचार-पत्रों, लेखों इत्यादि के माध्यम से जनमानस पर इतना गहरा प्रभाव छोड़ा कि लोग विशेषकर महिलाएँ अपने घरों से बाहर निकल कर अपने अधिकारों एवं सुरक्षा की सुनिश्चितता सुरक्षित करने को बाध्य हो गई। इनके पश्चात् कितने ही महिला हेल्पलाइन खुले एवं पुलिस स्टेशनों पर महिलाओं की समस्याओं को गंभीरतापूर्वक लिया जाने लगा है।[23]

जन संचार माध्यमों ने महिलाओं को केवल उनके अधिकारों के विषय में ही जागरूक नहीं किया है वरन उन्हें स्वावलंबी बनाने उनकी आर्थिक-राजनीतिक स्थिति सुधारने में भी महत्वपूर्ण भूमिका निभायी है[24] जैसे-

- संचार माध्यम सरकार एवं जनता के मध्य महत्वपूर्ण कड़ी के रूप में कार्य करते हैं। वे नीति निर्धारकों द्वारा बनाई गई योजनाओं, नीतियों, कानूनों इत्यादि के विषय में सूचनाएं लोगों तक पहुँचाते हैं।
- ग्रामीण समस्याओं, ग्रामीणों की आवश्यकताएं, उनकी वर्तमान दशा इत्यादि के विषय में जानकारी सरकार एवं नीति-निर्धारकों तक

पहुँचाते हैं जिससे उनके विकास से सम्बंधित निर्णय आसानी से लिये जा सकते हैं।

- जनसंचार माध्यमों ने महिला उद्यमियों एवं कृषि क्षेत्र में कार्यरत महिलाओं के जीवन-स्तर में सुधार कर उन्हें आर्थिक रूप से सशक्त किया है, महिलाओं के लिये कौन-कौन सी योजनाएं चल रही हैं किस माध्यम द्वारा महिलाओं को कम कीमत पर ब्याजरहित ऋण उपलब्ध हो रहा है इत्यादि जानकारियां संचार माध्यमों द्वारा ही उन तक पहुँच रही है।
- इसके अतिरिक्त समय-समय पर टेलीविजन एवं रेडियों पर महिलाओं पर आधारित कार्यक्रम जैसे- कल्याणकारी कार्यक्रम इत्यादि प्रसारित किये जाते हैं जिसमें विषय विशेषज्ञों द्वारा उनकी समस्याओं का समाधान भी किया जाता है। इससे एक तरफ जहाँ उनको उनकी समस्याओं का हल मिल जाता है वहीं दूसरी तरफ इससे एक बड़ा लाभ यह भी है कि विभिन्न कार्यक्रमों में उनकी भागीदारी बढ़ती है जिससे उनमें आत्मविश्वास की भावना आती है तथा वे मानसिक एवं संवेगात्मक रूप से भी सशक्त होती हैं।
- मीडिया के कारण महिलाओं के जीवन-स्तर में गुणात्मक परिवर्तन आए हैं। शुरू-शुरू में महिलाएँ मीडिया में अपनी परम्परागत छवि में कैद थीं यानी मीडिया में भी उसे आदर्श बहू, आदर्श पत्नी, आदर्श बहन, आदर्श बेटी और आदर्श माँ के रूप में दिखाया जाता था लेकिन आज तस्वीर कुछ बदली है। अब मीडिया में वह सीईओ के रूप में दफ्तर संभालती, राजनीतिक अधिकारों से सम्पन्न और महत्वपूर्ण प्रशासनिक फैसले लेते दिखने लगी हैं। हम कह सकते है कि मीडिया के जरिए महिलाओं के भीतर छिपी शक्ति और प्रतिभा को एक राह मिली है, एक दिशा मिली है।
- टी.वी., मोबाइल, कम्प्यूटर इत्यादि ने भी महिलाओं को सशक्त करने में एक अहम भूमिका निभाई है। इन्टरनेट एवं मोबाइल एसोसिएशन ऑफ इंडिया की रिपोर्ट के अनुसार इन्टरनेट एवं

मोबाइल के प्रयोग में भागीदारी बढ़ती जा रही है।इससे एक तरफ जहां नई–नई सूचनाएँ महिलाओं को मिल रही है वहीं दूसरी ओर व्यवस्था में पारदर्शिता आई है जिसने महिलाओं के सशक्तिकरण को बढ़ावा दिया है।

चूँकि महिलाओं के सशक्तिकरण की दिशा में मीडिया की अत्यन्त ही महत्वपूर्ण भूमिका है। अतः मीडिया को भी चाहिए कि वह अपने कर्त्तव्यों को भली–भाँति समझे एवं अपने उत्तरदायित्वों का निर्वहन उचित प्रकार से करे। मीडिया जनचेतना में परिवर्तन लाकर महिलाओं के सशक्तिकरण की दिशा में महत्वपूर्ण परिवर्तन ला सकता है। अतः मीडिया को चाहिए कि महिलाओं की वास्तविक स्थिति को उजागर करे; साथ ही साथ उन्हें एक ऐसा मंच भी प्रदान करे जिससे वे अपने आपको इस पुरुष प्रधान समाज के समक्ष बराबरी में खड़ा कर सकें।[25]

महिला का विकास व सशक्तिकरण जैसी जटिल किन्तु महत्वपूर्ण उद्देश्य की प्राप्ति की राह में अनेक समस्याएं, अवरोध व बाधाएं हैं किन्तु सर्वविदित तथ्य है कि महिलाएँ परिवार, समाज व देश की प्रगति की नींव हैं। नींव को सशक्त व मजबूत बनाए जाने पर ही सुदृढ़ विशाल एवं भव्य इमारत की कल्पना को साकार किया जा सकता है। इस तथ्य को ध्यान में रखते हुए सरकार, समाज एवं स्वयंसेवी संगठनों को संयुक्त रूप से महिला विकास कार्यक्रमों के निर्माण इनके सकल क्रियान्वयन व प्रगति को सुनिश्चित करते हुए महिलाओं को साक्षर, स्वावलम्बी व सशक्त बनाने के लिये हर संभव प्रयास करने होंगे।26

राजस्थान में महिला स्थिति के सूचक

महिलाएँ राज्य की जनसंख्या का लगभग आधा भाग हैं। महिलाएँ, राज्य के सामाजिक व आर्थिक विकास में महत्वपूर्ण भूमिका अदा करती हैं। महिलाओं के उत्थान के द्वारा ही एक प्रदेश का विकास संभव है। राज्य एवं केन्द्र सरकार द्वारा महिलाओं की स्थिति को सुधारने हेतु समय–समय पर प्रयास किए गए जिसके परिणामस्वरूप महिलाओं की स्थिति में सुधार आया है। प्रस्तुत

परिच्छेद में महिलाओं की स्थिति को दर्शाने वाले सामाजिक, आर्थिक, जनांकिकीय सूचकों का विश्लेषण किया गया है।[27]

सामाजिक सूचक

सामाजिक सूचक महिला की समाज में स्थिति को दर्शाते हैं। महिलाओं की परिवार एवं समाज से संबंधित निर्णयों में सहभागिता एवं स्वतंत्रता महिलाओं की सामाजिक स्थिति का सूचक है। यह सहभागिता व स्वतंत्रता जितनी अधिक होगी उतनी ही महिलाओं की स्थिति सुदृढ़ होगी।28

परिवार से संबंधित दैनिक कार्यों में निर्णय सहभागिता व स्वतंत्रता

महिलाओं के द्वारा परिवार से संबंधित दैनिक कार्यों जैसे भोजन पकाने से संबंधित निर्णय में सहभागिता व स्वतंत्रता महिला की स्थिति को दर्शाता है। राष्ट्रीय परिवार स्वास्थ्य सर्वेक्षण [NFHS, 1998-99] की रिपोर्ट के अनुसार राज्य में 82.3 प्रतिशत महिलाएँ भोजन पकाने से संबंधित कार्यों में स्वयं निर्णय लेने में स्वतंत्र थीं।[29]

परिवार के सदस्यों से संबंधित निर्णयों में सहभागिता एवं स्वतंत्रता

महिलाओं के द्वारा बच्चों की शिक्षा से संबंधित निर्णय जैसे स्कूल के चयन में स्वतन्त्रता, बच्चे की शिक्षा के माध्यम (अंग्रेजी, हिन्दी) का चयन, बच्चे की व्यावसायिक शिक्षा से संबंधित निर्णय लेने की स्वतंत्रता महिला स्थिति को दर्शाती है। बच्चों के विवाह से संबंधित निर्णय महिलाओं के द्वारा लेना भी उनकी अच्छी स्थिति को दर्शाता है।[30]

रिश्तेदारों के घर जाने की स्वतंत्रता

महिलाओं को पीहर एवं भाई–बहन के घर जाने की स्वतंत्रता महिलाओं की अच्छी स्थिति को बताता है। राष्ट्रीय पारिवारिक स्वास्थ्य सर्वेक्षण (1998–99) रिपोर्ट के अनुसार राज्य में केवल 8.4 प्रतिशत महिलाएँ ही पैतृक घर जाने एवं भाई–बहन के घर जाने में स्वतंत्र निर्णय लेती थीं जबकि 39.3 प्रतिशत महिलाएँ पति की सहमति से जाती हैं। रिश्तेदार व दोस्तों के घर जाने के लिये

राज्य में 17 प्रतिशत महिलाओं को परिवार के सदस्यों से अनुमति नहीं लेनी पड़ती थीं। इस प्रकार महिलाओं कोघर से बाहर जाने में अधिक स्वतन्त्रता प्राप्त नहीं है। उनको पति पर निर्भर रहना पड़ता है। यह अच्छी सामाजिक स्थिति को नहीं दर्शाता है।[31]

बाजार जाने की स्वतंत्रता तथा मनोरंजन संबंधित स्वतंत्रता

महिलाओं के बाजार जाने एवं खरीददारी करने की स्वतंत्रता उनकी अच्छी स्थिति को दर्शाता है। राष्ट्रीय पारिवारिक स्वास्थ्य सर्वेक्षण (NFHS, 1998-99) की रिपोर्ट के अनुसार राज्य में केवल 19 प्रतिशत महिलाओं को ही बाजार जाने के लिये अनुमति नहीं लेनी पड़ती थी। मनोरंजन से संबंधित जैसे- बाहर घूमने जाना, इसके लिये वाहन का प्रयोग करना, टी.वी. देखना, खेलना एवं बाहर चलचित्र देखने जाना, किट्टी पार्टी में जाने के लिये स्वतंत्र रूप से निर्णय लेना महिलाओं की अच्छी स्थिति को दर्शाता है।[32]

आर्थिक सूचक

आर्थिक सूचक महिलाओं की आर्थिक क्रियाओं व सेवाओं तक पहुँच से संबंधित हैं। कतिपय आधारभूत आर्थिक सूचक निम्न हैं:-

रोजगार–

महिलाओं की रोजगार में पहुँच उनको आर्थिक रूप से सशक्त करती है एवं आत्मनिर्भर बनाती है जिससे वे स्वयं निर्णय लेने में सक्षम होती हैं। अतः रोजगार महिला की स्थिति का एक महत्वपूर्ण सूचक है। राज्य में विभिन्न सामाजिक परम्पराओं व रूढ़ियों के कारण महिलाएँ रोजगार में पुरुषों की तुलना में काफी पीछे हैं।[33]

देश की खुशहाली व समृद्धि का रास्ता गाँव की गलियों से होकर गुजरता है। इस तथ्य को देखते हुए ग्रामीण महिलाओं के विकास, खुशहाली व समृद्धि के लिये व्यापक गरीबी निवारण व बेरोजगारी उन्मूलन जैसी योजनाओं का क्रियान्वयन ईमानदारी, पारदर्शी व प्रभावी ढंग से सुनिश्चित किया जाना चाहिए। कृषि, पशुपालन, लघु, कुटीर व हथकरघा उद्योगों में महिलाओं के

योगदान को दृष्टिगत रखते हुए ऐसी योजनाओं व कार्यक्रमों को संचालित किया जाना अपेक्षित है जिससे इन क्षेत्र में महिलाओं की उत्पादकता, कौशल व दक्षता में अभिवृद्धि संभव हो सके जिससे उनकी आय में बढ़ोत्तरी तथा वे निर्धनता के दुश्चक्र से मुक्त हो सकेंगी।[34]

उल्लेखनीय है कि जब तक महिलाएँ 'गरीबी' का दंश झेल रही हैं तब तक उनकी साक्षरता, स्वास्थ्य व पोषण संबंधी प्रावधानों की चर्चा करना व्यर्थ है। गरीबी की सर्वाधिक मार महिलाओं को ही झेलनी पड़ती है। इसलिये यह सर्वाधिक आवश्यक है कि गरीबी निवारण कार्यक्रमों व महिला विकास कार्यक्रमों का क्रियान्वयन ईमानदारी, पूर्ण निष्ठा व प्रभावी ढंग से किया जाए ताकि महिला विकास व सशक्तिकरण जैसे जटिल किन्तु महत्वपूर्ण उद्देश्य को प्राप्त किया जा सके।[35] 2001 की जनगणना के अनुसार राज्य में महिला कार्यसहभागिता दर 33.48 प्रतिशत थी जो एक दशक की तुलना में अधिक है परन्तु भारत की तुलना में यह अभी भी काफी कम है।[36]

व्यावसायिक वितरण

अर्थव्यवस्था में विभिन्न व्यवसायों में महिलाओं का वितरण उनकी स्थिति को दर्शाता है। महिलाएँ जब असंगठित क्षेत्र में अधिकांशतः कार्यशील होती हैं तो उनके पास शक्ति एवं अधिकार कम होते है जिससे उनकी स्थिति सुदृढ़ नहीं होती है जबकि संगठित क्षेत्र में कार्यशील महिलाएँ कानून का प्रयोग कर अपने अधिकारों को प्राप्त कर सकती हैं। संगठित क्षेत्र में महिलाओं का रोजगार में स्थायित्व अधिक होता है एवं उन्हें नियमित रूप से वेतन मिलता है।

राज्य में 1991 की जनगणना के अनुसार औद्योगिक श्रेणी के अनुसार महिलाओं का काश्तकार, खेतीहर मजदूर, पारिवारिक उद्योगकर्मी एवं अन्यकर्मी में क्रमशः 69.34 प्रतिशत 18.23 प्रतिशत, 1.72 प्रतिशत एवं 5.59 प्रतिशत था जोकि 2001 की जनगणना के अनुसार क्रमशः 67.02, 16.44, 2.76 एंव 13.78 प्रतिशत हो गया।[37] इस प्रकार महिलाओं का काश्तकार एवं खेतीहर मजदूर में प्रतिशत कम हुआ है जबकि पारिवारिक उद्योग एवं अन्य कर्मी के रूप में प्रतिशत बढ़ा है। कृषि की अपेक्षा पारिवारिक उद्योगव अन्यउद्योग

सापेक्षित रूप से अधिक संगठित हैं। अतः यह महिलाओं का असंगठित उद्योगों से संगठित उद्योगों की ओर स्थानान्तरण है। यह दर्शाता है कि राजस्थान में महिलाओं की स्थिति रोजगार की दृष्टि से पहले से अच्छी हुई।[38]

आय

महिलाओं की आय महिलाओं की स्थिति का एक महत्वपूर्ण सूचक है। महिलाओं के लिये आय अर्जित करना ही सुदृढ़ स्थिति को नहीं दर्शाता बल्कि स्वयं द्वारा अर्जित आय को अपनी इच्छा अनुसार व्यय करने की शक्ति भी सुदृढ़ स्थिति को दर्शाती है। रोजगार प्राप्त करना आय का एक मुख्य स्त्रोत है। राज्य में अधिकांश महिलाएँ असंगठित क्षेत्र में कार्यशील हैं जिसके कारण उनको आर्थिक कार्यों का पुरुषों के समान लाभ प्राप्त नहीं हो पाता है यहां कानून भी उनकी मदद नहीं कर सकता है। अतः महिलाओं की आय से संबंधित सूचनाएं पूर्ण रूप से प्राप्त नहीं है।[39]

घरेलू आर्थिक निर्णयों में सहभागिता एवं स्वतंत्रता

महिलाओं की स्थिति को घरेलू आर्थिक निर्णयों में पारिवारिक आय को व्यय करने की स्वतंत्रता, ज्वैलरी, दैनिक व टिकाऊ वस्तुओं की खरीद एवं परिसम्पत्तियों की खरीद के निर्णय में स्वतंत्रता व सहभागिता के रूप में आँका जा सकता है। राज्य में **राष्ट्रीय पारिवारिक स्वास्थ्य सर्वेक्षण की रिपोर्ट** के अनुसार 49.2 प्रतिशत महिलाएँ दैनिक वस्तुओं की खरीद में स्वतंत्र रूप से या अपने पति के साथ मिलकर निर्णय लेती थीं जबकि टिकाऊ वस्तुओं के सदंर्भ में महिलाओं का यह प्रतिशत कम (40.5) था।[40] **राष्ट्रीय पारिवारिक स्वास्थ्य सर्वेक्षण** (NFHS, 1998-99) की रिपोर्ट के अनुसार ज्वैलरी खरीदने से संबंधित 6.1 प्रतिशत महिलाएँ ही स्वतंत्र रूप से निर्णय लेती थीं जबकि 42.7 प्रतिशत महिलाएँ पति के साथ मिलकर निर्णय लेती थीं। राज्य में लगभग 43 प्रतिशत महिलाएँ स्वतंत्र रूप से स्वयं द्वारा अर्जित आय को व्यय कर सकती थीं जबकि 70 प्रतिशत महिलाएँ पति के साथ निर्णय लेकर आय को व्यय करती थीं। आज भी राज्य में अधिकांशतः महिलायें (80 प्रतिशत) खरीददारी से संबंधित निर्णय लेने में स्वतंत्र नहीं हैं।[41]

स्वतंत्रता के पश्चात् सरकार ने महिलाओं की सामाजिक, आर्थिक स्थिति में सुधार लाने उनके समग्र व संतुलित विकास को सुनिश्चित करने व उनको विकास की मुख्यधारा में समावेशित करने हेतु अनेक विधायी उपाय कल्याणकारी योजनाओं व विकास कायक्रमों को मूर्त रूप प्रदान किया। यही नहीं महिलाओं को सशक्त, अधिकार संपन्न व जागरूक बनाने हेतु देश के संविधान के अनुच्छेद 39 में स्पष्ट उल्लेख किया गया है कि राज्य अपनी नीति का विशिष्टतया इस प्रकार संचालन करेगा कि सुनिश्चित रूप से पुरुष और स्त्री सभी नागरिकों को समान रूप से जीविका के पर्याप्त साधन प्राप्त करने का अधिकार है।[42] इसके साथ ही संविधान में महिलाओं को परम्परागत बंधनों से विमुक्त करवाने के लिये विशेष रियायतों व प्रोत्साहनों का भी प्रावधान किया गया है।[43]

जनांकिकीय सूचक

महिलाओं की स्थिति को जनांकिकीय सूचक भी प्रभावित करते हैं। ये सूचक निम्न हैं:

शिक्षा

शिक्षा महिलाओं के बौद्धिक विकास व सामान्य जागरूकता के लिये अत्यन्त आवश्यक है। शिक्षित महिलाएँ अपनी भूमिका का निर्वहन कुशलतापूर्वक कर सकती हैं। समाज में शिक्षा के द्वारा महिलाओं की प्रतिष्ठा एवं सम्मान बढ़ता है। अतः यह महिलाओं की स्थिति का एक महत्वपूर्ण सूचक है। राजस्थान में 1991 में महिला साक्षरता 20.44 प्रतिशत थी जोकि वर्ष 2001 में 44.34 प्रतिशत हो गयी। यह दर्शाता है कि महिलाओं की शैक्षणिक सुविधाओं में पहुँच बढ़ी है और महिलाओं की शिक्षा के प्रति समाज के दृष्टिकोण में भी परिवर्तन लाने का शिक्षा सशक्त माध्यम है।[44] यही नहीं **राधाकृष्ण आयोग** ने पढ़ी-लिखी माता को घर की 'भाग्य विधाता' के आदर्श वाक्य से संबोधित किया है।[45]

लिंगानुपात

लिंगानुपात से तात्पर्य प्रति हजार पुरुषों पर महिलाओं की संख्या से है। लिंगानुपात कम होना यह दर्शाता है कि महिलाओं की संख्या पुरुषों से कम है। महिलाओं की संख्या कम होने का मुख्य कारण गर्भावस्था में बालिका शिशु की मृत्यु होना या लिंग का परीक्षण करके बालिका भ्रूण की हत्या करना, मातृ मृत्युदर का अधिक होना आदि है। राजस्थान में लिंगानुपात 2001 की जनगणनानुसार 922 था, यह केरल की तुलना में काफी कम था (1058)। यह महिलाओं की बहुत अच्छी स्थिति को नहीं बताता है।[46]

विवाह आयु

महिलाओं की कम आयु में विवाह होने के कारण महिलाओं का शारीरिक एवं मानसिक विकास रूक जाता है। महिलाओं को शिक्षा एवं रोजगार से वंचित रहना पड़ता है। भारत में तीन दशक से बना हुआ विवाह की आयु कानून के तहत 18 वर्ष आयु निर्धारित की गई है लेकिन ग्रामीण एवं नगरीय क्षेत्र दोनों में बाल विवाह अधिक है। **राष्ट्रीय पारिवारिक स्वास्थ्य सर्वेक्षण (2001) की रिपोर्ट** के अनुसार 20 से 24 प्रतिशत महिलाओं का विवाह 18 वर्ष से पहले हो गया।[47]

प्रतिदर्श आकार 22807 महिलाओं में 22.6 प्रतिशत महिलाएँ 16 वर्ष से पहले विवाह हुआ एवं 2.6 प्रतिशत का 13 वर्ष की आयु से पहले हो गया जिससे मातृ मृत्यु दर अधिक पायी जाती है। महिलाओं का तेरह से उन्नीस वर्ष की आयु में गर्भधारण करना मृत्युदर को बढ़ाता है जो कि महिलाओं की स्थिति को कमजोर बनाता है। विवाह की आयु अधिक होने पर महिलाएँ अपनी शिक्षा पूर्ण कर पाती हैं जिससे महिलाओं का बौद्धिक विकास होता है एवं वह अपने प्रजनन संबंधी निर्णयों को स्वयं ले सकती हैं। राजस्थान में बाल-विवाह का प्रचलन अधिक है और यह महिलाओं की बहुत अच्छी स्थिति का सूचक नहीं है।[48]

कुल प्रजनन दर

कुल प्रजनन दर का अधिक होना यह दर्शाता है कि महिलाएँ ज्यादा बच्चों को जन्म देती हैं जो कि महिलाओं एवं शिशु दोनों के स्वास्थ्य पर बुरा प्रभाव

डालती है। राजस्थान में **राष्ट्रीय पारिवारिक स्वास्थ्य सर्वेक्षण** (2001) की रिपोर्ट के अनुसार कुल प्रजनन दर 3.2 थी इस दर का ऊँचा होना बताता है कि महिलाओं का प्रजनन संबंधित निर्णयों पर नियंत्रण नहीं है। राज्य में सामाजिक अंधविश्वासों एवं रूढ़ियों के कारण महिलाएँ अधिक बच्चों को जन्म देती हैं। बच्चों में कम से कम एक लड़के का होना, इस दर के अधिक होने का एक मुख्य कारण है।[49]

मातृ मृत्यु दर

महिलाओं में मातृ–मृत्यु दर का अधिक होना दर्शाता है कि प्रसव पूर्व एवं प्रसव पश्चात् महिलाओं के स्वास्थ्य का अच्छी तरह से ध्यान नहीं रखा जाता है। यह महिलाओं की कमजोर स्थिति को इंगित करता है। राजस्थान राज्य में महिलाओं की मृत्यु अधिकांशतः प्रसव के दौरान होती है। राजस्थान में मातृ मृत्युदर 1998 में 670 प्रति लाख पायी गयी है। यह मातृ मृत्यु दर बहुत ज्यादा है।[50]

जीवन प्रत्याशा

जीवन प्रत्याशा महिला की जन्म के समय जीवन की प्रत्याशा है। जीवन प्रत्याशा का उच्च होना स्वास्थ्य के अच्छे होने का सूचक है। राजस्थान राज्य में 2000 में महिलाओं की जीवन प्रत्याशा 61.1 वर्ष पायी गयी जो 2001 में कुछ बढ़कर 61.3 वर्ष हो गयी। जोकि महिलाओं की अच्छी स्थिति की ओर संकेत करती है।[51]

उपरोक्त विश्लेषण से ज्ञात होता है कि स्वतंत्रता प्राप्ति के पश्चात् राज्य में महिलाओं की स्थिति में काफी सुधार आया है। राज्य में शिक्षा के प्रसार से समाज में महिलाओं के दृष्टिकोण में परिवर्तन आया है साथ ही महिलाओं की शिक्षा, रोजगार एवं स्वास्थ्य सुविधाओं में पहुँच बढ़ाने से महिलाओं की स्थिति सुदृढ़ हुई है लेकिन अभी भी राजस्थान राज्य की महिलाएँ भारत में अन्य राज्यों की तुलना में शिक्षा, रोजगार एवं स्वास्थ्य सुविधाओं में पिछड़ी हुई है। वे परिवार एवं समाज में आर्थिक रूप से निर्णय लेने में कम सशक्त हैं।

तालिका 1

राजस्थान में महिलाओं की स्थिति को दर्शाने वाले सामाजिक सूचक (प्रतिशत में), 1998-99

क्र.सं.	*सूचक*	*राजस्थान (%)*
1.	भोजन पकाने संबंधित निर्णय में स्वतंत्र महिलाएँ	82.3
2.	स्वयं के स्वास्थ्य का निर्णय लेने में	
	• स्वतंत्र	16.5
	• पति/अन्य/दोनों	40.6
3.	ज्वैलरी एवं अन्य मदों पर खर्च करने में	
	• स्वतंत्र	6.1
	• पति/दोनों	42.7
4.	अपने पैतृक घर एवं भाई बहिन के घर जाने से संबंधित निर्णय में	
	• स्वतंत्र	8.4
	• पति/दोनों	39.3
5.	अपनी आजीविका को व्यय करने में	
	• स्वतंत्र	42.8
	• पति/दोनों	70.3
6.	बाजार जाने के लिए अनुमति की आवश्यकता नही	19.0
7.	दोस्तों एवं रिश्तेदार के घर जाने की अनुमति लेने की आवश्यकता नहीं	17.0
8.	दैनिक वस्तुओं खरीद में स्वतंत्र निर्णय (NFHS, 2001)	49.2
9.	टिकाऊ वस्तुओं की खरीद में स्वतंत्र निर्णय (NFHS, 2001)	40.5
10.	स्वयं द्वारा अर्जित आय के व्यय में	
	• स्वतंत्र	42.8
	• संयुक्त रूप से पति के साथ निर्णय	70.3

Source: National Family Health Survey 1998-99, 2000-01, Ministry of Health and Family Welfare, Government of India.

तालिका 2

राजस्थान में महिलाओं की स्थिति को दर्शाने वाले जनांकिकीय सूचक

क्र.सं.	*सूचक*	*राजस्थान*
1.	लिंगानुपात	
	1991 जनगणना	910
	2001 जनगणना	922
2.	जीवन प्रत्याशा	
	1996-2000 (SRS)	61.1 वर्ष
	1997-2001 (SRS)	61.3 वर्ष
3.	मातृ मृत्यु दर	
	1997 (SRS)	677 प्रति लाख
	1998 (SRS)	670 प्रति लाख
4.	कुल प्रजनन दर	
	2001 (SRS)	4.3
	2001 (NFHS)	3.2
5.	महिला साक्षरता दर	
	1991 जनगणना	20.44 प्रतिशत
	2001 जनगणना	44.34 प्रतिशत
6.	महिला कार्य सहभागिता दर	
	1991 जनगणना	27.40 प्रतिशत
	2001 जनगणना	33.48 प्रतिशत
7.	औद्योगिक श्रेणी के अनुसार महिला कर्मी	
	काश्तकार	
	1991 जनगणना	69.34 प्रतिशत
	2001 जनगणना	67.02 प्रतिशत
	खेतिहर मजदूर	
	1991 जनगणना	18.23 प्रतिशत
	2001 जनगणना	16.44 प्रतिशत
	पारिवारिक उद्योगकर्मी	
	1991 जनणगना	1.72 प्रतिशत
	2001 जनगणना	2.76 प्रतिशत

क्र.सं.	*सूचक*	*राजस्थान*
	अन्यकर्मी	
	1991 जनगणना	5.59 प्रतिशत
	2001 जनगणना	13.78 प्रतिशत

Source:
1. Census of Rajasthan (2001); series-1, Rajasthan Provisional Population Total, Directorate of Census Operation, Rajasthan.
2. Census of India (2001), sereas-9, Rajasthan Provisional Population Total, paper-3, Directorate of Census Operation, Rajasthan.
3. Sample Registration System, Office of Registrar General, New Delhi, or Relevant Years.

सन्दर्भ सूची

1. विवास पॅनोरमा: राजस्थान एक अवलोकन, पृ. 5
2. डॉ. एल.आर. भल्ला: राजस्थानी समाज, कला एवं संस्कृति- राजस्थान का सामाजिक जीवन, पृ. 344-345
3. सुभाष काश्यप: भारतीय संविधान (मूल अधिकार) पृ. 82-83
4. गर्वमेन्ट ऑफ इंडिया (1974): टूवर्डस इक्यूलिटी रिपोर्ट ऑफ दा कमेटी दा स्टेट्स ऑफ वूमेन इन इंडिया, मिनिस्ट्री ऑफ एजूकेशन एण्ड सोशल वेलफेयर, नई दिल्ली, पृ. 83
5. वही, पृ. 83
6. वही, पृ. 84
7. गर्वमेन्ट ऑफ राजस्थान: ह्यूमेन डेवलपमेन्ट रिपोर्ट (1995) (1999)
8. डॉ. एल.आर. भल्ला, पूर्वोक्त, पृष्ठ - 344
9. वही, पृ. 344
10. द्विजेन्द्रनारायण झा कृष्णमोहन श्री माली, प्राचीन भारत का इतिहास, पृ. 126-127
11. वही, पृ. 126-127
12. वही, पृ. 198-199

13. वही, पूर्वोक्त, पृ. 344
14. डॉ. एल.आर. भल्ला, पृ. 257
15. सतीश चन्द्रः मध्यकालीन भारत पृष्ठ - 381-382
16. वही, पृ. 382
17. वही, पृ. 382
18. बी.एल. ग्रोवर, यशपालः आधुनिक भारत का इतिहास, पृ. 281-282
19. वही, पृ. 259
20. वही, पृ. 282
21. गर्वमेन्ट ऑफ इण्डिया (1986): नेशनल पोलसी ऑन एजूकेशन प्रोग्राम ऑफ एक्शन, न्यू दिल्ली, मिनिस्ट्री ऑफ ह्यूमेन रिशोर्स डेवलपमेन्ट
22. वही, ...
23. वही, ...
24. राज्य महिला विकास रिपोर्ट (2001) गवर्मेंट ऑफ इण्डिया
25. कुरूक्षेत्रः महिला सशक्तिकरण, डॉ. ओ. पी. मिश्रा एवं छाया तिवारी, महिलाओं को सशक्त करता मीडिया, पृ. 22
26. वही, पृ. 22
27. गवर्मेंट ऑफ राजस्थान ह्यूमेन डेवलपमेन्ट रिपोर्ट (1999)
28. गवर्मेंट ऑफ राजस्थान ह्यूमेन डेवलपमेन्ट रिपोर्ट (1999)
29. नेशनल फैमिली हेल्थ सर्वे -प्प (1998-1999) मिनिस्ट्री ऑफ हेल्थ एण्ड फैमिली वेलफेयर, गवर्मेंट ऑफ इण्डिया इंटरनेशनल इनस्टीट्यूट फॉर पाप्यूलेंशन साइन्स। Deonar, Mumbai
30. वही, ...
31. वही, ...
32. वही, ...
33. गवर्मेंट ऑफ इण्डिया (1986): नेशनल पोलसी ऑन एजूकेशनल प्रोग्राम ऑफ ऐशन, न्यू देहली, मिनिस्ट्री ऑफ ह्यूमेन रिसोर्स डेवलपमेंट

34. वही, ...

35. वही, ...

36. सेनसेक्स ऑफ राजस्थान (2001)

37. सेनसेक्स ऑफ राजस्थान (1991-2001) राजस्थान डिस्ट्रीब्यूशन ऑफ वर्कस और नॉन वर्कस

38. वही, ...

39. वही, ...

40. राष्ट्रीय पारिवारिक स्वास्थ्य सर्वेक्षण रिपोर्ट (1998-99)

41. राष्ट्रीय पारिवारिक स्वास्थ्य सर्वेक्षण रिपोर्ट (1998-99)

42. सुभाष कश्यप: हमार संविधान, निदेशक तत्व, पृ. 126

43. सुभाष कश्यप: पृष्ठ 127

44. Vaid, Divya (2001) Gender INequality in Education Transitions, Economic, Political Weekly Aug. (2001)

45. बी.एल. ग्रोवर यशपाल: आधुनिक भारत का इतिहास, पृ. 261

46. Census of Rajasthan (2001), Series 1, Rajasthan, Provisional Population total, Directorate of Census Operation, Rajasthan.

47. राष्ट्रीय पारिवारिक स्वास्थ्य सर्वेक्षण (2001) की रिपोर्ट के अनुसार

48. राष्ट्रीय पारिवारिक स्वास्थ्य सर्वेक्षण (2001) की रिपोर्ट के अनुसार

49. राष्ट्रीय पारिवारिक स्वास्थ्य सर्वेक्षण (2001) की रिपोर्ट के अनुसार

50. राष्ट्रीय पारिवारिक स्वास्थ्य सर्वेक्षण (2001) की रिपोर्ट के अनुसार

51. राष्ट्रीय पारिवारिक स्वास्थ्य सर्वेक्षण (2001) की रिपोर्ट के अनुसार

अध्याय–तृतीय

राजस्थान में महिला एवं आर्थिक सशक्तिकरण

महिलाओं को आर्थिक रूप से सशक्त करने में शिक्षा महत्वपूर्ण भूमिका अदा करती है। शिक्षा से महिलाओं का बौद्धिक स्तर उच्च होता है एवं सामान्य जागरूकता में वृद्धि होती है। परिणामस्वरूप महिलाओं के प्रति समाज का दृष्टिकोण परिवर्तित होता है। शिक्षित महिला अपने हितों को ध्यान में रखकर पारिवारिक, सामाजिक, राजनीतिक एवं आर्थिक क्षेत्र में महत्वपूर्ण निर्णय ले सकती है। रोजगार महिला के आत्मविश्वास व आत्मनिर्भरता में वृद्धि में सहायक है।[1] बढ़ती हुई महंगाई, प्रतिस्पर्द्धा व परिवारों के विघटन के कारण महिलाओं का आर्थिक रूप से सशक्त होना अनिवार्य हो गया है। आर्थिक सशक्तिकरण से महिलाएँ विपरीत परिस्थितियों का भी सामना कुशलतापूर्वक कर सकती है।[2]

राज्य में आय के निम्न स्तर, गरीबी, परम्परावादी सोच, बाल विवाह तथा निरक्षरता व जागरूकता में कमी के कारण ग्रामीण अभिभावक बालिका व महिला शिक्षा पर व्यय को अनुत्पादक व फिजूलखर्ची समझते हैं। स्वतंत्रता के पश्चात् देश व राज्य में बालिका व महिला साक्षरता में बढ़ोतरी करने हेतु अनौपचारिक शिक्षा कार्यक्रम, सर्वशिक्षा अभियान, प्रौढ़ शिक्षा कार्यक्रम, शिक्षा सहयोग योजना, बालिका समृद्धि योजना, राष्ट्रीय साक्षरता मिशन, राष्ट्रीय बालिका कार्यक्रम, महिला समाख्या कार्यक्रम, कस्तूरबा गांधी शिक्षा परियोजना जैसे अनेक कार्यक्रमों का प्रभावी संचालन किया जा रहा है।[3] महिला शिक्षा हेतु अनेक कार्यक्रमों व योजनाओं को मूर्त रूप देने के कारण महिला साक्षरता में अप्रत्याशित परिवर्तन आया है। शहरी ही नहीं अपितु ग्रामीण महिलाओं में

शिक्षा के प्रति जागरूकता व चेतना आई है। शिक्षा के दृष्टिकोण से महिलाओं की स्थिति में धीरे-धीरे सुधार हुआ है।[4]

प्रस्तुत अध्याय में राजस्थान में महिला शिक्षा व आर्थिक सशक्तिकरण पर प्रभाव को राज्य के 32 जिलों के आधार पर विश्लेषण किया गया है। यह जिलास्तरीय विश्लेषण, विभिन्न जिलों के आधार पर महिला आर्थिक सशक्तिकरण का गहराई से अध्ययन किया है और 1991 व 2001 की जनगणना से प्राप्त आँकड़ों के आधार पर किया गया है।

राजस्थान में महिला शिक्षा की प्रवृत्तिः जिला स्तर पर

महिलाएँ शिक्षा प्राप्त करके न केवल अपना वरन अपने परिवार का भी चहुँमुखी विकास कर सकती हैं बल्कि शिक्षा प्राप्त करके रोजगार में भी योगदान कर सकती हैं और अपने आपको आर्थिक रूप से सशक्त कर सकती हैं। व्यावसायिक शिक्षा प्राप्त करके महिलाएँ उच्च पदों पर आसीन हैं और पुरुषों से कंधे के कंधा मिलाकर चल रही हैं।[5] महिलाएँ शिक्षा प्राप्त कर आर्थिक निर्णय लेने में अधिक सक्षम हुई हैं। प्रस्तुत परिच्छेद में राजस्थान में महिला शिक्षा एवं आर्थिक सशक्तिकरण का जिला स्तर पर 1991 एवं 2001 जनगणना से प्राप्त आँकड़ों के आधार पर विश्लेषण किया गया है।

कुल क्षेत्र –

2001 जनगणना के अनुसार राज्य के 32 जिलों में महिला साक्षरता दर 27.53 प्रतिशत से 61.25 प्रतिशत के मध्य रही है जबकि 1991 की जनगणना के अनुसार यह विस्तार 7.7 प्रतिशत से 34.5 प्रतिशत के मध्य था।[6] (तालिका 1)। इस प्रकार महिला साक्षरता दर में जिला स्तर पर काफी वृद्धि हुई है। सबसे अधिक वृद्धि सीकर जिले में हुई है जो कि 19.88 प्रतिशत से बढ़कर 56.7 प्रतिशत हो गयी। इसी तरह की वृद्धि चुरू और बाड़मेर में भी हुई। इन जिलों के अतिरिक्त हनुमानगढ़, झुंझुनूं, करौली और कोटा में यह वृद्धि 30 प्रतिशत बिन्दु से भी अधिक रही।[7] इन जिलों में महिला साक्षरता दर 1991 की जनगणना से 2001 की जनगणना में क्रमशः 22.22 प्रतिशत से 52.71

प्रतिशत, 25.54 प्रतिशत, 13.01 प्रतिशत से 45.44 प्रतिशत एवं 29.5 प्रतिशत से 61.25 प्रतिशत हो गयी।[8] 32 जिलों में से ऐसा कोई जिला नहीं था जहां महिला साक्षरता दर में इस अवधि के दौरान कमी आयी हो। इस प्रकार महिला शिक्षा में सुधार आया है जोकि आर्थिक सशक्तिकरण का सूचक है। **फैंकबर्ग एवं थॉमस** ने इंडोनेशिया में पारिवारिक जीवन सर्वे करके पाया कि महिला की शिक्षा उनकी आर्थिक स्थिति एवं निर्णय लेने की शक्ति को प्रभावित करती है।[9] 2001 की जनगणना के अनुसार सबसे कम साक्षरता दर जालौर जिले में और सबसे अधिक कोटा जिले में रही। यह स्तर न केवल राजस्थान वरन भारत में भी महिला साक्षरता दर से काफी अच्छा रहा है।[10]

जिलों की सापेक्षिक स्थिति में परिवर्तन उनके क्रमांक में 1991 से 2001 की अवधि में परिवर्तन से बताया जा सकता है। राज्य के 13 जिलों में महिला साक्षरता दर के संदर्भ में सापेक्षिक स्थिति में सुधार हुआ है। ये जिले हनुमानगढ़, चुरू, झुंझूनूं, भरतपुर, धौलपुर, करौली, दौसा, सीकर, नागौर, जैसलमेर, बाडमेर, कोटा व बांरा हैं जबकि शेष 19 जिलों में सापेक्षिक स्थिति में गिरावट आयी है।[11]

राज्य के 32 जिलों में से 9 जिलों में महिला साक्षरता दर 2001 में राज्य की महिला साक्षरता दर से अधिक पायी गयी जबकि वर्ष 1991 में ऐसा कोई जिला नहीं था जहाँ महिला साक्षरता दर देश की महिला साक्षरता दर (39.29 प्रतिशत) से अधिक हो और राज्य के 4 जिलों में देश की महिला साक्षरता दर (54.16 प्रतिशत) से अधिक थी। ये जिले कोटा (61.25 प्रतिशत) झुंझूनूं (60.10 प्रतिशत) सीकर (56.70 प्रतिशत) एवं जयपुर (56.18 प्रतिशत) थे। इस प्रकार महिला शिक्षा की स्थिति में सुधार हुआ है जोकि महिलाओं को रोजगार प्राप्त कराने में सहायक है। चौपड़ा समिति ने भारत के व्यावसायिक संगठनों का 1981-91 की जनगणना के अनुसार विश्लेषण करके पाया कि शिक्षित महिलाओं का अधिकांश प्रतिशत मुख्यकर्मी था जबकि अशिक्षित महिलाएँ असंगठित क्षेत्र में कार्यशील थी। (चौपड़ा समिति, 2001) यह दर्शाती है कि शिक्षा महिला के आर्थिक सशक्तिकरण में सहायक है।[12] राज्य के विभिन्न जिलों में महिला शिक्षा का क्षेत्र के आधार पर विश्लेषण करने पर

ज्ञात हुआ कि राज्य के दक्षिणी जिलों में महिला साक्षरता दर में काफी वृद्धि हुई है जो कि राज्य के द्वारा संचालित शिक्षा संबंधी कार्यक्रमों का परिणाम है।

ग्रामीण क्षेत्र

2001 की जनगणनानुसार राज्य के 32 जिलों के ग्रामीण क्षेत्र में महिला साक्षरता दर 23.78 प्रतिशत से 59.80 प्रतिशत के मध्य रही है जबकि 1991 की जनगणना के अनुसर यह विस्तार 4.20 प्रतिशत से 22.04 प्रतिशत के मध्य था। इस प्रकार महिला साक्षरता दर में गत दशक में काफी वृद्धि हुई है। विस्तार की न्यूनतम सीमा व उच्चतम सीमाओं में काफी परिवर्तन हुए है। राज्य के चुरू जिले में महिला साक्षरता में सबसे अधिक वृद्धि है जोकि 9.31 प्रतिशत से बढ़कर 51.45 प्रतिशत हो गयी।13 (तालिका 3.2)

इसी तरह सीकर, बाडमेर, झुंझुनूं व कोटा जिलों में भी महिला साक्षरता दर में भी परिवर्तन अच्छा रहा जो कि क्रमशः 15.45 प्रतिशत से 55.7 प्रतिशत, 4.20 प्रतिशत से 42.43 प्रतिशत, 22.04 प्रतिशत से 59.08 प्रतिशत एवं 14.19 प्रतिशत से 50.6 प्रतिशत हो गयी। 2001 की जनगणना के अनुसार राज्य के 7 जिलों के ग्रामीण क्षेत्र में महिला साक्षरता दर राज्य की महिला साक्षरता दर से अधिक थी एवं दो जिलों झुंझुनूं एवं सीकर के ग्रामीण क्षेत्र में महिला साक्षरता दर देश की महिला साक्षरता दर (54.16 प्रतिशत) से भी अधिक थी जबकि 1991 में ऐसा कोई जिला नहीं था जहां महिला साक्षरता दर राज्य की महिला साक्षरता दर (20.44 प्रतिशत) से अधिक हो। राज्य के 15 जिलों में उनकी स्थिति में महिला साक्षरता की दृष्टि से सुधार को बताया। इसी प्रकार राज्य के ग्रामीण क्षेत्र में महिला शिक्षा की स्थिति में सुधार हुआ है।[14]

नगरीय क्षेत्र

राज्य के नगरीय क्षेत्र में 2001 की जनगणना के अनुसार महिला साक्षरता दर विभिन्न जिलों में 47.97 प्रतिशत से 78.29 प्रतिशत के मध्य रही है जबकि 1991 की जनगणना के अनुसार यह विस्तार 32.54 प्रतिशत से 66.85 प्रतिशत

के मध्य था। इस प्रकार राज्य के नगरीय क्षेत्र में महिला साक्षरता दर में काफी वृद्धि हुई है। राज्य के सीकर जिले में सर्वाधिक वृद्धि हुई है जहाँ साक्षरता दर 36.82 प्रतिशत से 60.6 प्रतिशत हो गयी। इसी तरह चुरू, झुंझुनूं, दौसा, नागौर व बाडमेर जिलों में भी महिला साक्षरता दर में काफी परिवर्तन हुआ है जो कि क्रमश: 36.88 प्रतिशत से 59.95 प्रतिशत, 39.36 प्रतिशत से 61.28 प्रतिशत, 41 प्रतिशत से 62.54 प्रतिशत, 32.54 प्रतिशत से 54.48 प्रतिशत एवं 39.40 प्रतिशत से 61.54 प्रतिशत हो गयी।[15]

2001 जनगणना के अनुसार नगरीय क्षेत्र में सभी जिलों में महिला साक्षरता दर (44.34 प्रतिशत) से अधिक पायी गयी परन्तु राज्य के नगरीय क्षेत्र की महिला साक्षरता दर (50.24 प्रतिशत) से केवल 12 जिलों में ही यह दर अधिक पाई गई। राज्य के तीन जिलों अजमेर (72.58 प्रतिशत), बांसवाड़ा (77.03 प्रतिशत) एवं उदयपुर (78.29 प्रतिशत) में देश के नगरीय क्षेत्र में महिला साक्षरता दर (72.9 प्रतिशत) से अधिक है।[16]

जिलों की सापेक्षिक स्थिति में गत दशक में राज्य के 15 जिलों में सुधार हुआ। ये जिले गंगानगर, हनुमानगढ़, चुरू, झुंझुनूं, अलवर, दौसा, सीकर, नागौर, बाड़मेर, भीलवाड़ा, राजसंमन्द, उदयपुर, चितौड़गढ़, कोटा व झालावाड़ हैं। अत: नगरीय क्षेत्र में महिला शिक्षा की स्थिति ग्रामीण क्षेत्र से अधिक सुदृढ़ हैजो कि महिला के आर्थिक सशक्तिकरण में सहायक है।[17]

उपरोक्त विश्लेषण से स्पष्ट है कि राज्य के सभी जिलों में महिला शिक्षा का स्तर चाहे ग्रामीण हो या नगरीय दोनों में बढ़ा है। अत: शिक्षा ने राज्य में जिला स्तर पर भी महिलाओं को आर्थिक रूप से सशक्त किया।

राजस्थान में महिला रोजगार प्रवृत्ति : जिलास्तर पर

प्रस्तुत परिच्छेद में महिला रोजगार एवं आर्थिक सशक्तिकरण का 1991 व 2001 की जनगणना के अनुसार विश्लेषण किया गया है। यह विश्लेषण राज्य के 32 जिलों के कुल क्षेत्र, ग्रामीण क्षेत्र व नगरीय क्षेत्र से संबंधित है। रोजगार को उनकी कार्य सहभागिता दर से मापा गया है। कार्य सहभागिता से तात्पर्य कुल जनसंख्या में कुल कर्मियों (मुख्यकर्मी व सीमान्त कर्मी) के प्रतिशत से

है। मुख्यकर्मी वे व्यक्ति हैं जिन्होंने आर्थिक क्रियाओं में एक वर्ष में 183 या अधिक दिन कार्य किया है। सीमान्त कर्मी वे व्यक्ति हैं जिन्होंने आर्थिक क्रियाओं में एक वर्ष में 183 दिन से कम कार्य किया है। जनसंख्या की दर में वृद्धि हुई है जो कि महिलाओं के आर्थिक सशक्तिकरण को सूचित करती है।[18]

राजस्थान में महिला शिक्षा एवं रोजगार का संयुक्त रूप से आर्थिक सशक्तिकरण पर प्रभाव

शिक्षा एवं रोजगार महिला आर्थिक सशक्तिकरण के महत्वपूर्ण निर्धारक तत्व है। इन दोनों निर्धारकों का संयुक्त रूप से महिला आर्थिक सशक्तिकरण पर गहरा प्रभाव पड़ता है। शिक्षित महिलाएँ उच्च स्तर के रोजगार को प्राप्त करने में सक्षम होती हैं। इससे इनकी आर्थिक स्थिति सुदृढ़ होती है।[19] परिणामस्वरूप उनकी आर्थिक निर्णयों में सहभागिता व आर्थिक संसाधनों पर नियंत्रण व पहुँच बढ़ती है।

प्रस्तुत परिच्छेद में महिला शिक्षा व रोजगार का संयुक्त रूप से आर्थिक सशक्तिकरण पर प्रभाव का विश्लेषण किया गया है। इसमें कुल महिला जनसंख्या को शिक्षा के आधार पर शिक्षित एवं अशिक्षित महिलाओं तथा रोजगार के आधार पर मुख्यकर्मी, सीमान्तकर्मी एंव गैरकर्मी में विभक्त किया गया है। शिक्षित महिलाओं के शिक्षा स्तर के आधार पर चार वर्ग क्रमशः मैट्रिक/सैकेण्डरी, मैट्रिक/सैकेण्डरी परन्तु स्नातक से कम, तकनीकी डिप्लोमा या अन्य प्रमाण पत्र जो कि डिग्री के बराबर नहीं एवं स्नातक एवं इससे उच्च व तकनीकी उपाधि। इस प्रकार महिला आर्थिक सशक्तिकरण का शिक्षा के चार स्तरों एवं रोजगार के तीन स्तरों के परस्पर प्रभाव के आधार पर विश्लेषण किया गया है।

महिला सशक्तिकरण : अवधरणा

महिला सशक्तिकरण एक बहुआयामी प्रक्रिया है जो कि महिलाओं में सामाजिक, आर्थिक, राजनीतिक एवं स्वास्थ्य संबंधी संसाधनों तक पहुँच व नियंत्रण स्थापित करने की क्षमता का विकास करती है। सशक्तिकरण शब्द

का सर्वाधिक प्रत्यक्ष लक्षण इसमें शक्ति शब्द का समाहित होना है।[20] व्यापक परिप्रेक्ष्य में यह बौद्धिक संसाधनों व विचारधाराओं पर नियंत्रण के रूप में भी देखा जा सकता है।

सशक्तिकरण से तात्पर्य शक्ति के पुनः विभाजन की अभिव्यक्ति से है जो पितृसत्तात्मक व्यवस्था को चुनौती प्रदान करता है। सशक्तिकरण से अभिप्राय शक्ति का अधिग्रहण मात्र नहीं है अपितु सही समय व सही स्थान पर इसके प्रयोग करने से भी है। इसका मुख्य उद्देश्य महिलाओं को सामाजिक हाशिए से हटाकर समाज की मुख्यधारा में लाना, उनकी निर्णय लेने को क्षमता का विकास करना, उनमें पराश्रिता की भावना एवं हीन भावना को समाप्त करना है। महिला सशक्तिकरण एवं महिलाओं की स्थिति परस्पर अन्तर्संबंधित धारणाएँ हैं। महिला सशक्तिकरण से महिलाओं कीस्थिति सुदृढ़ होती है।[21]

महिलाओं का स्वविकास ही सशक्तिकरण है इससे मानसिक अथवा शारीरिक दोनों ही गतिविधियों के सम्पादन करने की क्षमता में विस्तार होता है। सामान्य शब्दों में महिला सशक्तिकरण से तात्पर्य महिलाओं की वैधानिक, राजनीतिक, सामाजिक एवं आर्थिक क्षेत्र में उनके परिवार, समुदाय, समाज एवं राष्ट्र की पृष्ठभूमि में निर्णय लेने की स्वतंत्रता से है। समाज में महिलाओं के प्रति दृष्टिकोण में परिवर्तन, उनके सम्मान व प्रतिष्ठा में वृद्धि होना, उनकी सहभागिता बढ़ाना, जीवन की गुणवत्ता में वृद्धि होना सशक्तिकरण में शामिल है।[22]

महिला सशक्तिकरण के विभिन्न आयाम, आर्थिक सशक्तिकरण के अतिरिक्त अन्य भी हो सकते हैं, जैसे–सामाजिक व राजनीतिक सशक्तिकरण। सामाजिक सशक्तिकरण से तात्पर्य महिलाओं की सामाजिक निर्णयों में सहभागिता व स्वतंत्रता से है। इसके अन्तर्गत पारिवारिक स्तर पर दैनिक कार्य, विवाह के समय जीवनसाथी का चयन, परिवार के सदस्यों से संबंधित निर्णय, सामाजिक रस्म रिवाजों का निर्वहन आदि शामिल हैं। इससे महिलाओं के आत्मसम्मान एवं आत्मविश्वास में वृद्धि होती है।[23]

राजनीतिक सशक्तिकरण से तात्पर्य महिलाओं की राजनीति एवं प्रशासन में सहभागिता से है। परिणामस्वरूप महिलाएँ स्थानीय, राज्य या केन्द्रीय स्तर

पर राजनीतिक प्रक्रिया में सहभागिता कर पाती हैं। यह चुनाव प्रक्रिया द्वारा जीत हासिल करके भी किया जा सकता है। इसमें महिलाओं के लिये पदों पर आरक्षण नीति, वोट देने का अधिकार भी सम्मिलित हैं।[24] संविधान के 73वें एवं 74वें अनुच्छेद में महिलाओं के लिए स्थानीय एवं पंचायती राज संस्थान में 33 प्रतिशत आरक्षण देकर सरकार ने महिलाओं को राजनीतिक रूप से सशक्त करने हेतु एक महत्वपूर्ण कदम उठाया है। सशक्तिकरण की ये सभी अवधारणाएँ परस्पर एक दूसरे को प्रभावित करती हैं।[25] महिला सशक्तिकरण के लिये कुछ ऐसी चीजें हैं जिन्हें ध्यान में रखना आवश्यक है।[26] जैसे–

- **महिलाओं की सकारात्मक सहभागिताः**–पुरुष–प्रधान समाज में कार्य क्षेत्रों का आन्तरिक (स्त्रियों के लिये) और बाह्य (पुरुषों के लिये) विभाजन हो। नए परिदृश्य में जबकि उन्हें अवसर मिला है उनकी सकारात्मक भूमिका अपेक्षित है। वे अन्तर्निहित क्षमता को पहचानें, उसे अभिव्यक्ति प्रदान करें, सामाजिक, आर्थिक, राजनीतिक क्षेत्रों में स्त्रियाँ पदार्पण कर चुकी हैं। सामाजिक अभिजन, राजनीतिक अभिजन के रूप में वे अन्य महिलाओं की सहभागिता सुनिश्चित कर सकती हैं।
- **स्त्री शक्ति को जाननाः**–सुविख्यात महिलाओं जीजाबाई, रानी लक्ष्मीबाई, अहिल्याबाई होल्कर, कण्णगी आदि के नाम पर दिये जाने वाले स्त्री–शक्ति पुरस्कार इस तथ्य के द्योतक हैं कि इतिहास के पन्नों से लिये यह नाम वर्तमान में भी इसी भूमि पर कार्य कर रहे हैं। स्त्री–शक्ति अब भी विद्यमान है उसे पहचानने और कार्य में परिणित करने की आवश्यकता है।
- **समन्वयात्मक दृष्टिकोणः**–स्त्री और पुरुष जीवनरूपी गाड़ी के दो पहिए हैं। सामाजिक धरातल पर पितृसत्तात्मक परिवार में पुरुष मुखिया रहते हैं। परिवार में उनके आपसी समन्वय से ही परिवार कायम रहता है। यही समन्वय समाज में दिखाई दे इसके लिए आवश्यक है कि पुरुष भी स्वस्थ मानसिकता से महिलाओं की प्रगति में इसका प्रारंभ अपने घर से करें।

- **सामाजिक मूल्यों का रूपान्तरणः**-भारतीय सामाजिक व्यवस्था परम्परा शासित है। परिवार का पितृसत्तात्मक स्वरूप परिवार तक सीमित नहीं है बल्कि सार्वजनिक क्षेत्र तक विस्तृत दिखाई देता है। बाह्य संसार में स्त्रियों की सहभागिता एक व्यक्ति के रूप में प्राथमिक हो। सामाजिक यथार्थ के प्रत्येक क्षेत्र में संस्तरण नए रूप ग्रहण कर रहा है। इस पृष्ठभूमि में स्त्रियों की शिक्षा, आर्थिक आत्मनिर्भरता का शासक वर्ग में प्रतिनिधित्व आवश्यक है जिसमें स्त्री-पुरुष दोनों के प्रयत्न प्रभावी होंगे।
- **योजनाओं का समुचित क्रियान्वयनः**-सशक्तिकरण की दिशा में प्रयास तभी सफल होंगे जबकि योजनाएं पूर्ण निष्ठा से क्रियान्वित की जाएँ। महिला कल्याण के प्रयास महिलाओं के सहयोग बिना अधूरे रहेंगे। समाज में दबाव समूह विद्यमान हैं जिन्हें पहचानने की जरूरत है। इन योजनाओं को बाधाओं, दुराग्रहों, निजी स्वार्थों से मुक्त किया जा सकता है यदि योजना का क्रियान्वयन एक मात्र लक्ष्य हो।
- **स्त्री स्वयं पहल करेंः**-भारतीय महिलाओं के जीवन पर गरीबी, निरक्षरता पारिवारिक अधीनस्थता, परम्पराओं के पालन में घुटती सांसें और दोयम दर्जे की स्वीकार्यता, स्वयं को विलीन करके भी कभी-कभी पूर्व निर्मित हुए विवेकपूर्वक रास्ते खोजने होंगे।

अनुच्छेद 15(3) के ही प्रावधानों का सहारा लेकर संसद ने 1990 में **'राष्ट्रीय महिला आयोग'** अधिनियम पारित किया। भारत के संविधान का अनुच्छेद 42 महिलाओं के लिए प्रसूति सहायता की व्यवस्था करता है। इस अनुच्छेद के अनुसार राज्य काम की न्यायसंगत और मानवोचित दशाओं को सुनिश्चित करने के लिए प्रसूति सहायता के लिए उपबंध करेगा।[27]

महिला आर्थिक सशक्तिकरण : अवधरणा

भारतीय संविधान महिलाओं को न सिर्फ समानता का दर्जा देता है बल्कि महिलाओं के पक्ष में सकारात्मक रूख अपनाने के उपायों के लिये सरकार को

सशक्त भी बनाता है। सरकार ने विभिन्न क्षेत्रों में ग्रामीण महिलाओं की उन्नति के उद्देश्य से विभिन्न विकास-नीतियाँ, योजनाएँ, कार्यक्रम और कानून भी कार्यान्वित किए हैं। पंचवर्षीय योजनाओं में महिलाओं संबंधी मुद्दों में कल्याण, विकास तथा सशक्तता की ओर बढ़ने के दृष्टिकोण में महत्वपूर्ण बदलाव आया है।[28]

महिला आर्थिक सशक्तिकरण से तात्पर्य महिलाओं की पारिवारिक स्तर व स्वयं के स्तर पर आर्थिक निर्णयों में सहभागिता और आर्थिक संसाधनों तक पहुँच व नियंत्रण से है अर्थात् महिला का पारिवारिक आय के साथ-साथ स्वयं की अर्जित आय को व्यय करने में सहभागिता व स्वतंत्रता से है। इसके द्वारा महिलाओं की रोजगार बचत, साख सुविधाओं एवं बाजार तक पहुँच बढ़ती है।[29]

महिलाओं के आर्थिक सशक्तिकरण को विभिन्न स्तर पर अलग-अलग रूपों में आँका जा सकता है। घरेलू स्तर पर महिलाओं की पारिवारिक आय, पारिवारिक संसाधनों व स्वयं द्वारा अर्जित आय पर पहुँच व नियंत्रण से है। सामुदायिक स्तर पर महिलाओं का आर्थिक संसाधनों पर स्वामित्व, साख तक पहुँच, स्थानीय व्यापारिक संगठनों में प्रतिनिधित्व और बाजार तक पहुँच से है। व्यापक स्तर पर महिलाओं का उच्च व्यवसाय में उच्च पदों पर प्रतिनिधित्व, आर्थिक नीतियों में राज्य, राष्ट्रीय या विश्वस्तर पर सहभागिता से है।[30]

महिलाओं को मजबूत बनाने के लिये स्वयं सहायता समूह एक सर्वोत्तम साधन है। सशक्तिकरण से संबंधित नीतियों का क्रियान्वयन इस प्रकार से करना होगा कि वंचित महिलाओं को आर्थिक रूप से लाभ प्राप्त हो सके तथा इसमें आने वाली दैनिक समस्याओं को दूर किया जा सके। ग्रामीण महिलाओं का आर्थिक सशक्तिकरण पूरी दुनिया भर के देशों में प्रगति व सुधार का एक महत्वपूर्ण मुद्दा है। इस प्रकार स्वयंसहायता समूहों के माध्यम से महिलाओं के आर्थिक सशक्तिकरण से परिवार, समाज व राष्ट्र की स्थिति में सुधार संभव है।[31]

गरीबी उन्मूलन के एक सशक्त साधन के रूप में लघु उद्यमों के विकास से महिलाओं की आर्थिक स्थिति को बढ़ावा मिलता है। गरीब ग्रामीण महिलाओं में लघु उद्यमों को बढ़ावा देने में स्वैच्छिक संस्थाएँ महत्वपूर्ण माध्यम हैं। लघु उद्यम स्थापित करने के लिए कारगर ऋण-सेवा, सहायक

सेवाएं उपलब्ध कराने में वित्तीय संस्थाओं और महिलाओं के बीच एक महत्वपूर्ण संपर्क का कार्य करती है।[32]

राज्य, राष्ट्र का निर्माण ग्रामीण महिलाओं के बिना अकल्पनीय है जबकि सामाजिक सशक्तिकरण महिलाओं के आर्थिक विकास के बिना संभव नहीं है। उभरती आर्थिक शक्ति देश की कुल आबादी की लगभग आधी जनसंख्या महिलाओं की है। यद्यपि उद्यमशीलता एक स्वस्थ अर्थव्यवस्था के रखरखाव के लिये महत्वपूर्ण है क्योंकि यह नवाचार व रचनात्मकता है जिसके फलस्वरूप नए रूप से बेहतर आर्थिक विकास के आविष्कार का कारण बन सकता है जो कि महिलाओं की आर्थिक गतिविधियों और उद्यमिता के लिये विभिन्न सहायक उपाय हैं।[33]

महिलाएँ स्वयं सहायता समूहों के जरिए सामाजिक व आर्थिक बदलाव ला रही हैं। समाज के गरीब वर्गों में महिलाओं के आर्थिक सशक्तिकरण में स्वयंसहायता समूह के माध्यम से महिलाओं को सशक्त बनाया जा सकता है क्योंकि महिलाएँ परिवार व समाज की ऐसी सदस्य होती हैं जिनके कंधों पर आने वाली पीढ़ियों की परवरिश की जिम्मेदारी होती है। महिलाएँ गरीबी और सामाजिक उत्पीड़न से सबसे ज्यादा प्रभावित होती हैं। सरकार व स्वैच्छिक संगठन महिला स्वयं सहायता समूह के माध्यम से महिलाओं का सामाजिक व आर्थिक रूप से सशक्तिकरण कर रहे हैं।[34]

वर्तमान परिप्रेक्ष्य में महिलाओं ने मेहनत व लगन के बल पर यह साबित कर दिया कि स्वयंसहायता समूह के साथ जुड़कर एक नया मुकाम हासिल किया जा सकता है। इसके साथ ही ग्रामीण महिलाओं के आर्थिक सशक्तिकरण की दिशा में स्वयं सहायता समूह सक्रिय सहयोग दे रहे हैं। वर्तमान समय में देखा जाता है कि महिलाएँ घर-गृहस्थी का काम निपटाने के बाद स्वयंसहायता समूह में काम करती हैं। सरकार द्वारा महिलाओं से संबंधित नीतियों और कार्यक्रमों की संक्षिप्त जानकारी निम्न रूप में है।[35]

- महात्मा गाँधी राष्ट्रीय ग्रामीण रोजगार गारंटी अधिनियम (मनरेगा) के द्वारा 30 प्रतिशत महिलाओं के लिये रोजगार आरक्षित है जबकि वर्तमान परिप्रेक्ष्य में 47 प्रतिशत महिलाएँ इस योजना का लाभ प्राप्त कर रही हैं।

- स्वर्ण जयंती ग्राम स्वरोजगार योजना के अन्तर्गत महिलाओं को स्वयंसहायता समूह बनाने में काफी मदद मिलती है।
- राष्ट्रीय महिला कोष के द्वारा 7 लाख से अधिक महिलाओं को 500 करोड़ से अधिक रूपये दिये गये हैं।
- सरकार के द्वारा हिंदू उत्तराधिकारी अधिनियम के अन्तर्गत पैतृक सम्मति के उत्तराधिकारियों को बेटियों को अधिकार दिये गये हैं।
- पंचायत व शहरी निकायों में राजनीतिक रूप से 33 प्रतिशत आरक्षण महिलाओं के लिए सुनिश्चित किया गया है जिसके फलस्वरूप आज के समय में 15 लाख से अधिक निर्वाचित सदस्य महिलाएँ हैं जो कि समाज का उत्थान कर रही हैं तथा बदलाव व सामाजिक परिवर्तन की ओर विकासशील संकेत का प्रतीक बनता जा रहा है।
- इंदिरा गांधी वृद्धावस्था पेंशन जो कि गरीबी रेखा से नीचे रहने वाले 60 वर्ष से ऊपर की महिला को व 65 वर्ष से अधिक उम्र के पुरुष को 200 से 500 रूपये प्रतिमाह देने का प्रावधान है।
- महिलाओं में पोषण और बाल विकास की समस्या के समाधान के लिये पोषण शिक्षा योजना 1993 से शुरू की गई।

आज हमारे समाज में इस दृष्टिकोण से विचार होना चाहिए कि महिलाएँ भी पुरुषों के सामान हैं। उनकी बराबर की स्थिति प्रत्यक्ष–अप्रत्यक्ष रूप से समाज के लिये ही लाभकारी होगी। एक अशिक्षित, शोषित, कुंठित महिला से एक बेहतर संतान की उम्मीद नहीं की जा सकती। ऐसे में उससे उत्पन्न संतान अंततः समाज के लिए ही एक समस्या बनेगी। यदि हमें स्वस्थ और विकसित समाज की रचना करनी है तो नारी को कम से कम उसके अधिकारों से वंचित करने की मानसिकता त्यागनी होंगी। खासकर ग्रामीण क्षेत्रों में जहाँ महिलाओं की स्थिति हर क्षेत्र में कमजोर है।[36]

राजस्थान में महिला आर्थिक सशक्तिकरणः निर्धरक तत्व

महिला आर्थिक सशक्तिकरण पर कई कारकों का प्रभाव पड़ता है। कतिपय कारक निम्न हैं–

महिला शिक्षा का स्तर

शिक्षा साधन व साध्य दोनों ही है। शिक्षा महिलाओं के बौद्धिक एवं व्यक्तिव विकास में सहायक है। इसके द्वारा महिलाओं की सामाजिक व आर्थिक स्थिति सुदृढ़ होती है। शिक्षा लैंगिक विषमता को कम करने में सहायक है। शिक्षा के कारण सशक्तिकरण की प्रक्रिया को गति मिलती है और यह रोजगार प्राप्त करने में सहायक है। अतः यह एक ऐसा सशक्त माध्यम है जो महिलाओं को आर्थिक रूप से सशक्त करने में एक महत्वपूर्ण भूमिका निभाता है। शिक्षा से उनको कानूनी अधिकारों के बारे में जानकारी होती है। उनकी सामान्य जागरूकता का स्तर बढ़ता है और वे बड़ी कुशलता के साथ सामाजिक दायित्वों को संभाल सकती है। परिणामस्वरूप परिवार लाभान्वित होता है। इस प्रकार शिक्षा महिला के ज्ञान, कुशलता, आत्मविश्वास एवं निर्णय प्रक्रिया में सहभागिता बढ़ाकर उनके सशक्तिकरण में सहायक है।[37] **किशोर एवं गुप्ता** ने भारत में विभिन्न राज्यों में हुए NFHS सर्वे के परिणामों का विश्लेषण करके पाया कि शिक्षा **'सामर्थ्य कारक'** एवं **'सशक्तिकरण स्रोत'** के रूप में है। आर्थिक सहभागिता एवं निर्णय प्रक्रिया को प्रशासन, प्रबंधन एवं तकनीकी कर्मचारियों में महिलाओं के प्रतिशत से मापा गया है। शिक्षित महिलाएँ प्रजनन संबंधित निर्णय सफलता पूर्वक लेती हैं एवं उनके रोजगार के अवसर अधिक होते हैं।[38]

गुगनानी ने दिल्ली में **'वयस्क शिक्षा कार्यक्रम'** का कमजोर महिला के सशक्तिकरण पर प्रभाव देखकर पाया कि शिक्षा से महिलाओं में आत्मविश्वास, गतिशीलता, तुरन्त निर्णय क्षमता एवं अपने आपको अभिव्यक्त करने की क्षमता का विकास होता है। इस प्रकार महिला शिक्षा आर्थिक सशक्तिकरण में सहायक है।[39]

राजस्थान में शिक्षा का स्तर भारत के अन्य राज्यों की तुलना में काफी कम है। महिलाएँ शिक्षा के क्षेत्र में पिछड़ी हुई हैं जिसका मुख्य कारण सामाजिक रूढ़ियाँ, परम्पराएँ एवं रीतिरिवाज हैं। राज्य में स्वतंत्रता प्राप्ति के समय 2.51 प्रतिशत महिलाएँ ही साक्षर थीं और स्वतंत्रता प्राप्ति के 60 वर्षों के पश्चात् यह प्रतिशत बढ़कर 44.34 प्रतिशत हो गया। सुधार अवश्य हुआ है परन्तु ग्रामीण क्षेत्र में स्थिति काफी शोचनीय है।[40]

राजस्थान में 2001 की जनगणना के अनुसार कुल 280.86 लाख साक्षर व्यक्तियों में से 98.06 लाख महिलाएँ साक्षर थीं जो कि पुरुष साक्षरता कर्मचारियों से कम थीं।[41]

भारतीय दंड संहिता, 1860 में भी महिलाओं के विरूद्ध किए जाने वाले अपराधों की रोकथाम के लिए कठोर दंड की व्यवस्था की गयी है। समाज में महिलाओं के उत्पीड़न, शोषण तथा उनकी स्थिति को सुदृढ़ करने के लिये 1961 में दहेज लेना एवं देना दोनों को ही दंडनीय अपराध माना गया है। 1981 में इस अधिनियम में तात्कालिक परिस्थितियों के अनुरूप संशोधन भी किया गया है।[42]

कार्यशील महिलाओं को समाज में आर्थिक समानता के अधिकार लिये समान पारिश्रमिक अधिनियम 1976 अनुप्रयोग में लाया गया। समान पारिश्रमिक अधिनियम के अन्तर्गत भर्ती एवं सेवा शर्तों में महिला एवं पुरुषों का भेदभाव दूर करने का प्रावधान है। कामकाजी महिलाओं के अधिकारों के संरक्षण हेतु केन्द्र सरकार ने 6 वेतन आयोग की सिफारिशों को स्वीकार करते हुए कामकाजी महिलाओं के लिये कई ऐसे नियम बनाए हैं, जिनसे उनके अधि कारों को संरक्षण मिल सके।[43] ऐसे विभाग एवं सार्वजनिक संस्थाएं जहाँ महिला कर्मचारियों की संख्या अधिक है उन जगहों पर बच्चों की देखभाल करने हेतु **'शिशु पालन गृह'** खोलना अनिवार्य बनाया गया है।[44]

महिला रोजगार का स्तर

रोजगार का प्रत्यक्ष प्रभाव महिलाओं के आर्थिक सशक्तिकरण से होता है। रोजगार से उनको आर्थिक स्वतंत्रता मिलती है जिससे उनमें आत्मविश्वास व कार्यक्षमता में वृद्धि होती है और उनके व्यक्तिव का बहुआयामी विकास होता है। रोजगार के कारण महिलाएँ घर से बाहर कार्यस्थल पर आती है जहाँ उनका विभिन्न व्यक्तियों से विचारों का आदान–प्रदान होता है। परिणामस्वरूप कार्यशील व्यक्तियों के एक संगठन का गठन होता है। रोजगार के कारण महिलाओं को परिवार व समाज के अन्य सदस्यों द्वारा सम्मान मिलता है। इस प्रकार रोजगार महिला आर्थिक सशक्तिकरण का एक महत्वपूर्ण घटक है।

आर्थिक रूप से सशक्त महिला की सामाजिक, राजनीतिक व अपने स्वास्थ्य से संबंधित स्थिति पहले से ज्यादा अच्छी होती है। भारतीय महिलाओं पर किए गए अध्ययन बताते है कि रोजगार से महिलाओं की स्थिति सुदृढ़ होती है।[45]

हेंड़ी फेमिडा एवं मिनाज कासम ने हिमाचल प्रदेश के सिछवारी गांव में अध्ययन करके पाया कि महिलाओं को रोजगार एवं पूंजी उपलब्ध कराकर उनके सशक्तिकरण को प्रोत्साहन मिलता है।[46] UNESCO द्वारा भारत के तमिलनाडू जिले में किये गए प्रोजेक्ट कार्यक्रम के तहत किए गए वैयक्तिक अध्ययन से निष्कर्ष निकाला गया कि रोजगार का महिला आर्थिक स्थिति पर सकारात्मक प्रभाव पड़ा है एवं उनकी आर्थिक संसाधनों तक पहुँच बढ़ी है।[47]

राजस्थान में 2001 की जनगणना के अनुसार कुल 237.81 व्यक्ति कार्यशील थे जिसमें 90.70 लाख महिलाएँ कार्यशील थीं अर्थात् महिलाओं की कार्य सहभागिता 33.5 प्रतिशत थीं जबकि 1991 में यह 27.40 प्रतिशत थी। इस प्रकार पिछले दस सालों में न केवल कार्यशील महिलाओं की संख्या में वृद्धि हुई है वरन सापेक्षिक रूप से इनकी कार्यसहभागिता में भी वृद्धि हुई थी किन्तु अभी भी प्रत्येक दस महिलाओं में केवल 3 महिलाएँ ही कर्मी हैं। यह दर्शाता है कि घरेलू कार्यों व पारिवारिक कृषि कार्यों को अभी भी आर्थिक क्रियाओं में वर्गीकृत नहीं किया जाता है।[48]

राज्य के ग्रामीण क्षेत्र में भी उपरोक्त स्थिति से कुछ बेहतर स्थिति पायी गयी है। 2001 की जनगणना के अनुसार 198.77 लाख कार्यशील व्यक्तियों में से 84.96 लाख महिलाएँ ग्रामीण क्षेत्र में कार्यशील थीं अर्थात् महिलाओं की कार्य-सहभागिता 40.70 प्रतिशत थी। वर्ष 1991 में यह 33.25 प्रतिशत थी परन्तु नगरीय क्षेत्र में कार्यशील महिलाओं का प्रतिशत काफी कम था। 2001 की जनगणना के अनुसार 39.03 लाख व्यक्ति कार्यशील थे जिसमें 5.74 लाख ही महिलाएँ थीं अर्थात् महिलाओं की कार्यसहभागिता 9.24 प्रतिशत थी। 1991 में यह इससे भी कम 7.22 प्रतिशत थी। नगरीक्षेत्र में महिलाएँ अधिकांशत: मुख्यकर्मी हैं जबकि ग्रामीण क्षेत्र में महिलाओं का अधिकांश भाग सीमान्तकर्मी का है जिसके कारण महिलाओं की कार्यसहभागिता ग्रामीण क्षेत्र में अधिक पायी गयी। इस प्रकार रोजगार महिलाओं को आर्थिक रूप से सशक्त करने में महत्वपूर्ण रूप से सहायक है।[49]

बचत एवं साख तक पहुँच

महिलाओं की बचत एवं साख तक पहुँच से महिलाओं की आर्थिक संसाधनों तक पहुँच एवं नियंत्रण बढ़ता है। महिलाएँ स्वयं की अर्जित आय से बचत करके धन राशि को बैंक, डाकघर एवं अन्य संस्थानों में जमा करा सकती हैं जिससे पर्याप्त मात्रा में धन जमा होने पर वे साख द्वारा ऋण लेकर अपना व्यवसाय खोल सकती हैं जो क्रमिक रूप से आय में वृद्धि करने में सहायक होता है। इस प्रकार महिलाएँ बचत एवं साख में वृद्धि से व्यवसाय का विस्तार कर रोजगार प्राप्त कर सकती हैं। अत: बचत एवं साख तक पहुँच महिला आर्थिक सशक्तिकरण का एक महत्वपूर्ण निर्धारक तत्व है। उदाहरणस्वरूप स्वयं सहायता समूह कार्यक्रम, बचत एवं साख क्रियाओं का पूरक है। **हाशमी** एवं उसके साथियों ने बांग्लादेश में माइक्रोक्रेडिट में महिलाओं की सहभागिता एवं घर में योगदान पर अध्ययन करके पाया कि माइक्रोक्रेडिट महिलाओं को आर्थिक रूप से सशक्त करता है।[50]

बासू एवं बासू ने भारत में महिलाओं के लिए संचालित आर्थिक विकास कार्यक्रमों का विश्लेषण करके पाया कि इन कार्यक्रमों से महिला सशक्तिकरण को स्वत: ही प्रोत्साहन मिलता है।[51] इसमें महिलाओं को व्यवसाय चालने हेतु साख प्रदान करने से महिलाएँ आर्थिक रूप से सशक्त होती हैं।

राष्ट्रीय पारिवारिक स्वास्थ्य सर्वेक्षण की रिपोर्ट केअनुसार राज्य में कुल 7.5 प्रतिशत महिलाओं का खाता है जिसे वे स्वतंत्रतापूर्वक उपयोग में ले सकती हैं। राज्य में केवल 12.3 प्रतिशत महिलाओं को ही साख कार्यक्रमों की जानकारी है जिसमें से मात्र 0.6 प्रतिशत महिलाओं ही माईक्रोक्रेडिट कार्यक्रमों के प्रति जागरूक हो रही हैं जो कि आर्थिक सशक्तिकरण की तरफ एक अच्छा कदम है।[52]

सम्पत्ति तक पहुँच एवं नियंत्रण

सम्पत्ति तक पहुँच महिलाओं की भौतिक संसाधनों तक पहुँच एवं नियंत्रण को बताता है। यहाँ सम्पत्ति से तात्पर्य चल व अचल सम्पत्ति से है। भूमि, जायदाद,

ज्वैलरी आदि सम्पत्ति तक पहुँच से महिलाओं के आत्मविश्वास में वृद्धि होती है। किसी भी बैंक से ऋण लेने में उस व्यक्ति को चल सम्पत्ति एवं अचल सम्पत्ति का ब्यौरा देना होता है। अतः यदि महिलाओं के पास सम्पत्ति है तो उनकी साख संसाधनों तक पहुँच बढ़ेगी और वह स्वयं का व्यवसाय कर सकती है जो कि आर्थिक रूप से सशक्त करने में सहायक है। राज्य में महिलाओं की सम्पत्ति तक पहुँच बहुत ही कम है।राष्ट्रीय पारिवारिक स्वास्थ्य सर्वेक्षण (1998-99) की रिपोर्ट के अनुसार राज्य में 40.5 प्रतिशत महिलाओं की धन तक पहुँच है।[53]

स्वास्थ्य सेवाओं तक पहुँच

महिलाओं की स्वास्थ्य सुविधाओं तक पहुँच महिला आर्थिक सशक्तिकरण का कारण एवं परिणाम दोनों है। महिलाओं के स्वस्थ रहने से वे अपनी क्षमता का पूर्ण उपयोग कर किसी भी कार्य को अच्छी तरह कर सकती हैं। रोजगार में संलग्न महिलाओं के आर्थिक रूप से सशक्त होने के कारण स्वास्थ्य सुविधाओं तक पहुँच अधिक होती है। **वासू एवं वासू** ने भारत में 1991 के जनगणना परिणामों के आधार पर महिला रोजगार एवं बाल मृत्युदर में परस्पर प्रभाव देखा। उन्होंने पाया कि जो महिलाएँ कार्यशील हैं उनमें बालिका शिशु की मृत्यु दर में कमी आयी।[54] **बी.बी. तुलसीधर** ने भारत में 1981 की जनगणना के परिणामों के आधार पर पाया कि महिला रोजगार से बाल मृत्युदर में कमी आयी है लेकिन महिला शिक्षा का इस पर ज्यादा प्रभाव पड़ा।[55]

उपरोक्त महिला आर्थिक सशक्तिकरण के निर्धारक तत्व महिलाओं को आर्थिक स्थिति को सुदृढ़ करते हैं जिससे महिलाएँ स्वतंत्रता पूर्वक आर्थिक निर्णय ले सकती हैं। इस प्रकार महिलाओं में आर्थिक सशक्तिकरण से महिलाओं की घरेलू आर्थिक निर्णयों में भी सहभागिता एवं स्वतंत्रता बढ़ी है जिससे महिलाओं की आर्थिक स्थिति सुदृढ़ हुई है।

तालिका 3.1

राजस्थान में साक्षरता दर (प्रतिशत में), वर्ष 1991-2001

मद	*वर्ष 1991*	*वर्ष 2001*
साक्षरता दर (कुल)		
व्यक्ति	38.55	61.03
पुरुष	54.99	76.46
महिला	20.44	44.34
साक्षरता दर (ग्रामीण)		
व्यक्ति	30.37	55.92
पुरुष	47.65	72.96
महिला	11.59	37.74
साक्षरता दर (नगरीय)		
व्यक्ति	65.22	76.89
पुरुष	70.55	87.10
महिला	50.24	65.42

Sourec: Census of India, 1991, 2001

नोट-जनगणना में साक्षरता दर की गणना हेतु 0-6 आयु वर्ग के बच्चों को निरक्षर माना गया है व प्रभावी साक्षरता दर की गणना हेतु कुल जनसंख्या में से 0-6 आयु वर्ग की जनसंख्या को कम कर दिया गया है।

तालिका 3.2

राजस्थान के नगरीय क्षेत्र में जिलेवार महिला साक्षरता दर (प्रतिशत में), 1991-2001

		महिला साक्षरता दर				
क्र.सं.	*जिला*	*1991*	*क्रम*	*2001*	*क्रम*	*वृद्धि अन्तर*
1	गंगानगर	52.36	11	68.54	10	16.18
2	हनुमानगढ़	47.16	17	63.40	15	16.24
3	बीकानेर	53.47	9	65.62	12	12.15
4	चुरू	36.88	28	59.95	24	23.07
5	झुन्झुनू	39.36	25	61.28	20	21.92
6	अलवर	57.89	5	71.24	4	13.35
7	भरतपुर	47.25	15	61.47	19	14.22

क्रमशः...

		महिला साक्षरता दर				
क्र.सं.	*जिला*	*1991*	*क्रम*	*2001*	*क्रम*	*वृद्धि अन्तर*
8	धौलपुर	39.38	24	54.87	29	15.49
9	करौली	36.30	30	54.65	30	18.35
10	सवाईमाधोपुर	41.83	21	59.17	25	17.34
11	दौसा	41.00	22	62.54	16	21.54
12	जयपुर	53.72	8	67.89	11	14.17
13	सीकर	36.82	29	60.60	22	23.78
14	नागौर	32.54	32	54.48	31	21.94
15	जोधपुर	51.93	12	65.28	13	13.35
16	जैसलमेर	47.21	16	58.33	26	11.12
17	बाड़मेर	39.40	23	61.54	18	22.14
18	जालौर	32.79	31	47.97	32	15.18
19	सिरोही	49.72	14	64.44	14	14.72
20	पाली	37.68	27	55.27	28	17.59
21	अजमेर	64.07	2	72.58	3	8.51
22	टोंक	39.15	26	56.89	27	17.74
23	बूंदी	47.09	18	60.15	23	13.06
24	भीलवाड़ा	45.90	19	62.29	17	16.39
25	राजसमंद	51.42	13	69.24	7	17.82
26	उदयपुर	61.85	3	78.29	1	16.44
27	डूंगरपुर	60.90	4	69.03	9	8.13
28	बांसवाड़ा	66.85	1	77.03	2	10.18
29	चित्तौड़गढ़	53.81	7	70.19	6	16.38
30	कोटा	55.93	6	70.30	5	14.37
31	बारा	44.75	20	61.11	21	16.36
32	झालावाड़	52.67	10	69.09	8	16.42
	राजस्थान	50.24		65.42		15.18

Source: Census of India 2001, Rajasthan, Provisional totals, Paper - 2 of 2001, Directorate of Census Operations.

तालिका 3.3
राजस्थान के कुल क्षेत्र में जिलेवार महिला कार्य सहभागिता दर (प्रतिशत में), 1991-2001

		महिला साक्षरता दर				
क्र.सं.	*जिला*	*1991*	*क्रम*	*2001*	*क्रम*	*वृद्धि अन्तर*
1	गंगानगर	18.29	29	24.80	30	6.51
2	हनुमानगढ़	21.63	24	29.80	25	8.17
3	बीकानेर	20.87	26	27.50	28	6.63
4	चुरू	29.35	14	38.50	9.5	9.15
5	झुन्झुनू	23.41	23	32.60	19	9.19
6	अलवर	31.97	10	43.90	5	11.93
7	भरतपुर	21.56	25	33.00	17	11.44
8	धौलपुर	6.60	32	34.00	16	27.40
9	करौली	26.40	20	34.20	15	7.80
10	सवाईमाधोपुर	30.17	13	35.60	14	5.43
11	दौसा	27.95	15	36.20	12	8.25
12	जयपुर	18.28	30	22.10	31	3.82
13	सीकर	19.70	28	31.50	21	11.80
14	नागौर	30.70	12	32.80	18	2.10
15	जोधपुर	23.3	22	27.10	29	3.47
16	जैसलमेर	20.50	27	29.40	26	8.90
17	बाड़मेर	36.40	5	41.80	6	5.40
18	जालौर	31.56	11	46.20	2	14.64
19	सिरोही	25.80	21	30.10	23	4.30
20	पाली	27.55	17	30.90	22	3.35
21	अजमेर	27.88	16	28.00	27	0.12
22	टोंक	32.12	9	38.30	11	6.18
23	बूंदी	27.20	19	40.50	7	13.30
24	भीलवाड़ा	36.80	4	38.50	9.5	1.70
25	राजसमंद	32.31	7	30.00	24	-2.31
26	उदयपुर	33.40	6	31.80	20	-1.60
27	डूंगरपुर	38.00	3	45.00	3	7.00

क्रमशः...

		महिला साक्षरता दर				
क्र.सं.	*जिला*	*1991*	*क्रम*	*2001*	*क्रम*	*वृद्धि अन्तर*
28	बांसवाड़ा	40.73	2	44.10	4	3.37
29	चित्तौड़गढ़	41.73	1	46.20	1	4.47
30	कोटा	17.39	31	19.10	32	1.71
31	बांरा	27.37	18	35.80	13	8.43
32	झालावाड़	32.30	8	39.60	8	7.30
	राजस्थान	27.40		33.50		6.10

Source: Census of India 2001, Rajasthan, ProvisionalPopulation totals, Paper - 2 of 2001, Directorate of Census Operations.

तालिका 3.4

राजस्थान में साक्षरता दर (प्रतिशत में), वर्ष 1991-2001

मद	*वर्ष 1991*	*वर्ष 2001*
कार्यसहभागिता दर (कुल)		
व्यक्ति	38.87	42.11
पुरुष	49.30	50.07
महिला	27.40	33.48
कार्यसहभागिता दर (ग्रामीण)		
व्यक्ति	42.04	45.94
पुरुष	50.12	50.82
महिला	33.25	40.70
कार्यसहभागिता दर (नगरीय)		
व्यक्ति	28.17	29.56
पुरुष	46.60	47.64
महिला	7.22	9.24

Sourec: Census of India, 1991, 2001

तालिका 3.5
राजस्थान के ग्रामीण क्षेत्र में जिलेवार महिला कार्य सहभागिता दर (प्रतिशत में), 1991-2001

		महिला साक्षरता दर				
क्र.सं.	*जिला*	*1991*	*क्रम*	*2001*	*क्रम*	*वृद्धि अन्तर*
1	गंगानगर	24.10	28	30.80	32	6.70
2	हनुमानगढ़	24.00	29	35.80	26	11.80
3	बीकानेर	30.90	20	38.60	18.5	7.70
4	चुरू	39.10	7	49.70	2	10.60
5	झुन्झुनू	27.90	26	39.10	16	11.20
6	अलवर	36.00	12	49.20	3	13.20
7	भरतपुर	25.10	27	38.80	17	13.70
8	धौलपुर	7.60	32	38.60	18.5	31.00
9	करौली	31.70	17.5	38.20	20	6.50
10	सवाईमाधोपुर	31.70	17.5	42.00	12	10.30
11	दौसा	28.70	24.5	39.20	15	10.50
12	जयपुर	28.70	24.5	34.30	28	5.60
13	सीकर	23.50	30	37.80	22	14.30
14	नागौर	35.20	13.	38.00	21	2.80
15	जोधपुर	32.90	15	36.80	23	3.90
16	जैसलमेर	23.20	31	3320	29	10.00
17	बाड़मेर	39.60	6	44.50	10	4.90
18	जालौर	33.10	14	48.60	4	15.50
19	सिरोही	30.20	21	34.40	27	4.20
20	पाली	32.10	16	35.90	25	3.80
21	अजमेर	40.60	4	39.90	14	-0.70
22	टोंक	36.70	11	44.30	11	7.60
23	बूंदी	31.10	19	47.00	5	15.90
24	भीलवाड़ा	42.60	3	44.80	8	2.20
25	राजसमंद	37.60	8.5	33.10	30	-4.50
26	उदयपुर	36.60	8.5	36.40	24	-0.20
27	डूंगरपुर	40.20	5	46.80	6	6.60

क्रमशः...

		महिला साक्षरता दर				
क्र.सं.	*जिला*	*1991*	*क्रम*	*2001*	*क्रम*	*वृद्धि अन्तर*
28	बांसवाड़ा	43.40	2	46.40	7	3.00
29	चित्तौड़गढ़	47.40	1	42.30	1	4.90
30	कोटा	28.90	22.5	31.00	31	2.10
31	बांरा	28.90	22.5	40.10	13	11.20
32	झालावाड़	36.80	10	44.60	9	7.80
	राजस्थान	33.30		40.60		7.30

Source: Census of India 2001, Rajasthan, Provisional Population totals, Paper - 2 of 2001, Directorate of Census Operations.

तालिका 3.6

राजस्थान के नगरीय क्षेत्र में जिलेवार महिला कार्य सहभागिता दर (प्रतिशत में), 1991-2001

		महिला साक्षरता दर				
क्र.सं.	*जिला*	*1991*	*क्रम*	*2001*	*क्रम*	*वृद्धि अन्तर*
1	गंगानगर	3.90	30.5	7.30	26	3.40
2	हनुमानगढ़	3.90	30.5	5.90	32	2.00
3	बीकानेर	5.40	26.5	7.20	27	1.80
4	चुरू	5.00	29	9.10	18.5	4.10
5	झुन्झुनू	5.60	25	7.00	28	1.40
6	अलवर	5.50	20	11.60	11	5.10
7	भरतपुर	7.30	17	9.20	17	1.90
8	धौलपुर	2.20	32	13.20	7	11.00
9	करौली	8.00	14.5	10.70	12.5	2.70
10	सवाईमाधोपुर	8.00	14.5	8.10	23.5	0.10
11	दौसा	6.40	22	8.80	21	2.40
12	जयपुर	6.40	22	9.70	14	3.30
13	सीकर	5.40	26.5	6.70	30.5	1.30
14	नागौर	6.90	18	8.10	23.5	1.20
15	जोधपुर	6.10	24	7.60	25	1.50

क्रमशः...

		महिला साक्षरता दर				
क्र.सं.	*जिला*	*1991*	*क्रम*	*2001*	*क्रम*	*वृद्धि अन्तर*
16	जैसलमेर	5.10	28	6.90	29	1.80
17	बाड़मेर	6.40	22	6.70	30	0.30
18	जालौर	10.90	3	14.10	3	3.20
19	सिरोही	6.80	19	9.10	18.5	2.30
20	पाली	10.40	4	12.00	9	1.60
21	अजमेर	8.90	8	9.60	15	0.70
22	टोंक	13.20	1	15.50	2	2.30
23	बूंदी	8.70	9	12.20	8	3.50
24	भीलवाड़ा	12.10	2	13.60	4.5	1.50
25	राजसमंद	10.01	5	8.70	22	-1.31
26	उदयपुर	10.00	6	10.80	11	0.80
27	डूंगरपुर	8.40	10	15.90	1	7.50
28	बांसवाड़ा	7.50	16	10.70	12.5	3.20
29	चित्तौड़गढ़	9.70	7	13.60	4.5	3.90
30	कोटा	8.10	12.5	9.30	16	1.20
31	बांरा	8.10	12.5	13.50	6.	5.40
32	झालावाड़	8.30	11	9.00	20	0.70
	राजस्थान	7.20		9.50		

Source: Census of India 2001, Rajasthan, Provisional Population totals, Paper - 2 of 2001, Directorate of Census Operations.

तालिका 3.7

राजस्थान में शिक्षित महिला मुख्य कर्मी, सीमान्त कर्मी एवं गैरकर्मी, 2001

शिक्षा का स्तर	जनसंख्या महिला		मुख्यकर्मी महिला				सीमान्तकर्मी महिला		सीमान्तकर्मी महिला		कुल कर्मी महिला		मुख्यकर्मी (%) महिला		सीमान्तकर्मी (%)		गैरकर्मी			
	1991	2001	1991	(%)	2001	(%)	1991	(%)	2001	(%)	1991	2001	1991	2001	1991	2001	1991	(%)	2001	(%)
1	2	3	4	5	6	7	8	9	10	11	12	13	14	15	16	17	18	19	20	21
कुल	20963210	27087177	2733011	13.04	4595570	16.97	3011118	14.36	4475283	16.52	5744129	9070853	47.58	50.66	52.42	49.34	15219081	72.60	18016324	66.51
अशिक्षित	17543815	17432324	2513232	14.33	3382052	19.40	2824521	16.10	3197233	18.34	5337753	6579295	47.08	51.40	52.92	48.60	12203742	69.56	10853029	62.26
शिक्षित	3419395	9654853	219779	6.43	1213508	12.57	186597	5.46	1278050	13.24	406376	2491558	54.08	48.70	45.92	51.30	3015339	88.18	7163295	74.19
शिक्षित परन्तु मैट्रिक/ सैकेण्डरी से कम	2774242	8251000	131777	4.75	1028425	12.46	170294	6.14	1206331	14.62	3020871	2234756	43.62	46.02	56.38	53.98	2473032	89.14	6016244	72.92
मैट्रिक/ सैकेण्डरी परन्तु स्नातक के कम	447504	1012273	36223	8.09	86556	8.55	13294	2.97	62311	6.16	49517	148867	73.15	58.14	26.85	41.86	399122	89.19	863406	85.29
तकनीकी डिप्लोमा या अन्य प्रमाण पत्र उपाधि के बराबर नहीं	3940	5951	2120	53.81	2999	50.39	183	4.64	232	3.90	2303	3231	92.05	92.82	7.95	7.18	1710	43.40	2720	45.71
स्नातक एवं इससे उच्च	193709	285629	49659	25.64	95528	24.77	2826	1.46	9176	2.38	52485	104704	94.62	91.24	5.38	8.76	141475	73.03	280925	72.85

नोट: स्तम्भ 5,9 व 19 क्रमशः स्तम्भ 4,8 व 18 का स्तम्भ 2 के संबंधित पंक्ति संख्या से प्रतिशत है।

स्तम्भ 7,11 व 21 क्रशमःस्तम्भ 6,10 व 20 का स्तम्भ 3 के संबंधित पंक्ति संख्या से प्रतिशत है।

स्तम्भ 14 व 16 क्रमशः स्तम्भ 4 व 8 का स्तम्भ 12 के संबंधित पंक्ति संख्या से प्रतिशत है।

स्तम्भ 15 व 17 क्रमशः स्तम्भ 6 व 10 का स्तम्भ 13 के संबंधित पंक्ति संख्या से प्रतिशत है।

Source: Census of India 2001, Rajasthan, Provisional Population totals, Paper-2 of 2001, Directorate of Census Operations.

तालिका 3.8

राजस्थान के ग्रामीण क्षेत्र में शिक्षित महिला मुख्य कर्मी, सीमान्त कर्मी एवं गैरकर्मी, 2001

शिक्षा का स्तर	जनसंख्या महिला		मुख्यकर्मी महिला				सीमान्तकर्मी महिला		सीमान्तकर्मी महिला		कुल कर्मी महिला		मुख्यकर्मी (%) महिला		सीमान्तकर्मी (%)		गैरकर्मी			
	1991	2001	1991	(%)	2001	(%)	1991	(%)	2001	(%)	1991	2001	1991	2001	1991	2001	1991	(%)	2001	(%)
1	2	3	4	5	6	7	8	9	10	11	12	13	14	15	16	17	18	19	20	21
कुल	16252414	20866173	2480331	15.26	4190502	20.08	2923673	17.99	4286385	20.54	5404004	847687	45.90	49.43	54.10	50.57	10848410	66.75	12389286	59.37
अशिक्षित	14758280	14607075	2362053	16.00	3189944	21.84	2754298	18.66	3071231	21.03	5116351	6261175	46.17	50.95	53.83	49.05	9639624	65.32	8345900	57.14
शिक्षित	1494134	6259098	118278	7.92	1000558	15.99	169375	11.34	1215154	19.41	287653	2215712	41.12	45.16	58.88	54.84	1208786	80.90	4043386	64.60
शिक्षित परन्तु मैट्रिक/ सैकेण्डरी से कम	1384342	5881111	100095	7.23	937377	15.94	157188	11.35	1155333	19.64	257283	2092710	38.90	44.79	61.10	55.21	1127937	81.48	3788401	64.42
मैट्रिक/ सैकेण्डरी परन्तु स्नातक के कम	89022	324768	11333	12.73	46529	14.33	10442	11.73	54334	16.73	21775	100863	52.05	46.13	47.95	53.87	68429	76.87	223905	86.94
तकनीकी डिप्लोमा या अन्य प्रमाण पत्र उपाधि के बराबर नहीं	1260	2012	730	57.94	1179	58.60	143	11.35	198	9.84	873	1377	83.62	85.62	16.38	14.38	450	35.71	635	31.56
स्नातक एवं इससे उच्च	19510	51207	6120	31.37	15473	30.22	1602	8.21	5289	10.33	7722	20762	79.25	74.53	20.75	25.47	11970	61.38	30445	59.45

नोट: स्तम्भ 5,9 व 19 क्रमशः स्तम्भ 4,8 व 18 का स्तम्भ 2 के संबंधित पंक्ति संख्या से प्रतिशत है।

स्तम्भ 7,11 व 21 क्रशमः स्तम्भ 6,10 व 20 का स्तम्भ 3 के संबंधित पंक्ति संख्या से प्रतिशत है।

स्तम्भ 14 व 16 क्रमशः स्तम्भ 4 व 8 का स्तम्भ 12 के संबंधित पंक्ति संख्या से प्रतिशत है।

स्तम्भ 15 व 17 क्रमशः स्तम्भ 6 व 10 का स्तम्भ 13 के संबंधित पंक्ति संख्या से प्रतिशत है।

Source: Census of India 2001, Rajasthan, Provisional Population totals, Paper-2 of 2001, Directorate of Census Operations.

तालिका 3.9

राजस्थान के नगरीय क्षेत्र में महिला मुख्य कर्मी, सीमान्त कर्मी, एवं गैरकर्मी, 2001

शिक्षा का स्तर	जनसंख्या महिला		मुख्यकर्मी महिला				सीमान्तकर्मी महिला		सीमान्तकर्मी महिला		कुल कर्मी महिला		मुख्यकर्मी (%) महिला		सीमान्तकर्मी (%)		गैरकर्मी			
	1991	2001	1991	(%)	2001	(%)	1991	(%)	2001	(%)	1991	2001	1991	2001	1991	2001	1991	(%)	2001	(%)
1	2	3	4	5	6	7	8	9	10	11	12	13	14	15	16	17	18	19	20	21
कुल	4710796	6221004	252680	5.36	405068	6.51	87445	1.86	188898	3.04	340125	593966	74.29	68.20	25.71	31.80	4370671	92.78	5627038	90.45
अशिक्षित	2785535	2825249	151179	5.43	192118	6.80	70223	2.52	126002	4.46	221402	318120	68.28	60.39	31.72	39.61	2564118	92.05	2507129	88.74
शिक्षित	1925261	3395755	101501	5.27	212950	6.27	17222	0.89	62896	1.85	118723	275846	85.49	77.20	14.51	22.80	1806553	93.83	33119909	91.88
शिक्षित परन्तु मैट्रिक/ सैकेण्डरी से कम	879873	2231691	22639	2.57	76224	3.42	9849	1.12	44736	2.00	32488	120960	69.68	63.02	30.32	36.98	847563	96.33	2110731	94.58
मैट्रिक/ सैकेण्डरी परन्तु स्नातक के कम	358502	687505	24890	6.94	40027	5.82	2852	0.80	7977	1.16	27742	48004	89.72	83.38	10.28	16.62	330693	92.24	639501	93.02
तकनीकी डिप्लोमा या अन्य प्रमाण पत्र उपाधि के बराबर नहीं	2680	3939	1390	51.87	1820	46.20	40	1.49	34	0.86	1430	1854	97.20	98.17	2.80	1.83	1260	47.01	2085	52.93
स्नातक एवं इससे उच्च	174199	334422	43539	24.99	80055	23.94	1224	0.70	3887	1.16	44763	83942	97.27	95.37	2.73	4.63	129505	74.34	250480	74.90

नोट: स्तम्भ 5,9 व 19 क्रमशः स्तम्भ 4,8 व 18 का स्तम्भ 2 के संबंधित पंक्ति संख्या से प्रतिशत है।

स्तम्भ 7,11 व 21 क्रशमः स्तम्भ 6,10 व 20 का स्तम्भ 3 के संबंधित पंक्ति संख्या से प्रतिशत है।

स्तम्भ 14 व 16 क्रमशः स्तम्भ 4 व 8 का स्तम्भ 12 के संबंधित पंक्ति संख्या से प्रतिशत है।

स्तम्भ 15 व 17 क्रमशः स्तम्भ 6 व 10 का स्तम्भ 13 के संबंधित पंक्ति संख्या से प्रतिशत है।

Source: Census of India 2001, Rajasthan, Provisional Population totals, Paper-2 of 2001, Directorate of Census Operations.

तालिका 3.10

राजस्थान में जिलेवार शिक्षित महिला मुख्य कर्मी, सीमान्त कर्मी एवं गैरकर्मी, 1991-2001

जिला	जनसंख्या		मुख्यकर्मी					सीमान्तकर्मी					कुल कर्मी		मुख्यकर्मी(%)		सीमान्तकर्मी(%)		गैरकर्मी				
	1991	2001	1991	(%)	2001	(%)	वृद्धि	1991	(%)	2001	(%)	वृद्धि	1991	2001	1991	2001	1991	(%)	1991	(%)	2001	(%)	वृद्धि
1	2	3	4	5	6	7	8	9	10	11	12	13	14	15	16	17	18	19	20	21	22	23	24
गंगानगर	259515	661531	9608	3.70	69855	10.56	6.86	21120	8.14	77382	11.70	3.56	30728	147237	31.27	47.44	68.73	52.56	228681	88.12	514294	77.74	-10.38
बीकानेर	122301	265605	6478	5.30	25434	9.58	4.28	3346	2.74	19142	7.21	4.47	9824	44576	65.94	57.06	34.06	42.94	112688	92.14	221029	83.22	-8.92
चुरू	101993	401759	7107	63.97	71693	17.84	10.88	7018	6.88	89453	22.27	15.38	14125	161146	50.32	44.49	49.68	55.51	88096	86.37	240613	59.89	-26.48
झुन्झुनूं	155274	461144	6986	4.50	58945	12.78	8.28	14674	9.45	94765	20.55	11.10	21660	153710	32.25	38.35	67.75	61.65	133818	86.18	307434	66.67	-19.51
अलवर	189691	49028	11530	6.08	64446	12.48	6.40	18466	9.73	120917	24.68	14.94	29996	182063	38.44	33.59	61.56	66.41	160191	84.45	307965	62.85	-21.60
भरतपुर	114373	334281	4586	4.01	27867	8.34	4.33	8247	7.21	57576	17.22	10.01	12833	85443	35.74	32.61	64.26	67.39	101787	89.00	248838	74.44	-14.56
धौलपुर	38701	143661	1151	2.97	12190	8.49	5.51	521	1.35	34995	24.36	23.01	1672	47185	68.84	25.83	31.16	74.17	37050	95.73	96476	67.16	-28.58
सवाई माधोपुर	104119	346378	4988	4.79	50180	14.49	9.70	7399	7.11	43811	12.65	5.54	12387	93991	40.27	53.939	59.73	46.61	91761	88.13	252387	72.86	-15.27
जयपुर	507655	1347488	31664	6.24	160127	11.88	5.65	10502	2.07	87656	6.51	4.44	42166	247783	75.09	64.62	24.91	35.38	465451	91.69	1099705	81.61	-10.07
सीकर	139737	515329	5712	4.09	71812	13.94	9.85	8971	6.42	87878	17.05	10.63	14683	159690	38.90	44.97	61.10	55.03	124835	89.34	355639	69.01	-20.32
नागौर	110258	435795	8061	7.31	57714	13.24	5.93	7576	6.87	48975	11.24	4.37	15637	106689	51.55	54.10	48.45	45.90	94547	85.75	329106	75.52	-10.23
जोधपुर	183479	427148	12207	6.65	39265	9.19	2.54	4498	2.45	29156	6.83	4.37	16705	68421	73.09	57.39	26.93	42.61	1666812	90.92	358727	83.98	-6.93
जैसलमेर	13766	56757	590	4.29	6661	11.74	7.45	663	4.82	8127	14.32	9.50	1253	14788	47.09	45.04	52.91	54.96	12576	91.36	41969	73.95	-17.41
बाढ़मेर	41362	311904	2789	6.74	81018	25.98	19.23	2924	7.07	69043	22.14	15.07	5713	150061	48.82	53.99	51.18	46.01	35763	86.46	161843	51.89	-34.57
जालौर	34099	156207	2108	6.18	29861	19.12	12.93	2425	7.11	34543	22.11	15.00	4533	64404	46.50	46.37	53.50	53.63	29651	86.96	91803	58.77	-28.19
सिरोही	43558	123424	2410	5.53	10308	8.35	2.82	1368	3.14	14141	11.46	8.32	3778	24449	63.79	42.16	36.21	57.84	39762	91.29	98975	80.19	-11.09
पाली	99893	269603	5791	5.80	23218	8.61	2.81	5882	5.89	28052	10.40	4.52	11673	51270	49.61	45.29	50.39	54.71	88482	88.58	218333	80.98	-7.59
अजमेर	233037	426321	21541	9.24	48906	11.47	2.23	6389	2.74	27897	5.54	3.80	27930	76803	77.12	63.68	22.88	36.32	205276	88.09	349518	81.98	-6.10
टोंक	57190	153568	4876	8.53	23209	15.11	6.59	2715	4.75	13452	8.76	4.01	7591	36661	64.23	63.31	35.77	36.69	49514	86.58	116907	76.13	-10.45

तालिका क्रमशः

जिला	जनसंख्या		मुख्यकर्मी					सीमान्तकर्मी					कुल कर्मी		मुख्यकर्मी(%)		सीमान्तकर्मी(%)		गैरकर्मी				
	1991	2001	1991	(%)	2001	(%)	वृद्धि	1991	(%)	2001	(%)	वृद्धि	1991	2001	1991	2001	1991	(%)	1991	(%)	2001	(%)	वृद्धि
1	2	3	4	5	6	7	8	9	10	11	12	13	14	15	16	17	18	19	20	21	22	23	24
बूंदी	46310	141483	3183	6.87	16156	11.42	4.55	2123	4.58	25974	18.36	13.77	5306	42130	59.99	38.35	40.01	61.65	41307	89.20	99353	70.22	-18.97
भीलवाड़ा	104108	271885	8926	8.657	42415	15.60	7.03	5061	4.86	22384	8.23	3.37	13987	64799	63.82	65.46	36.18	34.54	90012	86.46	207086	76.17	-10.29
उदयपुर	219751	610501	16667	7.58	62137	10.18	2.59	14646	6.66	7688	12.59	5.93	31313	139026	53.23	44.69	46.77	55.31	188494	85.78	471475	77.23	-8.55
डूंगरपुर	54027	141928	3733	6.91	13700	9.65	2.74	6322	11.70	31508	22.20	10.50	10055	45208	37.13	30.30	62.87	69.70	43644	8.78	96720	68.15	-12.63
बांसवाड़ा	60169	166652	5830	9.69	25536	15.32	5.63	5657	9.40	19444	11.67	2.27	11487	44980	50.75	56.77	49.25	43.23	48849	81.19	121672	73.01	-8.18
चित्तौड़गड़	101586	267640	11157	10.98	53108	19.84	8.86	7376	7.26	29529	11.03	3.77	18533	82637	60.20	64.27	39.80	35.73	83429	82.13	185003	69.12	-13.00
कोटा	223891	540161	14400	6.43	44249	8.19	1.76	7925	3.54	54211	10.04	6.50	22325	98460	64.50	44.94	35.50	55.06	201701	90.09	441701	81.77	-8.32
झालावाड़	59552	186672	5699	9.57	26798	14.36	4.79	2783	4.67	31150	16.69	12.01	8482	57948	67.19	46.24	32.81	53.76	51152	85.91	128724	68.96	-16.95

नोट: स्तम्भ 5,9 व 19 क्रमशःस्तम्भ 4,8 व 18 का स्तम्भ 2 के संबंधित पंक्ति संख्या से प्रतिशत है।

स्तम्भ 7,11 व 21 क्रह्रामःस्तम्भ 6,10 व 20 का स्तम्भ 3 के संबंधित पंक्ति संख्या से प्रतिशत है।

स्तम्भ 14 व 16 क्रमशः स्तम्भ 4 व 8 का स्तम्भ 12 के संबंधित पंक्ति संख्या से प्रतिशत है।

स्तम्भ 15 व 17 क्रमशः स्तम्भ 6 व 10 का स्तम्भ 13 के संबंधित पंक्ति संख्या से प्रतिशत है।

Source: Census of India 2001, Rajasthan, Provisional Population totals, Paper-2 of 2001, Directorate of Census Operations.

तालिका 3.11

राजस्थान में जिलेवार शिक्षित महिला मुख्य कर्मी, सीमान्त कर्मी एवं गैरकर्मी, 1991-2001

जिला	जनसंख्या		मुख्यकर्मी					सीमान्तकर्मी					कुल कर्मी		मुख्यकर्मी(%)		सीमान्तकर्मी(%)		गैरकर्मी				
	1991	2001	1991	(%)	2001	(%)	वृद्धि	1991	(%)	2001	(%)	वृद्धि	1991	2001	1991	2001	1991	(%)	1991	(%)	20001	(%)	वृद्धि
1	2	3	4	5	6	7	8	9	10	11	12	13	14	15	16	17	18	19	20	21	22	23	24
गंगानगर	966129	889033	55296	5.72	124737	14.03	8.31	157990	16.35	150407	16.92	0.57	213286	275144	25.93	45.34	74.07	54.66	752948	77.93	613889	69.05	-8.88
बीकानेर	446289	522591	45165	10.12	96727	18.51	8.39	63663	14.26	75610	14.47	0.20	108828	172337	41.50	56.13	58.50	43.87	337250	75.57	350254	67.02	-8.55
चुरू	644482	534338	87194	13.53	97815	18.31	4.78	117751	18.27	100917	18.89	0.62	204945	198732	42.55	49.22	57.45	50.78	439309	68.16	335606	62.81	-5.36
झुन्झुनूं	607699	469019	40647	6.69	61196	13.05	6.36	116294	19.14	88384	18.84	-0.29	156941	149577	25.90	40.91	74.10	59.09	450554	74.14	319442	68.11	-6.06
अलवर	885355	915812	117969	13.32	199243	21.76	8.43	195703	22.10	235569	25.72	3.62	313672	434812	37.61	45.82	62.39	54.18	571187	64.52	481000	52.52	-11.99
भरतपुर	635658	633436	33485	5.27	76764	12.12	6.85	115394	18.15	157055	24.79	6.64	148879	233819	22.49	32.83	77.51	67.17	486532	76.54	399617	63.09	-13.45
धौलपुर	293320	301494	6127	2.09	33514	11.12	9.03	14132	4.82	70502	23.38	18.57	20259	104016	30.24	32.22	69.76	67.7	273040	93.09	197478	65.50	-27.59
सवाई माधोपुर	800341	737039	95173	11.89	161531	21.92	10.02	147271	18.40	122250	16.59	-1.81	242444	283781	39.26	56.92	60.74	43.08	557868	69.70	453258	61.50	-8.21
जयपुर	1718097	1759005	229629	13.37	341910	19.44	6.07	173490	10..10	188628	10.72	0.63	403119	530538	56.96	64.45	43.04	35.55	1315016	76.54	1228467	69.81	-6.70
सीकर	755945	599706	57358	7.59	99515	1659	9.01	104767	13.86	91513	15.26	1.40	162125	191028	35.38	52.09	64.62	47.91	594039	78.58	408678	68.15	-10.44
नागौर	929976	914296	185414	19.94	192991	21.11	1.17	118757	12.77	144844	15.84	3.09	304171	337835	60.96	57.13	39.04	42.87	625879	67.30	576461	63.06	-4.25
जोधपुर	831467	945467	110342	13.27	155395	16.44	3.17	112829	13.57	147998	15.65	2.08	223171	303393	49.44	51.22	50.56	48.78	608258	73.15	642074	67.91	-5.24
जैसलमेर	140064	172389	8836	6.31	23250	13.49	7.18	21375	15.26	29260	16.97	1.71	30211	52510	29.25	44.28	70.75	55.72	109790	78.39	119879	69.54	-8.85
बाड़मेर	634783	614684	98091	15.45	126308	20.55	5.10	142235	22.41	110775	18.02	-4.39	240326	237083	40.82	53.28	59.18	46.72	394343	62.12	377601	61.43	-0.39
जालौर	520007	554853	74189	14.27	140753	25.37	11.10	96154	18.49	122592	22.09	3.60	170343	263345	43.55	53.45	56.45	46.55	349579	67.23	291508	52.54	-14.69
सिरोही	274954	289734	36425	13.25	40414	13.95	0.70	41975	15.27	59551	20.55	5.29	75400	99965	46.46	40.43	53.54	59.57	196572	71.49	189769	65.50	-6.00
पाली	626723	631792	100653	16.06	106987	16.93	0.87	87827	14.01	120661	19.10	5.08	188480	227648	53.40	47.00	46.60	53.00	437981	69.88	404144	63.97	-5.92
अजमेर	594809	625429	148022	24.89	131369	21.00	-3.88	54834	9.22	86.021	13.75	4.54	202856	217390	72.97	60.43	27.03	39.57	391784	65.87	408039	65.24	-0.63

तालिका क्रमशः

जिला	जनसंख्या		मुख्यकर्मी					सीमान्तकर्मी					कुल कर्मी		मुख्यकर्मी(%)		सीमान्तकर्मी(%)		गैरकर्मी				
	1991	2001	1991	(%)	2001	(%)	वृद्धि	1991	(%)	2001	(%)	वृद्धि	1991	2001	1991	2001	1991	(%)	1991	(%)	20001	(%)	वृद्धि
1	2	3	4	5	6	7	8	9	10	11	12	13	14	15	16	17	18	19	20	21	22	23	24
टोंक	410888	431667	93162	22.67	123813	28.68	6.01	49600	12.07	63523	14.72	2.64	142762	187336	65.26	66.09	34.74	33.91	268211	65.28	244331	56.60	-8.67
बूंदी	316112	316319	52103	16.48	58097	18.37	1.88	41075	12.99	85235	26.95	13.95	93178	143332	55.92	40.53	44.08	59.47	222631	70.43	172987	54.69	-15.74
भीलवाड़ा	669861	715254	179713	26.83	213450	29.84	3.01	90977	13.58	102917	14.39	0.81	270690	316367	66.39	67.47	33.61	32.53	399280	59.61	398887	55.77	-3.84
उदयपुर	1199522	1180372	170349	14.20	151323	12.82	-1.38	268030	22.34	270794	22.94	0.60	438379	422117	38.86	35.85	61.14	64.15	761087	63.45	758255	64.24	0.79
डूंगरपुर	382198	417924	41236	10.79	56763	13.58	2.79	114324	29.91	148121	35.44	5.53	155560	204884	26.51	27.70	73.49	72.30	226966	59.38	213040	50.98	-8.41
बांसवाड़ा	508576	574251	72744	14.30	168848	29.40	15.10	147424	28.99	111545	19.42	-9.56	220168	280393	33.04	60.22	66.96	39.78	288241	56.68	293858	51.17	-5.50
चित्तौड़गड़	621319	617821	183116	29.47	224252	36.30	6.83	100005	16.10	102484	16.59	0.49	283121	326736	64.68	68.63	35.32	3137	337822	54.37	291084	47.11	-7.26
कोटा	730756	687752	97858	13.39	95089	13.83	0.43	84048	11.60	123566	17.97	6.47	181906	218655	53.80	43.49	46.20	56.51	548715	75.09	469097	68.21	-6.88
झालावाड़	398485	380847	92930	23.32	80011	21.01	-2.31	46597	11.69	86511	22.72	11.02	139527	166522	66.60	48.05	33.40	51.95	258860	64.96	214325	56.28	-8.69

नोट: स्तम्भ 5,10 व 21 क्रमश:स्तम्भ 4,9 व 20 का स्तम्भ 2 के संबंधित पंक्ति संख्या से प्रतिशत है।

स्तम्भ 7,12 व 23 क्रशम:स्तम्भ 6,11 व 22 का स्तम्भ 3 के संबंधित पंक्ति संख्या से प्रतिशत है।

स्तम्भ 16 व 18 क्रमश: स्तम्भ 4 व 9 का स्तम्भ 14 के संबंधित पंक्ति संख्या से प्रतिशत है।

स्तम्भ 17 व 19 क्रमश: स्तम्भ 6 व 11 का स्तम्भ 15 के संबंधित पंक्ति संख्या से प्रतिशत है।

Source: Census of India 2001, Rajasthan, Provisional Population totals, Paper-2 of 2001, Directorate of Census Operations.

तालिका 3.12

राजस्थान में जिलेवार मैट्रिक/सैकेंड्री से कम महिला मुख्यकर्मी, सीमान्त कर्मी एवं गैरकर्मी, 1991-2001

जिला	जनसंख्या		मुख्यकर्मी					सीमान्तकर्मी					कुल कर्मी		मुख्यकर्मी(%)		सीमान्तकर्मी(%)		गैरकर्मी				
	1991	2001	1991	(%)	2001	(%)	वृद्धि	1991	(%)	2001	(%)	वृद्धि	1991	2001	1991	2001	1991	(%)	1991	(%)	20001	(%)	वृद्धि
1	2	3	4	5	6	7	8	9	10	11	12	13	14	15	16	17	18	19	20	21	22	23	24
गंगानगर	218281	530403	5245	2.40	49598	9.35	6.95	19704	9.03	63692	12.01	2.98	24949	113290	21.02	43.78	78.98	56.22	193086	88.46	417113	78.64	-9.82
बीकानेर	96531	201481	2793	2.89	17198	8.54	5.64	3124	3.24	16494	8.19	4.95	5917	33692	47.20	51.04	52.80	48.96	90798	94.06	167789	83.28	-10.78
चुरू	49477	292691	5577	6.23	43046	14.71	8.47	6699	7.49	55282	18.89	11.40	12276	98328	45.43	43.78	54.57	56.22	77390	86.49	194363	66.41	-20.09
झुन्झुनूं	137111	358837	4393	3.20	36258	10.10	6.90	13150	9.59	67531	18.82	9.23	17543	103789	25.04	34.93	74.96	65.07	119488	87.15	255048	71.08	-16.07
अलवर	158266	394493	7534	4.76	43810	11.11	6.35	16880	10.67	102584	26.00	15.34	24414	146395	30.86	29.93	69.14	7.07	134402	84.92	248098	62.89	-22.03
भरतपुर	92977	272319	2390	2.57	18596	6.83	4.26	7481	8.05	46030	16.90	8.86	9871	64626	24.21	28.77	75.79	71.23	83257	89.55	207693	76.27	-13.28
धौलपुर	32978	121571	611	1.85	8910	7.33	5.48	483	1.46	29649	24.39	22.92	1094	38559	55.85	23.11	44.15	76.89	31887	96.69	83012	68.28	-28.41
सवाई माधोपुर	89284	270131	3568	4.00	29891	11.07	7.07	6595	7.39	30028	11.12	3.73	10163	59919	35.11	49.89	64.89	50.11	79016	88.50	210212	77.82	-10.68
जयपुर	368784	948305	12993	3.52	80729	8.51	4.99	9379	2.54	60086	6.34	3.79	22372	140815	58.08	57.33	41.92	42.67	346351	93.92	807490	85.15	-8.77
सीकर	126415	412601	4416	.3.49	48003	11.63	8.14	8313	6.58	63621	15.42	8.84	12729	111624	34.69	43.00	65.31	57.00	113299	89.62	300977	72.95	-16.68
नागौर	98927	353135	6770	6.84	37739	10.69	3.84	7028	7.10	36211	10.25	3.15	13798	73950	49.07	51.03	50.93	48.97	85087	86.01	279185	79.06	-6.95
जोधपुर	137839	312833	6057	4.39	22574	7.22	2.82	4013	2.91	23685	7.57	4.66	10070	46259	60.15	48.80	39.85	51.20	127772	92.70	266574	85.21	-7.48
जैसलमेर	11656	44918	310	32.66	4672	10.40	7.74	614	5.27	6316	14.06	8.79	924	10988	33.55	42.52	66.45	57.48	10796	92.62	33930	75.54	-17.08
बाड़मेर	36748	205460	2150	5.85	38503	18.74	12.89	2706	7.36	35928	17.49	10.12	4856	74431	44.28	51.73	55.72	48.27	31988	87.05	131029	63.77	-23.27
जालौर	30911	131287	1500	4.85	20550	15.65	10.80	2310	7.47	29049	22.13	14.65	3810	49599	39.37	41.43	60.63	58.57	27141	87.80	81688	62.22	-25.58
सिरोही	35932	96804	1370	3.81	5971	6.17	2.36	1218	3.39	9856	10.18	6.79	2588	15827	52.94	37.73	47.06	62.27	33242	92.51	80977	83.65	-8.86
पाली	88723	228551	4361	4.92	16901	7.39	2.48	5470	6.17	23836	10.43	4.26	9831	40737	44.36	41.49	55.64	58.51	79092	89.14	187814	82.18	-6.97
अजमेर	174529	300259	13091	7.50	27601	96.19	1.69	5703	3.27	21626	7.20	3.93	18794	49227	69.66	56.07	30.34	43.93	155966	89.36	251032	83.61	-5.76

तालिका क्रमशः

जिला	जनसंख्या		मुख्यकर्मी					सीमान्तकर्मी					कुल कर्मी		मुख्यकर्मी(%)		सीमान्तकर्मी(%)		गैरकर्मी				
	1991	2001	1991	(%)	2001	(%)	वृद्धि	1991	(%)	2001	(%)	वृद्धि	1991	2001	1991	2001	1991	(%)	1991	(%)	20001	(%)	वृद्धि
1	2	3	4	5	6	7	8	9	10	11	12	13	14	15	16	17	18	19	20	21	22	23	24
टोंक	47142	118393	3250	6.89	14863	12.55	5.66	2417	5.13	10133	8.56	3.43	5667	24996	57.35	59.46	42.65	40.54	41342	87.70	93397	78.89	-8.81
बूंदी	38950	112670	1943	4.99	9647	8.56	3.57	1917	4.91	20760	18.43	13.51	3857	30407	50.38	31.73	49.62	68.27	35417	90.93	82263	73.01	-17.92
भीलवाड़ा	83132	205185	5990	7.21	27366	13.34	6.13	4523	5.44	17683	8.62	3.18	10513	45049	56.98	60.75	43.02	39.25	72522	87.24	4160136	78.04	-9.19
उदयपुर	171221	442984	8087	4.72	32934	7.43	2.71	13012	7.60	52444	11.84	4.24	21099	85378	38.33	38.57	61.67	61.43	149974	87.59	357606	80.73	-6.86
डूंगरपुर	47546	113749	2358	4.96	8365	7.35	2.39	5806	12.21	251098	22.07	9.86	8164	33473	28.88	2499	71.2	7501	38958	81.94	80276	70.57	-11.36
बांसवाड़ा	50159	126797	3640	7.26	14608	11.52	4.26	5198	10.36	1422	411.22	0.85	8838	28832	41.19	50.67	58.81	49.33	41449	82.64	97965	77.26	-5.37
चित्तौड़गड़	85319	215522	8750	10.26	40491	18.79	8.53	6830	8.0	25406	11.79	3.78	15580	65897	56.16	61.45	43.84	38.55	7009	82.06	149625	6942	-12.63
कोटा	174981	409326	7910	4.52	26565	6.49	1.97	7214	4.12	43176	10.55	6.43	15124	69741	52.30	38.09	47.70	61.91	159891	91.38	339585	82.96	-8.41
झालावाड़	50.423	149055	45008.92	18067	1212	3.20	2510	4.98	23530	15.79	10.81	7010	41597	64.19	43.43	35.81	56.57	43412	86.10	107458	72.09	72.09	-14.00

नोट: स्तम्भ 5,10 व 21 क्रमश:स्तम्भ 4,9 व 20 का स्तम्भ 2 के संबंधित पंक्ति संख्या से प्रतिशत है।
स्तम्भ 7,12 व 23 क्रमश: स्तम्भ 6,11 व 22 का स्तम्भ 3 के संबंधित पंक्ति संख्या से प्रतिशत है।
स्तम्भ 16 व 18 क्रमश: स्तम्भ 4 व 9 का स्तम्भ 14 के संबंधित पंक्ति संख्या से प्रतिशत है।
स्तम्भ 17 व 19 क्रमश: स्तम्भ 6 व 11 का स्तम्भ 15 के संबंधित पंक्ति संख्या से प्रतिशत है।

Source: Census of India 2001, Rajasthan, Provisional Population totals, Paper-2 of 2001, Directorate of Census Operations.

तालिका 3.13

राजस्थान में जिलेवार मैट्रिक/सैकेंड्री परंतु स्नातक से कम शिक्षित महिला मुख्य कर्मी, सीमान्त कर्मी एवं गैरकर्मी, 1991-2001

जिला	जनसंख्या		मुख्यकर्मी					सीमान्तकर्मी					कुल कर्मी		मुख्यकर्मी(%)		सीमान्तकर्मी(%)		गैरकर्मी				
	1991	2001	1991	(%)	2001	(%)	वृद्धि	1991	(%)	2001	(%)	वृद्धि	1991	2001	1991	2001	1991	(%)	1991	(%)	20001	(%)	वृद्धि
1	2	3	4	5	6	7	8	9	10	11	12	13	14	15	16	17	18	19	20	21	22	23	24
गंगानगर	30034	75350	1700	5.66	3396	4.51	-1.15	1204	4.01	4615	6.12	212	2904	8011	85.54	42.39	41.46	57.61	27225	90.65	64870	86.09	-4.56
बीकानेर	17855	37202	1490	8.35	2093	5.63	-2.72	180	1.01	666	1.79	0.78	1670	2759	89.22	75.86	10.78	24.14	16200	90.73	34443	92.58	1.85
चुरू	9816	21426	650	6.62	2707	12.63	6.01	256	2.61	2817	13.15	10.54	906	5524	71.74	49.0	28.26	51.00	8916	90.83	15902	74.22	-16.61
झुन्झुनूं	13850	38853	1090	7.87	5293	13.62	5.75	1332	9.62	8495	21.86	12.25	2422	13788	45.00	38.39	55.00	61.61	11730	84.69	25065	64.51	-20.16
अलवर	22005	55141	1786	8.12	6807	12.34	4.23	1391	6.32	11101	20.13	13.81	3177	17908	56.22	38.01	43.78	61.99	18779	85.34	37233	67.52	-17.82
भरतपुर	15140	25818	1050	6.94	2000	7.75	0.81	633	4.18	2754	10.67	6.49	1683	4754	62.39	42.07	37.61	57.93	13530	89.37	21064	81.59	-7.78
धौलपुर	4153	9159	270	6.50	708	7.73	1.23	34	0.82	1040	11.35	10.54	304	1748	88.82	40.50	11.18	59.50	3863	93.02	17411	80.91	-12.10
सवाईमाधोपुर	11440	25042	740	6.47	2182	8.71	2.24	640	5.59	1289	5.15	-0.45	1380	3471	53.62	62.86	46.38	37.14	10120	88.46	21571	86.17	-2.32
जयपुर	88921	191763	5881	6.61	14166	7.39	0.77	875	0.98	4462	2.33	1.34	65756	18628	87.05	76.05	12.95	23.95	82210	92.45	173135	90.2	-2.17
सीकर	10482	38755	646	6.16	4282	11.05	4.89	558	5.32	5150	13.29	7.97	1204	9432	53.65	45.40	46.35	54.60	9396	89.64	29323	75.66	-13.98
नागौर	9051	27140	711	7.86	2351	8.66	0.81	470	5.19	1495	5.51	0.32	1181	3846	60.20	61.13	39.80	38.87	7830	86.51	23294	85.83	-0.68
जोधपुर	29220	61510	2240	7.67	3838	6.24	-1.43	333	1.14	970	1.58	0.44	2573	4808	87.06	79.83	12.94	20.17	26660	91.24	56702	92.18	0.94
जैसलमेर	1570	4055	120	7.64	375	9.25	1.60	35	2.23	102	2.52	0.29	155	477	77.42	78.62	22.58	21.38	1410	89.81	3578	88.24	-1.57
बाढ़मेर	3655	11338	260	7.11	1221	10.77	3.66	179	4.90	616	5.43	0.54	439	1837	59.23	66.47	40.77	33.53	3215	87.96	9501	83.80	-4.16
जालौर	2480	6350	300	12.10	784	12.35	0.25	93	3.75	387	6.09	2.34	393	1171	76.34	66.95	23.66	33.05	2130	85.89	5179	81.56	-4.33
सिरोही	5486	11444	440	8.02	941	8.22	0.20	101	1.84	378	3.30	1.46	541	1319	81.33	71.34	18.67	28.66	4980	90.78	10125	88.47	-2.30
पाली	869	22375	890	10.24	1711	7.65	-2.59	336	3.87	1084	4.84	0.98	1226	2795	72.59	61.22	27.41	38.78	7560	87.00	19580	87.51	0.51
अजमेर	39928	68845	3700	9.27	4842	7.03	-2.23	522	1.31	1371	1.99	0.68	4222	6213	87.64	77.93	12.36	22.07	35700	89.41	62632	90.98	1.56

तालिका क्रमशः

जिला	जनसंख्या		मुख्यकर्मी					सीमान्तकर्मी					कुल कर्मी		मुख्यकर्मी(%)		सीमान्तकर्मी(%)		गैरकर्मी				
	1991	2001	1991	(%)	2001	(%)	वृद्धि	1991	(%)	2001	(%)	वृद्धि	1991	2001	1991	2001	1991	(%)	1991	(%)	20001	(%)	वृद्धि
1	2	3	4	5	6	7	8	9	10	11	12	13	14	15	16	17	18	19	20	21	22	23	24
टोंक	7188	16543	836	11.63	1689	10.21	-1.42	234	3.26	639	3.86	0.61	1070	2328	78.13	72.55	21.87	27.45	6162	85.73	14215	85.93	0.20
बूंदी	5360	13033	600	11.19	1077	8.26	-2.93	173	3.23	926	7.11	3.88	773	2003	77.62	53.77	22.38	46.23	4590	85.63	11030	84.63	-1.00
भीलवाड़ा	17739	33959	1269	8.61	3320	9.78	1.17	453	3..07	1282	3.78	0.70	1722	4602	73.69	72.14	26.31	27.86	13060	88.61	29357	86.45	-2.16
उदयपुर	32460	69888	3300	10.17	5415	7.75	-2.42	1264	3.89	2996	4.29	0.39	4564	8411	72.30	64.38	27.70	35.62	27890	85.92	61477	87.97	2.04
डूंगरपुर	5341	14919	935	17.51	1974	13.23	-4.27	449	8.41	2429	16.28	7.87	1384	4403	67.56	44.83	32.44	55.17	3996	74.82	10516	70.49	-4.33
बांसवाड़ा	7620	18577	1240	16.27	2745	14.75	-1.50	369	4.84	1209	6.51	1.67	1609	3954	77.07	69.42	22.93	30.58	5990	78.61	14623	78.72	0.11
चित्तौड़गड़	11930	27867	1200	10.06	2886	10.36	0.30	458	3.84	1391	4.99	1.15	1658	4277	72.38	67.48	27.62	32.52	10360	86.84	23590	84.65	-2.19
कोटा	32200	71140	2300	7.14	4075	5.73	-1.41	515	1.60	1925	2.71	1.11	2815	6000	81.71	67.92	18.29	32.08	29440	91.43	65140	91.57	0.14
झालावाड़	6890	14781	580	8.42	1209	8.18	-0.24	207	3.00	722	4.88	1.88	787	1931	73.70	62.61	326.30	37.39	6180	89.70	12850	86.94	-2.76

नोटः स्तम्भ 5,10 व 21 क्रमशः स्तम्भ 4,9 व 20 का स्तम्भ 2 के संबंधित पंक्ति संख्या से प्रतिशत है।

स्तम्भ 7,12 व 23 क्रश्रामः स्तम्भ 6,11 व 22 का स्तम्भ 3 के संबंधित पंक्ति संख्या से प्रतिशत है।

स्तम्भ 16 व 18 क्रमशः स्तम्भ 4 व 9 का स्तम्भ 14 के संबंधित पंक्ति संख्या से प्रतिशत है।

स्तम्भ 17 व 19 क्रमशः स्तम्भ 6 व 11 का स्तम्भ 15 के संबंधित पंक्ति संख्या से प्रतिशत है।

Source: Census of India 2001, Rajasthan, Provisional Population totals, Paper-2 of 2001, Directorate of Census Operations.

तालिका 3.14

राजस्थान में जिलेवार तकनीकी डिप्लोमा प्राप्त महिला मुख्य कर्मी, सीमान्त कर्मी एवं गैरकर्मी, 1991-2001

जिला	जनसंख्या		मुख्यकर्मी					सीमान्तकर्मी					कुल कर्मी		मुख्यकर्मी(%)		सीमान्तकर्मी(%)		गैरकर्मी				
	1991	2001	1991	(%)	2001	(%)	वृद्धि	1991	(%)	2001	(%)	वृद्धि	1991	2001	1991	2001	1991	(%)	1991	(%)	20001	(%)	वृद्धि
1	2	3	4	5	6	7	8	9	10	11	12	13	14	15	16	17	18	19	20	21	22	23	24
गंगानगर	180	235	110	61.11	119	50.64	-10.47	32	17.78	2	0.85	-16.93	142	121	77.46	98.35	22.54	1.65	60.00	33.33	114	48.51	15.18
बीकानेर	160	332	90	56.25	141	42.47	-13.78	1	0.63	2	0.60	-0.02	91	143	98.90	98.60	1.10	1.40	70.00	43.75	189	56.93	13.18
चुरू	40	60	20	50.00	31	51.67	1.67	6	15.00	11	18.33	3.33	26	42	76.92	73.871	223.08	26.19	20.00	50.00	18	30.00	-20.00
झुन्झुनूं	140	151	50	35.71	83	54.97	19.25	5	3.57	24	15.89	12.32	55	107	90.91	77.57	9.09	22.43	90.00	64.29	44	29.14	-35.15
अलवर	110	201	70	63.64	98	48.76	-14.88	16	14.55	28	13.93	-.0.62	86	126	81.40	77.78	18.60	22.22	40.00	36.36	75	37.61	0.95
भरतपुर	170	72	100	58.82	29	40.28	-18.55	6	3.53	2	2.78	-0.75	106	31	94.34	93.55	5.66	6.45	70.00	41.18	41	56.94	15.77
धौलपुर	0	31	0		9	29.03	29.03	0		1	3.23	2.23	0	10		90.00		10.00	0.00		21	67.74	67.74
सवाईमाधोपुर	140	121	50	35.71	56	46.28	10.57	9	6.43	7	5.79	-0.64	59	63	84.75	88.89	15.25	11.11	90.00	64.29	58	47.93	-16.36
जयपुर	500	781	240	48.00	343	43.92	-4.08	24	4.80	13	1.66	-3.14	12654	356	90.91	96.35	9.09	3.65	250.00	50.00	425	54.42	4.42
सीकर	60	162	10	16.67	96	59.26	42.59	14	23.33	18	11.11	-12.22	24	114	41.67	84.21	58.33	15.79	50.00	83.00	48	29.63	-53.70
नागौर	70	95	40	57.14	64	67.37	10..23	4	5.71	3	3.16	-2.56	44	67	90.91	95.52	9.09	4.48	30.00	42.86	28	29.47	-13.38
जोधपुर	330	373	130	39.39	163	43.70	4.31	6	1.8/2	2	0.54	-1.28	136	165	95.59	98.79	4.41	1.21	200.00	60.61	208	55.75	-4.84
जैसलमेर	0	32	0		16	50.00	50.00	0		0	0.00	0.00	0	16		100.00		0.00	0.00		16	50.00	50.00
बाढ़मेर	0	78	0		54	69.23	69.23	2		3	3.85	3.85	2	57	0.00	94.74	100.00	5.26	0.00		21	26.92	26.92
जालौर	40	42	40	100.00	31	73.81	-26.19	2	5.00	1	2.38	-2.62	42	32	95.24	96.88	4.76	3.13	0.00	0.00	10	23.81	23.81
सिरोही	0	90	0		43	47.78	47.785	2		2	2.22	2.22	2	45	0.00	95.56	100.00	4.44	0.00		45	50.00	50.00
पाली	80	86	30	37.50	62	723.09	34.59	7	8.75	1	1.16	-7.59	37	63	81.08	98.41	18.92	1.59	50.00	62.50	23	26.74	-35.76
अजमेर	310	723	210	67.74	333	46.06	-21.68	8	2.58	5	0.69	-1.89	218	338	96.33	98.52	3.67	1.48	90.00	29.03	385	353.25	24.22

तालिका क्रमशः

जिला	जनसंख्या		मुख्यकर्मी					सीमान्तकर्मी					कुल कर्मी		मुख्यकर्मी(%)		सीमान्तकर्मी(%)		गैरकर्मी				
	1991	2001	1991	(%)	2001	(%)	वृद्धि	1991	(%)	2001	(%)	वृद्धि	1991	2001	1991	2001	1991	(%)	1991	(%)	20001	(%)	वृद्धि
1	2	3	4	5	6	7	8	9	10	11	12	13	14	15	16	17	18	19	20	21	22	23	24
टोंक	60	125	20	33.33	75	60.00	26.67	1	1.67	3	2.40	0.73	21	78	95.24	95.15	4.76	3.85	40.00	66.67	47	37.60	-29.07
बूंदी	10	112	10	100.00	68	60.71	-39.29	0	0.00	3	2.68	2.68	10	71	100.00	9577	0.00	4.23	0.00	0.00	41	36.61	36.61
भीलवाड़ा	270	247	150	55.56	153	61.94	6.39	4	1.48	10	4.05	2.57	154	163	97.40	93.87	2.60	6.13	110.00	40.74	84	34.01	-6.73
उदयपुर	460	606	260	56.52	332	54.79	-1.74	18	3.91	25	4.13	0.21	278	357	93.53	93.00	6.47	7.00	150.00	32.61	249	41.09	8.48
डूंगरपुर	50	216	30	60.00	123	56.94	-3.06	7	14.00	31	14.35	0.35	37	154	81.08	79.87	18.92	20.13	20.00	40.00	62	28.70	-11.30
बांसवाड़ा	90	246	60	66.67	146	59.35	-7.32	0	0.00	17	69.91	6.91	60	163	100.00	89.57	0.00	10.43	30.00	33.33	83	33.74	0.41
चित्तौड़गढ़	120	189	60	50.00	117	61.90	11.90	4	3.33	4	2.12	-1.22	64	121	93.75	696.69	6.25	3.31	50.00	41.67	68	35.98	-5.69
कोटा	460	481	290	63.04	182	37.84	-25.21	4	0.87	11	2.29	1.42	294	193	98.64	94.30	1.36	5.70	160.00	34.78	288	59.88	25.09
झालावाड़	90	64	50	55.56	32	50.00	-5.56	1	1.11	3	4.69	3.58	51	35	98.04	91.43	1.96	8.57	40.00	44.44	29	45.31	0.87

नोट: स्तम्भ 5,10 व 21 क्रमशः स्तम्भ 4,9 व 20 का स्तम्भ 2 के संबंधित पंक्ति संख्या से प्रतिशत है।
स्तम्भ 7,12 व 23 क्रष्ठाम: स्तम्भ 6,11 व 22 का स्तम्भ 3 के संबंधित पंक्ति संख्या से प्रतिशत है।
स्तम्भ 16 व 18 क्रमशः स्तम्भ 4 व 9 का स्तम्भ 14 के संबंधित पंक्ति संख्या से प्रतिशत है।
स्तम्भ 17 व 19 क्रमशः स्तम्भ 6 व 11 का स्तम्भ 15 के संबंधित पंक्ति संख्या से प्रतिशत है।
Source: Census of India 2001, Rajasthan, Provisional Population totals, Paper-2 of 2001, Directorate of Census Operations.

सन्दर्भ सूची

1. गवर्मेन्ट ऑफ इंडिया (1986), "नेशनल पौलसी ऑन एजूकेशन बायोग्राम्स ऑफ एक्शन" न्यू देहली, मिनिस्ट्री ऑफ ह्यूमेन रिसोर्स डेवलपमेंट।

2. वर्ल्ड बैंक (1994), ए न्यू एजेन्डा फॉर ह्यूमेन हेल्थ एण्ड न्यूट्रेशन, डेवलपमेन्ट इन प्रैटिस, वर्ल्ड बैंक

3. वर्ल्ड बैंक (1994), ए न्यू एजेन्डा फॉर ह्यूमेन हेल्थ एण्ड न्यूट्रेशन, डेवलपमेन्ट इन प्रैटिस, वर्ल्ड बैंक

4. वर्ल्ड बैंक (1994), ए न्यू एजेन्डा फॉर ह्यूमेन हेल्थ एण्ड न्यूट्रेशन, डेवलपमेन्ट इन प्रैटिस, वर्ल्ड बैंक

5. Gugani, H.R (1994), "Literacy, Liberation and Empowernment of Women", University News, Vol. xxxii, No. 28

6. सन् 2001 की जनगणना के अनुसार

7. सन् 2001 की जनगणना के अनुसार

8. Census of India (2001), Rajasthan Provisional Population Totals Paper-2 of 2001, Distribution of Rural and Unban Population, Directorate of Census Operation, Rajasthan.

9. फैंकबर्ग एवं थॉमस (2001) "मेजरिंग पॉवर, फूड कनजेपशन एण्ड न्यूट्रेशन डिविजन" डिर्स्कशन पेपर नं. 113

10. सन् 2001 की जनगणना के अनुसार।

11. सन् 2001 की जनगणना के अनुसार।

12. सन् 2001 की जनगणना के अनुसार।

13. जनगणना 1991, 2001 का तुलनात्मक अध्ययन।

14. जनगणना 1991, 2001 का तुलनात्मक अध्ययन।

15. सन् 2001 की जनगणना के अनुसार।

16. सन् 2001 की जनगणना के अनुसार।

17. सन् 2001 की जनगणना के अनुसार।

18. Nagaich, Sangeeta (2001) "Women Employment and Family Life", in Murty and Gour (eds), Women Work Participation and

Empowernment, Problems and Prospectis, RBSA Publisher's S.M.S Highway, Jaipur.

19. Desai (1988) "A Decade of Womens Movement in India" Himalaya Publishing House, Rajasthan

20. गुप्ता ए.के. (2001) "महिला सशक्तिकरण", अभिषेक पब्लीकेशन चंडीगढ़, इंडिया

21. Handi, Famida (2001) "Women's Empowerment i Rural India" Peper Persented as the ISTI Conference.

22. Gupta Rakesh (1997) "Empowerment of Women:" Towards a discussion: Maintrem 35.

23. Gupta Rakesh (1997) "Empowerment of Women:" Towards a discussion: Maintrem 35.

24. कुरूक्षेत्र पत्रिका अगस्त (2013) ग्रामीण महिला सशक्तिकरण पेज नं. 11

25. वही, पृ. 11

26. वही, पृ. 17

27. वही, पृ. 18

28. सुभाष कश्यप: हमार संविधान; पृ. 82

29. Gergis, Abdalla (1999) "Citizen Economic Empowernment in Botswana Concepts & Principles" BIDPA Working paper No. 22.

30. Jain and Bhargav (1989) "Role of women in economic Development the Case of Women "Worker's in India", The Indian Journal of Economic, P. 440.

31. Jain and Bhargav (1989) "Role of women in economic Development the Case of Women "Worker's in India", The Indian Journal of Economic, P. 440.

32. कुरूक्षेत्र पत्रिका, वही, पृ. 8

33. कुरूक्षेत्र पत्रिका, वही, पृ. 8

34. वही, पृ. 9

35. वही, पृ. 11

36. वही, पृ. 15

37. Murty, (2001), "Women and Employment" RBSA Publishers Jaipur.
38. Kishor Sunita and Kamla Gupta (2001) "Women Empowernment in India and It's States, Evidence From the NFHS" Economic and Political Weekly, Feb 14, 2001.
39. Gugnani, H.R. (1994) Literacy. Liberation and Empowerment of Women" University News Vol. xxxii.
40. सन् 2001 की जनगणना के अनुसार
41. सन् 2001 की जनगणना के अनुसार
42. भारतीय दंड संहिता 1860 के अनुसार
43. Kaushik, Asha (2001) "Nari Sashakti Karan, Vimarsh Evam yatharth" Pointer Publishers, Jaipur.
44. Kaushik, Asha (2001) "Nari Sashakti Karan, Vimarsh Evam yatharth" Pointer Publishers, Jaipur.
45. Hasehmi, Syed in, ETat (1996) "Rural Credit Programs and Women's Empowernment in Bangladesh, World Development Basu, Alaka Malaade and Kaushik (1991) "Women's Economic Rales and child Survival: The case of India Health Transition Review.
46. Hnaid, Famida and meenaz kasam (2001) "Women's Empovernment in Rural India", paper persented as the ISTR conferencets Toronto Canda July 2001.
47. UNESCO (1995) World Education Report.
48. सन् 2001 की जनगणना के अनुसार।
49. सन् 2001 की जनगणना के अनुसार।
50. Hashemi Syed in, Etat (1996) "Rural Credit Programs and Women's Empowernment in Bangladesh, World Development.
51. Basu Alaka Malaade and kaushik Basu (1991) "Women's Economic Rales and child survifval: The Case of India Health Transition Review.
52. राष्ट्रीय पारिवारिक स्वास्थ्य सर्वेक्षण (2001) की रिपोर्ट के अनुसार।
53. राष्ट्रीय पारिवारिक स्वास्थ्य सर्वेक्षण (1998-99) की रिपोर्ट के अनुसार।
54. सन् 1991 की जनगणना के अनुसार।
55. सन् 1981 की जनगणना के अनुसार।

अध्याय–चतुर्थ

राजस्थान में महिलाओं की सामाजिक स्थिति एवं दशा

महिलाएँ राज्य के सामाजिक विकास में महत्वपूर्ण भूमिका अदा करती हैं। महिलाओं के सामाजिक जीवन के उत्थान के द्वारा ही एक प्रदेश का विकास संभव है। राज्य एवं केन्द्र सरकार के द्वारा महिलाओं की सामाजिक स्थिति एवं दशा को सुधारने हेतु समय–समय पर प्रयास किये गये जिसके परिणामस्वरूप महिलाओं की सामाजिक स्थिति में सुधार आया है। महिलाओं की परिवार एवं समाज से संबंधित निर्णयों में सहभागिता एंव स्वतंत्रता महिलाओं की सामाजिक स्थिति का सूचक है। यह सहभागिता व स्वतन्त्रता जितनी अधिक होगी उतनी ही महिलाओं की स्थिति सुदृढ़ होगी।[1]

पितृसत्तात्मक समाज में महिलाओं के कर्त्तव्य को आदर्श माता, आदर्श पत्नी, आदर्श पुत्री के रूप में परिभाषित किया गया है। पत्नीत्व और मातृत्व नारी की भूमिकाओं की धुरी हैं चूंकि ये भूमिकाएँ अपने में अपूर्व हैं इसलिए नारी को अन्य किसी भी विशेषीकृत क्षेत्र यथा ज्ञान, कला, नौकरी की आवश्यकता नहीं। एक आदर्श महिला मधुर, विनम्र, स्नेही, सेवाभाव युक्त और समर्पित होती है।[2] समाज में महिला की भूमिका संबंधी मुख्यधारा की अवधारणा संस्कृत के एक गुमनाम लेखक की कविता की पंक्तियों द्वारा सर्वेत्कृष्ट ढंग से व्यक्त होती है। 'वह (पति के लिए) माँ की तरह खाना बनाने वाली, भोजन परोसने वाली, सचिव की तरह पति को कार्य में सहायता करने वाली, चरणों की दासी, शैय्या पर प्रेयसी की तरह और सहनशीलता में

पृथ्वी की तरह हो', ऐतिहासिक स्रोत जो बहुधा अभिजात्य होते हैं और अतीत में महिलाओं के गौरवपूर्ण चित्रण को प्रस्तुत करते हैं।[3]

इस अध्याय में महिलाओं के द्वारा परिवार में संबंधित दैनिक कार्यों, महिलाओं के उत्तरदाताओं का प्रारूप, निर्णयों में सहभागिता व स्वतंत्रता महिला की स्थिति का निम्न बिन्दुओं के माध्यम से अवलोकन किया गया है। सामाजिक परिवेश में महत्वपूर्ण परिवर्तनों के कारण महिलाओं की सामाजिक स्थिति में बहुत परिवर्तन हुआ। ग्रामीण एवं शाहरी क्षेत्र में महिला शिक्षा के प्रसार से महिलाओं की सामाजिक, आर्थिक, एवं राजनीतिक क्षेत्र में सहभागिता बढ़ी है, जिसके कारण महिला सशक्तिकरण को प्रोत्साहन मिला है।

कुल महिला उत्तरदाओं का प्रारूप

यह परिच्छेद कुल 310 महिला उत्तरदाताओं के प्रारूप से संबंधित है यह प्रारूप निम्न है[4]:-

आयु

महिला उत्तरदाताओं का सर्वाधिक (34.19) प्रतिशत, 30-40 आयु वर्ग के मध्य था। सबसे कम प्रतिशत (10.65) महिला उत्तरदाता 50-60 आयुवर्ग के मध्य थीं। महिला उत्तरदाताओं का 61 प्रतिशत, 30-35 के आयु वर्ग में था। (तालिका 1)

तालिका 1
महिला उत्तरदाताओं का आयु वर्ग वितरण

आयु वर्ग	*कुल*
20-30	87 (28.06)
30-40	106 (34.19)
40-50	84 (27.10)
50-60	33 (10.65)
कुल	310

नोट: कोष्टक में दी गई संख्या संबंधित स्तम्भ के कुल से प्रतिशत।
स्त्रोत: फील्ड सर्वे

वैवाहिक स्थिति

महिला उत्तरदाताओं में 304 महिलाएँ विवाहित एवं दो अविवाहित एवं 4 विधवा थीं। विवाहित महिला उत्तरदाताओं में से सबसे अधिक (54.93) प्रतिशत शिक्षित गृहणियाँ थीं। विवाहित श्रेणी में शिक्षित महिलाओं एवं अशिक्षित महिलाओं से इनका प्रतिशत क्रमशः 71.29 व 26.77 था। विवाहित श्रेणी में कार्यशील महिलाओं एवं गृहिणियों से इनका प्रतिशत क्रमशः 25.66 व 64.44 था (तालिका 2)

तालिका 2
महिला उत्तरदाताओं की वैवाहिक स्थिति

महिलाओं की श्रेणी	*विवाहित*	*अविवाहित*	*विधवा*	*कुल*
कुल शिक्षित	221	2	2	225
(अ) कार्यशील	54	2	1	57
(ब) गृहणी	167	–	1	168
कुल अशिक्षित	83	–	2	85
(अ) कार्यशील	24	–	1	25
(ब) गृहणी	29	–	1	60
कुल	304	2	4	310

स्त्रोत: फील्ड सर्वे

शिक्षा

कुल महिला उत्तरदाताओं में से 72.58 प्रतिशत शिक्षित महिलाएँ थीं एवं शिक्षित महिला उत्तरदाताओं में से सर्वाधिक प्रतिशत (36.44) मैट्रिक/सैकेण्ड्री परन्तु स्नातक से कम शिक्षित थीं। स्नातक एवं इससे उच्च शिक्षित में केवल 17.33 प्रतिशत, लगभग 35 प्रतिशत तकनीकी डिप्लोमा व अन्य उपाधि (स्नातक नहीं) (तालिका 3)

रोजगार

कुल महिला उत्तरदाताओं में 82 महिलाएँ (26.45 प्रतिशत) रोजगार में थीं जिसमें से 69.51 प्रतिशत शिक्षित कार्यशील थी और 30.49 अशिक्षित

तालिका 3

महिला उत्तरदाताओं का शिक्षा के विभिन्न स्तरों के आधार पर वितरण

	शिक्षा का स्तर	*कार्यशील*	*अकार्यशील*	*कुल*
1.	अशिक्षित	25 (30.49)	60 (26.32)	85 (27.42)
2.	शिक्षित57	168 (69.51)	225 (73.68)	 (72.58)
	(अ) शिक्षित परंतु मैट्रिक/सैकण्ड्री से कम	6 (10.53)	20 (11.90)	26 (11.56)
	(ब) मैट्रिक/सैकण्ड्री परंतु स्नातक से कम	8 (14.04)	74 (44.05)	82 (36.44)
	(स) स्नातक एवं इससे उच्च	12 (21.05)	27 (16.07)	39 (17.33)
	(द) तकनीकी डिप्लोमा एवं व्यावसायिक उपाधि	31 (54.39)	47 (27.98)	78 (34.67)
	कुल (1+2)	82	228	310

नोट: पंक्ति 1 व 2 में कोष्ठक में दी गयी संख्या संबंधित स्तम्भ-कुल से प्रतिशत है। अ, ब, स, व, द पंक्तियों में कोष्टक में दी गयी संख्या संबंधित कुल शिक्षित से प्रतिशत।

स्त्रोत: फील्ड सर्वे

कार्यशील थीं। शिक्षित महिलाओं का सर्वाधिक प्रतिशत शिक्षण रोजगार में अध्यापिका के रूप में लगा हुआ था जबकि अशिक्षित महिला कार्यशील का सर्वाधिक प्रतिशत असंगठित क्षेत्र में घरेलू बाई (64 प्रतिशत) में लगा था। (तालिका 4)

आय

कार्यशील महिलाओं का आय वर्ग में वितरण दर्शाता है कि कार्यशील महिलाओं का सर्वाधिक प्रतिशत (39.02) पांच हजार से पचास हजार के मध्य था जबकि 2.50 लाख से 3.00 लाख के मध्य केवल 3.66 प्रतिशत था। एक तिहाई कार्यशील महिला उत्तरदाता एक लाख से कम वार्षिक आय अर्जित कर रही थी। जबकि एक लाख से ढ़ाई लाख के मध्य वार्षिक आय अर्जित करने वालों का लगभग 45 प्रतिशत था। (तालिका 5)।

घर से बाहर जाने की स्वतंत्रता

घर से बाहर जाने की स्वतंत्रता को दोस्तों, रिश्तेदारों के घर एवं बाजार जाने की स्वतंत्रता के रूप में देखा गया है। शिक्षित कार्यशील महिला उत्तरदाताओं में से 91.23 प्रतिशत दोस्तों के घर जाने में स्वतंत्र थीं जबकि अशिक्षित कार्यशील महिला उत्तरदाताओं का 48.0 प्रतिशत ही दोस्तों के घर जाने के लिए स्वतंत्रता थीं। इसी प्रकार शिक्षित गृहणी उत्तरदाता में यह प्रतिशत 89 व अशिक्षित गृहणी में 58.33 था। (तालिका 9) इसी प्रकार दोस्तों के घर जाने

तालिका 4
महिला उत्तरदाताओं का रोजगार में वितरण

रोजगार	*शिक्षित कार्यशील*	*अशिक्षित कार्यशील*	*कुल*
(अ) असंगठित क्षेत्र			
घरेलू बाई (रसोई, सफाई)	5 (8.77)	16 (64)	21 (25.61)
दर्जी	5 (8.77)	–	5 (6.10)
अन्य (पोस्ट ऑफिस, शेयर की एजेन्ट, चूड़ियों की दुकान)	5 (8.77)	5 (20.00)	10 (12.20)
पशुपालक	–	2 (8.00)	2 (2.44)
(ब) संगठित क्षेत्र			
अध्यापिका	36 (63.16)		36 (43.90)
डॉक्टर	4 (7.02)		4 (4.88)
यू.डी.सी.	2 (3.51)		2 (2.44)
चपरासी	–	2 (8.00)	2 (2.44)
कुल	57	25	82

नोट: कोष्ठक में दी गयी संख्या संबंधित स्तम्भ के कुल प्रतिशत है।
स्त्रोत: फील्ड सर्वे

तालिका 5
महिला उत्तरदाताओं का आय वर्ग में वितरण

आय वर्ग (वार्षिक)	*शिक्षित*	*अशिक्षित कार्यशील*	*कुल कार्यशील*
5 हजार से 50 हजार	13 (22.81)	19 (76.00)	32 (39.02)
50 हजार से 1.00 लाख	6 (10.53)	4 (16.00)	10 (12.20)
1.00 लाख से 1.50 लाख	9 (15.79)	2 (8.00)	11 (13.41)
1.50 लाख से 2.00 लाख	10 (17.54)	–	10 (12.20)
2.00 लाख से 2.50 लाख	16 (28.07)	–	16 (19.51)
2.50 लाख से 3.00 लाख	3 (5.26)	–	3 (3.66)
कुल	57	25	82

नोट: कोष्ठक में दी गयी संख्या संबंधित स्तम्भ के कुल से प्रतिशत है।
स्त्रोत: फील्ड सर्वे

तालिका 6
महिला उत्तरदाता का आयु वर्ग में वितरण: कच्ची बस्ती व शहरी क्षेत्र

आयु वर्ग	*कच्ची बस्ती*	*शहरी क्षेत्र*
20–30	24 (24.00)	63 (30.00)
30–40	40 (40.00)	66 (31.43)
40–50	29 (29.00)	55 (26.19)
50–60	7 (7.00)	26 (12.38)
कुल	100	210

नोट: कोष्ठक में दी गई संख्या संबंधित स्तम्भ में कुल से प्रतिशत है।
स्त्रोत: फील्ड सर्वे

तालिका 7
महिला उत्तरदाताओं को रिश्तेदार के घर जाने की स्वतंत्रता

	रिश्तेदार के घर जाने की स्वतंत्रता		
महिलाओं की श्रेणी	*हाँ*	*नहीं*	*कुल*
शिक्षित कार्यशील	49 (85.96)	8 (14.04)	57
अशिक्षित कार्यशील	13 (52)	12 (48)	25
शिक्षित गृहणी	149 (88.69)	19 (11.31)	168
अशिक्षित गृहणी	36 (60)	24 (40)	60
कुल	247	63	310

नोट: कोष्ठक में दी गयी संख्या संबंधित पंक्ति के कुल से प्रतिशत।
60*स्त्रोत:* फील्ड सर्वे

तालिका 8
महिला उत्तरदाताओं को बाजार जाने की स्वतंत्रता

	बाजार जाने की स्वतंत्रता		
महिलाओं की श्रेणी	*हाँ*	*नहीं*	*कुल*
शिक्षित कार्यशील	48 (84.21)	9 (15.79)	57
अशिक्षित कार्यशील	11 (44)	14 (56)	25
शिक्षित गृहणी	149 (88.69)	19 (11.31)	168
अशिक्षित गृहणी	31 (51.67)	29 (48.33)	60
कुल	239	71	310

नोट: कोष्ठक में दी गयी संख्या संबंधित पंक्ति के कुल से प्रतिशत।
स्त्रोत: फील्ड सर्वे

में शिक्षा व रोजगार दोनों का ही प्रभाव पड़ा है। महिला उत्तरदाताओं में से जिनको दोस्तों के घर जाने की स्वतंत्रता थी उनमें से सर्वाधिक शिक्षित गृहणियाँ (60 प्रतिशत) थीं। जिनको यह स्वतंत्रता प्राप्त नहीं थी उनका सबसे कम प्रतिशत (8.77) शिक्षित कार्यशील महिलाओं का था और सबसे अधिक प्रतिशत (41.67) अशिक्षित गृहणियों का था। (तालिका 9)।

तालिका 9
महिला उत्तरदाताओं कोदोस्तों के घर जाने की स्वतंत्रता

	दोस्तों के घर जाने की स्वतंत्रता		
महिलाओं की श्रेणी	*हाँ*	*नहीं*	*कुल*
शिक्षित कार्यशील	52 (91.23)	5 (8.77)	57
अशिक्षित कार्यशील	12 (48)	13 (52)	25
शिक्षित गृहणी	150 (89.29)	18 (10.71)	168
अशिक्षित गृहणी	35 (58.33)	25 (41.67)	60
कुल	249	61	310

नोट: कोष्ठक में दी गयी संख्या संबंधित पंक्ति के कुल से प्रतिशत।
स्त्रोत: फील्ड सर्वे।

उपरोक्त परिणाम रिश्तेदार के घर जाने की स्वतंत्रता में भी पाए गए। शिक्षित कार्यशील महिलाओं का (85.96) प्रतिशत, जो शिक्षित गृहणियों के प्रतिशत (88.69) से कुछ ही कम पाया गया, को रिश्तेदार के घर जाने की स्वतंत्रता थी (तालिका 9)। अर्थात शिक्षित गृहणियाँ रिश्तेदारों के घर जाने में कुछ अधिक ही स्वतंत्र थीं। अशिक्षित गृहणियाँ कुछ अधिक ही (60 प्रतिशत) अशिक्षित कार्यशील महिलाओं से (52 प्रतिशत) स्वतंत्र थीं। इससे ऐसा प्रतीत होता है कि रिश्तेदार के घर जाने की स्वतंत्रता पर शिक्षा का प्रभाव अधिक व रोजगार का कम पड़ा है। महिलाओं के बाजार जाने की स्वतंत्रता से संबंधित भी उपरोक्त प्रकार के परिणाम ही प्राप्त हुए।

तालिका 10
महिला उत्तरदाताओं का बैंक में खाता

	बैंक में खाता		
महिलाओं की श्रेणी	*हाँ*	*नहीं*	*कुल*
शिक्षित कार्यशील	45 (78.95)	12 (21.05)	57
अशिक्षित कार्यशील	10 (40)	15 (60)	25
शिक्षित गृहणी	70 (41.67)	98 (58.33)	168
अशिक्षित गृहणी	7 (11.67)	53 (88.33)	60
कुल	132 (42.58)	178 (57.42)	310

नोट: कोष्ठक में दी गयी संख्या संबंधित पंक्ति के कुल से प्रतिशत।
स्त्रोत: फील्ड सर्वे।

तालिका 11
महिला उत्तरदाताओं को ज्वैलरी खरीदने की स्वतंत्रता

	ज्वैलरी खरीदने की की स्वतंत्रता		
महिलाओं की श्रेणी	*हाँ*	*नहीं*	*कुल*
शिक्षित कार्यशील	48 (84.21)	9 (15.79)	57
अशिक्षित कार्यशील	6 (24)	19 (76)	25
शिक्षित गृहणी	136 (80.95)	32 (19.05)	168
अशिक्षित गृहणी	18 (30)	42 (70)	60
कुल	208	102	310

नोट: कोष्ठक में दी गयी संख्या संबंधित पंक्ति के कुल से प्रतिशत।
स्त्रोत: फील्ड सर्वे।

बाजार से खरीददारी में स्वतंत्रता या सहभागिता

बाजार से खरीददारी में स्वतंत्रता व सहभागिता को ज्वैलरी, कपड़ा टिकाऊ वस्तु एवं दैनिक उपभोग वस्तु खरीदने से आंकलन किया गया है। इस अध्ययन में शिक्षित कार्यशील महिला उत्तरदाता में 84.21 प्रतिशत को ज्वैलरी खरीदने के निर्णय में स्वतंत्रता प्राप्त थी जो कि अन्य तीन श्रेणी की महिला उत्तरदाताओं के प्रतिशत से सबसे अधिक था। अशिक्षित कार्यशील महिला उत्तरदाताओं में प्रतिशत सबसे कम (24) पाया गया (तालिका 8)। ज्वैलरी खरीदने की स्वतंत्रता प्राप्त महिला उत्तरदाताओं में से सबसे कम 2.88 प्रतिशत अशिक्षित कार्यशील महिलायें थीं और सबसे अधिक शिक्षित गृहणियाँ थीं (65.38 प्रतिशत)। इस प्रकार जिन महिला उत्तरदाताओं के पास शिक्षा व रोजगार दोनों ही थे उन महिलाओं की इस स्वतंत्रता से संबंधित स्थिति बहुत अच्छी थी। कपड़े खरीदने के निर्णय में स्वतंत्रता में शिक्षित कार्यशील महिला उत्तरदाता का प्रतिशत (89.47) सभी श्रेणियों में सबसे अधिक पाया गया। उन सभी महिला उत्तरदाताओं में जिनको यह स्वतंत्रता प्राप्त थी उनमें से केवल 14 प्रतिशत ही अशिक्षित गृहणियाँ थीं। (तालिका 10) इस प्रकार कपड़े को खरीद में भी शिक्षा व रोजगार का सकारात्मक प्रभाव पड़ा है। टिकाऊ वस्तु को खरीदने की स्वतंत्रता से संबंधित शिक्षा का प्रभाव रोजगार की अपेक्षा अधिक पाया गया। यहाँ शिक्षित कार्यशील महिला के 82.46 प्रतिशत को स्वतंत्रता प्राप्त थी और लगभग यही प्रतिशत (82.74 प्रतिशत) शिक्षित गृहणियों से संबंधित भी पाया गया। (तालिका 13)

दैनिक उपभोग वस्तुओं की खरीद में उपरोक्त प्रवृत्ति नहीं पायी गयी। इसमें शिक्षा से रोजगार का प्रभाव कुछ अधिक पाया गया। शिक्षित कार्यशील तथा अशिक्षित कार्यशील श्रेणी में यह स्वतंत्रता शत-प्रतिशत पायी गयी जबकि गृहणियों में (शिक्षित व अशिक्षित दोनों) यह 94-96 प्रतिशत के मध्य थी। (तालिका 15)

महिला उत्तरदाता का स्वयं के वेतन पर नियंत्रण

इसमें कार्यशील महिला उत्तरदाता को ही लिया गया है क्योंकि कार्यशील महिला की ही स्वयं की अर्जित आय होगी। अकार्यशील महिलाओं की श्रेणी

तालिका 12

महिला शिक्षा एवं रोजगार का महिला सशक्तिकरण के विभिन्न निर्धारकों के मध्य साहचर्य हेतु परिगणित काई वर्ग का मूल्य

क्र.सं.	*निर्धारक तत्व*	*महिला शिक्षा*	*महिला रोजगार*
1.	दोस्तों के घर जाने की स्वतंत्रता	46.41*	0.36
2.	रिश्तेदार के घर जाने की स्वतंत्रता	16.87*	1.13
3.	बाजार जाने की स्वतंत्रता	23.80*	1.67
4.	ज्वैलरी खरीदने की स्वतंत्रता	43.39*	0.07
5.	कपड़े खरीदने की स्वतंत्रता	14.44*	2.64
6.	टिकाऊ वस्तु खरीदने की स्वतंत्रता	49.32*	3.21
7.	दैनिक उपभोग वस्तु खरीदने की स्वतंत्रता	0.73	4.48*
8.	सम्पत्ति से संबंधित निर्णय	21.52*	4.62*
9.	बैंक में खाता	24.42*	27.35*
10.	मनोरंजन की स्वतंत्रता	11.76*	0.76
11.	राजनीति में सहभागिता	4.53*	2.22

नोट: *5 प्रतिशत के सार्थकता स्तर पर एक स्वातन्त्रतांश के लिए 5 प्रतिशत सार्थकता पर 2 की सारणी मूल्य 3.841 है।

स्त्रोत: परिगणित

तालिका 13

महिला उत्तरदाताओं के कपड़े खरीदने की स्वतंत्रता

	कपड़े खरीदने की की स्वतंत्रता		
महिलाओं की श्रेणी	*हाँ*	*नहीं*	*कुल*
शिक्षित कार्यशील	51 (89.47)	6 (10.53)	57
अशिक्षित कार्यशील	18 (72)	7 (28)	25
शिक्षित गृहणी	139 (82.74)	29 (17.26)	168
अशिक्षित गृहणी	33 (55)	27 (45)	60
कुल	241	69	310

नोट: कोष्ठक में दी गयी संख्या संबंधित पंक्ति के कुल से प्रतिशत।

स्त्रोत: फील्ड सर्वे।

तालिका 14
महिला उत्तरदाताओं को टिकाऊ वस्तु खरीदने की स्वतंत्रता

	टिकाऊ वस्तु खरीदने की स्वतंत्रता		
महिलाओं की श्रेणी	*हाँ*	*नहीं*	*कुल*
शिक्षित कार्यशील	47 (82.46)	10 (17.54)	57
अशिक्षित कार्यशील	18 (72)	7 (28)	25
शिक्षित गृहणी	139 (82.74)	29 (17.26)	168
अशिक्षित गृहणी	18 (30)	42 (70)	60
कुल	222	88	310

नोट: कोष्ठक में दी गयी संख्या संबंधित पंक्ति के कुल से प्रतिशत।
स्त्रोत: फील्ड सर्वे।

तालिका 15
महिला उत्तरदाताओं को कपड़े खरीदने की स्वतंत्रता

	दैनिक उपभोग वस्तु खरीदने की स्वतंत्रता		
महिलाओं की श्रेणी	*हाँ*	*नहीं*	*कुल*
शिक्षित कार्यशील	57 (100)	–	57
अशिक्षित कार्यशील	25 (100)	–	25
शिक्षित गृहणी	158 (94.05)	10 (5.95)	168
अशिक्षित गृहणी	58 (96.67)	2 (3.33)	60
कुल	298	12	310

नोट: कोष्ठक में दी गयी संख्या संबंधित पंक्ति के कुल से प्रतिशत।
स्त्रोत: फील्ड सर्वे।

में यदि आय होगी या बैंक खाता होगा भी तो उस पर उनका अधिकार न होकर परिवार के पुरुष सदस्य का होगा (पति या ससुर या बेटा)। शिक्षित कार्यशील महिला उत्तरदाताओं में 45.61 प्रतिशत महिलाएँ अपने वेतन को स्वयं रखती थीं एवं अपनी इच्छानुसार व्यय करती थी, 38.59 प्रतिशत अपना वेतन पति को देती थीं (तालिका 4.17) जबकि अशिक्षित कार्यशील महिला में स्वयं का नियंत्रण अधिक (56 प्रतिशत) एवं पति का कम (20 प्रतिशत)। इस प्रकार शिक्षित कार्यशील महिला का 54.38 प्रतिशत एवं अशिक्षित कार्यशील महिला का 44 प्रतिशत का, स्वयं के वेतन पर नियंत्रण नहीं था। यह दर्शाता है कि वास्तव में शिक्षा व रोजगार का स्वयं के वेतन नियंत्रण पर बहुत ज्यादा सकारात्मक प्रभाव नहीं पड़ा।

पारिवारिक आय पर नियंत्रण

महिलाओं की पारिवारिक आय पर नियंत्रण महिलाओं की आर्थिक संसाधनों तक पहुँच एवं परिवार में उनकी सुदृढ़ आर्थिक स्थिति को बताता है। सर्वे

तालिका 16
महिला उत्तरदाताओं की सम्पत्ति तक पहुँच

	सम्पत्ति से संबंधित निर्णयों में सहभागिता		
महिलाओं की श्रेणी	*हाँ*	*नहीं*	*कुल*
शिक्षित कार्यशील	55	2	57
	(96.49)	(3.51)	
अशिक्षित कार्यशील	22	3	25
	(88)	25	(12)
शिक्षित गृहणी	159	9	168
	(94.64)	(5.36)	
अशिक्षित गृहणी	44	16	60
	(73.33)	(26.67)	
कुल	280	30	310

नोट: कोष्ठक में दी गयी संख्या संबंधित पंक्ति के कुल से प्रतिशत।

स्त्रोत: फील्ड सर्वे।

तालिका 17

कार्यशील महिला उत्तरदाताओं का स्वयं के वेतन पर नियंत्रण

महिलाओं की श्रेणी	*स्वयं*	*पति*	*अन्य**	*कुल*
शिक्षित कार्यशील	26 (45.61)	22 (38.59)	9 (15.79)	57
अशिक्षित कार्यशील	14 (56)	5 (20)	6 (24)	25
कुल	40	27	15	82

*सास, ससुर, माता-पिता

नोट: कोष्ठक में दी गयी संख्या संबंधित पंक्ति के कुल से प्रतिशत।

स्त्रोत: फील्ड सर्वे।

परिणाम बताते हैं कि शिक्षित कार्यशील महिला का पारिवारिक आय पर स्वयं का नियंत्रण बहुत कम (8.77 प्रतिशत) था जबकि अशिक्षित कार्यशील महिला का पारिवारिक आय पर इनसे अधिक व सर्वाधिक (12 प्रतिशत) नियंत्रण था। (तालिका 18)। अशिक्षित गृहणियों में यह प्रतिशत शून्य था। इस प्रकार अशिक्षित व अकार्यशील संवर्ग में महिलाओं को पारिवारिक आय पर नियंत्रण प्राप्त नहीं था। इस प्रकार पारिवारिक आय पर नियंत्रण पर शिक्षा का प्रभाव नहीं पड़ा है। रोजगार के कारण कुछ सीमा तक पारिवारिक आय पर नियंत्रण पाया गया। यह दर्शाता है कि महिलाओं की आर्थिक संसाधनों तक बहुत ही कम पहुँच है। वास्तव में, पारिवारिक आय पर पति का (48.06 प्रतिशत) व सास-ससुर का (47.42 प्रतिशत) नियंत्रण था जो कि महिला उत्तरदाताओं के स्वयं के नियंत्रण (4.52 प्रतिशत) से काफी अधिक था।

बच्चों की शिक्षा के चयन में सहभागिता

बच्चों की शिक्षा संबंधी निर्णयों में महिला की शिक्षा व रोजगार का महत्वपूर्ण प्रभाव पड़ा है। शिक्षित कार्यशील महिलाओं का 84.21 प्रतिशत बच्चों की शिक्षा से संबंधित निर्णय स्वयं लेती थीं एवं 14.04 प्रतिशत पति के साथ मिलकर यह निर्णय लेती थीं। केवल 2 प्रतिशत के लगभगमहिलाएँ ही पति पर पूर्णतया आश्रित थीं (तालिका 4.19)। अशिक्षित गृहणियों में 30 प्रतिशत पति

तालिका 18

महिला उत्तरदाताओं का पारिवारिक आय पर नियंत्रण

	पारिवारिक आय			
महिलाओं की श्रेणी	*स्वयं*	*पति*	*अन्य**	*कुल*
शिक्षित कार्यशील	5	16	36	57
	(8.77)	(28.07)	(63.16)	
अशिक्षित कार्यशील	3	8	14	25
	(12)	(32)	(56)	
शिक्षित गृहणी	6	100	62	168
	(3.57)	(59.52)	(36.90)	
अशिक्षित गृहणी	–	25	35	60
	(41.67)	(58.33)		
कुल	14	149	147	310
	(4.52)	(48.06)	(47.42)	

*सास, ससुर, माता-पिता

नोट: कोष्ठक में दी गयी संख्या संबंधित पंक्ति के कुल से प्रतिशत।

स्त्रोत: फील्ड सर्वे।

तालिका 19

महिला उत्तरदाताओं की बच्चों की शिक्षा संबंधित निर्णयों में सहभागिता

	बाजार जाने की स्वतंत्रता			
महिलाओं की श्रेणी	*स्वयं*	*पति*	*दोनों*	*कुल*
शिक्षित कार्यशील	48	1	8	57
	(84.21)	(1.75)	(14.04)	
अशिक्षित कार्यशील	11	4	10	25
	(44)	(16)	(40)	
शिक्षित गृहणी	149	4	15	168
	(88.69)	(2.38)	(8.93)	
अशिक्षित गृहणी	31	11	18	60
	(51.67)	(18.33)	(30.00)	
कुल	239	20	51	310

नोट: कोष्ठक में दी गयी संख्या संबंधित पंक्ति के कुल से प्रतिशत।

स्त्रोत: फील्ड सर्वे।

के साथ मिलकर निर्णय लेती थीं और लगभग 19 प्रतिशत पति के निर्णयों पर आश्रित थीं। इस प्रकार महिला की शिक्षा व रोजगार का बच्चों की शिक्षा संबंधित निर्णयों से सहभागिता पर सकारात्मक प्रभाव पड़ा है। इस प्रकार सर्वे परिणाम यह भी बताते हैं कि अशिक्षित गृहणी महिलाओं के संदर्भ में बच्चों की शिक्षा संबंधी निर्णयों में पति की भूमिका महत्वपूर्ण हो जाती है।

बच्चों की व्यावसायिक/सामान्य शिक्षा के चयन में महिलाओं की भूमिका को बताती है। महिला की शिक्षा व रोजगार का बच्चों की व्यावसायिक शिक्षा चयन की प्राथमिकता व स्वतंत्रता पर प्रभाव पड़ा। शिक्षित कार्यशील महिला उत्तरदाताओं में 92.31 प्रतिशत ने लड़के की व्यावसायिक शिक्षा को प्राथमिकता दी जबकि सामान्य शिक्षा को मात्र 7.69 प्रतिशत ने ही निर्णय लेती थीं जबकि शिक्षित कार्यशील कार्यशील महिलाओं में यह प्रतिशत कम (64.91 प्रतिशत) ही था (तालिका 20)।

सम्पत्ति तक पहुँच में निर्णय

सामान्य रूप से सभी वर्ग की महिला उत्तरदाताओं की सम्पत्ति से संबंधित निर्णयों में सहभागिता अधिक पायी गयी। यह 73–96 प्रतिशत के मध्य रही। (तालिका 4.16) सबसे अधिक (96.49 प्रतिशत) शिक्षित कार्यशील महिला उत्तरदाताओं में और सबसे कम (73.33 प्रतिशत) अशिक्षित गृहणियों में थी। इस प्रकार शिक्षा व रोजगार का सम्पत्ति संबंधी निर्णयों में सहभागिता पर सकारात्मक प्रभाव पड़ा है। तालिका 4.16 दर्शाती है जिन महिला उत्तरदाताओं को यह स्वतंत्रता प्राप्त नहीं थी उनमें सबसे कम (6 प्रतिशत) शिक्षित कार्यशील थीं।

राजनीति में सहभागिता

इस अध्ययन में महिलाओं की राजनीति में सहभागिता को महिला उत्तरदाताओं के चुनाव के समय उम्मीदावारों को वोट डालने के निर्णय में स्वतंत्रता से लिया गया है। कार्यशील महिला उत्तरदाताओं में 92.98 प्रतिशत ने वोट डालने में स्वतंत्र रूप से निर्णय लिया जबकि गृहणी उत्तरदाता का इससे कम प्रतिशत (73.33) ने ही वोट डालने में स्वतंत्र रूप से निर्णय लिया (तालिका 21)। इस प्रकार कार्यशील महिला उत्तरदाता की राजनीति में सहभागिता गृहणियों

तालिका 20
महिला उत्तरदाताओं द्वारा बच्चों की व्यावसायिक शिक्षा के चयन की प्राथमिकता

	लड़का			*लड़की*		
महिलाओं की श्रेणी	*व्यावसायिक शिक्षा*	*सामान्य शिक्षा*	*कुल*	*व्यावसायिक शिक्षा*	*सामान्य शिक्षा*	*कुल*
शिक्षित कार्यशील	36 (92.31)	3 (7.69)	39	31 (83.78)	6 (16.22)	37
अशिक्षित	4 (25)	12 (75)	16	5 (31.25)	11 (68.75)	16
शिक्षित गृहाणी	109 (84.50)	20 (15.50)	129	90 (78.95)	24 (21.05)	114
अशिक्षित गृहणी	20 (40)	30 (60)	17	50 (36.17)	30 (63.83)	47
कुल	169	65	234	143	71	214

नोट: कोष्ठक में दी गयी संख्या संबंधित पंक्ति के कुल से प्रतिशत।
स्त्रोत: फील्ड सर्वे।

तालिका 21
महिला उत्तरदाताओं की राजनीति में सहभागिता

	राजनीति में सहभागिता		
महिलाओं की श्रेणी	*हाँ*	*नहीं*	*कुल*
शिक्षित कार्यशील	53 (92.98)	4 (7.02)	57
अशिक्षित कार्यशील	17 (68)	8 (32)	25
शिक्षित गृहणी	133 (79.17)	35 (20.83)	168
अशिक्षित गृहणी	44 (73.33)	16 (26.67)	60
कुल	247	63	310

नोट: कोष्ठक में दी गयी संख्या संबंधित पंक्ति के कुल से प्रतिशत।
स्त्रोत: फील्ड सर्वे।

से अधिक पायी गयी अर्थात् महिला के कार्यशील होने का राजनीतिक में सहभागिता पर सकारात्मक प्रभाव दृष्टिगोचर होता है।

शिक्षा का प्रभाव

प्रतिदर्श परिणाम बताते हैं कि शिक्षित महिला उत्तरदाताओं को घर से बाहर जाने की स्वतंत्रता (दोस्तों के घर, रिश्तेदार एवं बाजार) में 80 प्रतिशत से अधिक थी जबकि अशिक्षित महिलाओं के बीच यह प्रतिशत 49 से 58 प्रतिशत के मध्य ही था। इस प्रकार महिलाओं के घर से बाहर जाने की स्वतंत्रता पर शिक्षा का सकारात्मक प्रभाव पड़ा है। शिक्षित महिला उत्तरदाताओं के 80 प्रतिशत से अधिक को बाजार से खरीददारी (ज्वैलरी, कपड़ा टिकाऊ वस्तु) में सहभागिता व स्वतंत्रता प्राप्त थीं जबकि अशिक्षित महिलाओं में ज्वैलरी खरीदने की स्वतंत्रता में 30 प्रतिशत से भी कम थी। गैर टिकाऊ वस्तु की खरीददारी पर शिक्षा का कोई प्रभाव नहीं पड़ा। महिलाओं की राजनीति में सहभागिता के अन्तर्गत शिक्षित महिलाओं के अधिक प्रतिशत ने स्वतंत्र रूप से वोट डाला (82.67) जबकि अशिक्षित महिला उत्तरदाताओं में यह प्रतिशत में यह प्रतिशत कम (77.76) ही थी। इस प्रकार शिक्षा ने महिलाओं के घर से बाहर जाने की स्वतंत्रता, बाजार से खरीददारी एवं राजनीति में सहभागिता को सकारात्मक रूप से प्रभावित किया है। अशिक्षित महिलाओं की इन सब सूचकों में पहुँच कम पायी गयी। मनोरंजन व गैर-टिकाऊ वस्तुओं की खरीद की स्वतंत्रता में शिक्षित एवं अशिक्षित महिला उत्तरदाताओं का लगभग समान ही प्रतिशत पाया गया।

सम्पत्ति से संबंधित निर्णयों में शिक्षित महिलाओं का 95.11 प्रतिशत जबकि अशिक्षित महिलाओं को 77.65 प्रतिशत स्वतंत्र पाया गया। बैंक में शिक्षित महिला उत्तरदाताओं में 51.11 प्रतिशत का खाता था जबकि अशिक्षित महिला उत्तरदाताओं में यह प्रतिशत काफी कम (20) पाया गया। इस प्रकार राज्य में शिक्षित महिलाएँ आर्थिक रूप से अधिक सशक्त हुई हैं। शिक्षित महिलाओं की आर्थिक संसाधनों तक पहुँच अधिक पायी गयी। बच्चों की शिक्षा से संबंधित निर्णय लेने में शिक्षित महिला उत्तरदाताओं का 87.56 प्रतिशत ने स्वयं निर्णय लिया जबकि अशिक्षित महिला उतरदाताओं में यह

प्रतिशत काफी कम (49.41) था। अशिक्षित महिलाओं ने ऐसे निर्णय अधिकांशतः अपने पति के साथ लिये हैं। शिक्षित महिलाओं में अधिकांश ने बच्चों की शिक्षा में व्यावसायिक शिक्षा को प्राथमिकता दी; विशेषकर लड़कियों की शिक्षा में जबकि अशिक्षित महिलाओं में यह प्रतिशत बहुत कम था। शिक्षित महिलाओं को स्वास्थ्य संबंधी निर्णय लेने में भी अशिक्षित महिलाओं से अधिक स्वतंत्रता प्राप्त थी। इस प्रकार महिला शिक्षा ने बच्चों की शिक्षा एवं स्वयं के स्वास्थ्य संबंधी निर्णय पर सकारात्मक प्रभाव डाला जबकि अशिक्षित महिलाओं की इसमें कम सहभागिता व स्वतंत्रता पायी गयी।

नीतिगत सुझाव

- राज्य के ग्रामीण क्षेत्र में महिला साक्षरता दर बढ़ाने हेतु लड़कियों के लिए पृथक स्कूल खोलना, निःशुल्क पाठ्यपुस्तकों का वितरण एवं छात्राओं की फीस माफ करना आदि करने चाहिए। कॉलेज व व्यावसायिक उच्च शिक्षा की सुविधाएँ मुहैया करानी चाहिए। महिला शिक्षा को बढ़ाने हेतु विशेषकर प्रौढ़ शिक्षा कार्यक्रम को सुचारू रूप से क्रियान्वयन किए जाने चाहिए।[5]
- महिलाओं का अधिकांश भाग असंगठित क्षेत्र में कार्यशील होने से महिलाओं के कार्यों का भुगतान नियमित नहीं हो पाता है तथा उसमें लैंगिक विषमता भी पायी जाती है। अतः महिलाओं के असंगठित क्षेत्र वाले कार्यों को भी संगठित क्षेत्र के दायरे में लाना चाहिए।
- महिलाओं की आर्थिक संसाधनों तक पहुँच व नियंत्रण कम है। अतः महिलाओं को माईक्रोक्रेडिट कार्यक्रमों की जानकारी उपलब्ध करानी चाहिए। स्वयं सहायता समूह द्वारा इसको और अधिक प्रोत्साहन देने की आवश्यकता है।
- महिलाओं को स्वरोजगार में प्रोत्साहन देने के लिए प्रशिक्षण दिया जाना चाहिए। वैश्वीकरण के परिप्रेक्ष्य में आधुनिक तकनीकी की जानकारी देने के लिए प्रशिक्षण देना चाहिए जिससे वे बाजार की प्रतिस्पर्धा का सामना कर सकें।

- बाड़मेर, जालौर, डूंगरपुरा एवं बांसवाड़ा जिलों में महिला शिक्षा को बढ़ाने के लिये विशेष कार्यक्रम बनाने चाहिए। उन कारणों की खोज की जानी चाहिए जिसके कारण महिला साक्षरता दर वहाँ कम पायी गयी।
- राज्य के उदयपुर व राजसमंद में महिला कार्य सहभागिता दर में पिछले दशक में कमी आयी है। अतः इसके कारणों का पता लगाना चाहिए और महिला कार्यसहभागिता दर को बढ़ाने के प्रयास करने चाहिए।
- कच्ची बस्ती में महिलाएँ आज भी रीति–रिवाज के परिवेश में फसी हुई हैं। हालांकि शहरी क्षेत्रों में परम्पराओं के परिवेश में कमी पाई गई।
- कच्ची बस्ती में महिलाएँ कम शिक्षित थीं एवं असंगठित क्षेत्र में कार्यशील पायी गयी। अतः महिला आर्थिक सशक्तिकरण के लिये महिला शिक्षा पर बल देना चाहिए तथा उनके कार्यों को संगठित क्षेत्र की श्रेणी में लाने का प्रयास करना चाहिए।
- कच्ची बस्ती में महिलाओं को स्वरोजगार हेतु तकनीकी व व्यावसायिक प्रशिक्षण देना चाहिए जिससे उनको आय अर्जन के संसाधन उपलब्ध हो सके एवं उनका आय का स्तर उच्च हो सके।
- शिक्षित एवं कार्यशील महिलाओं की अशिक्षित एवं कार्यशील, शिक्षित एवं गृहणी, अशिक्षित एवं गृहणी से आर्थिक व सामाजिक निर्णयों में सहभागिता अधिक पायी गयी। शिक्षित महिलाओं की सम्पत्ति से संबंधित निर्णयों में अशिक्षित महिलाओं की तुलना में सहभागिता अधिक पायी गयी। इसका मुख्य कारण महिला का उच्च शिक्षित होना था। अतः महिलाओं को उच्च शिक्षा प्रदान करने के लिये पृथक महाविद्यालय एवं विश्वविद्यालय खोले जाने चाहिए।
- अशिक्षित गृहणियों को सामाजिक रूप से सशक्त करने के लिए प्रौढ़–शिक्षा कार्यक्रमों को प्रभावपूर्ण ढंग से लागू करना चाहिए। यह महिला का बौद्धिक स्तर उच्च कर स्वतंत्र रूप से निर्णय लेने में सक्षम बनाएगा।

- राज्य में प्रभावपूर्ण विवाह की आयु कम पायी गयी जिससे मातृ–मृत्युदर व शिशु मृत्युदर अधिक होती है। अतः इसका महिला स्वास्थ्य पर बुरा प्रभाव पड़ता है। कानून के साथ सामाजिक जागरूकता बढ़ाने की आवश्यकता है।
- महिलाओं की स्वास्थ्य सुविधाओं तक पहुँच बढ़ाने के लिये चिकित्सालय खोले जाने चाहिए विशेषकर ग्रामीण क्षेत्रों में तथा महिलाओं को निःशुल्क चिकित्सा सुविधा भी उपलब्ध करानी चाहिए।[6] महिला चिकित्सकों की नियुक्ति अनिवार्य रूप से की जानी चाहिए।

महिला की अस्मिता के विरूद्ध दुर्व्यवहार

राजस्थान के सामाजिक जीवन में स्त्रियों का महत्वपूर्ण स्थान था। समाज में उन्हें आदर व सम्मान की दृष्टि से देखा जाता था। राजस्थान में अनेक प्रतिभाशाली सुशिक्षित, विदुषी, साहसी महिलाएँ हुई हैं जिनका राजस्थान के इतिहास में महत्वपूर्ण स्थान है।

राजपूतों के धार्मिक ग्रंथों में लिखा है कि वह घर ही घर नहीं होता जिसमें स्त्री नहीं होती। स्त्रियाँ पुरुषों की सफलता के लिए सदा पूजा–पाठ करती तथा शकुन आदि मनाया करती थीं। राजस्थान की नारियों को घरों में बन्द नहीं रखा जाता था। वे खेती पर काम करती थीं, कुओं से जल भरकर लाती थीं तथा मेलों और उत्सवों में उत्साहपूर्वक भाग लिया करती थीं। वे अपने पतियों की आज्ञा का पालन करती थीं। इससे उनका दाम्पत्य जीवन सुखी रहता था।[7]

प्राचीन काल से ही बड़े राजघरानों की लड़कियों की शिक्षा के बारे में विशेष ध्यान दिया जाता था किन्तु ग्रामीण एवं निम्न वर्गी समाज की स्त्रियों में शिक्षा का प्रसार बहुत कम था। अनेक स्त्रियाँ शासन कार्य भी सम्भालती थीं। आक्रमण के समय भी राजपूत स्त्रियाँ अपने साहस शौर्य आदि का परिचय देने में आगे रहती थीं। पद्मिनी ने जिस कुशलता के साथ रतनसिंह को अलाउद्दीन के चुंगल से छुड़ाया उसके इतिहास से कौन परिचित नहीं है। सवाई जयसिंह के समय कई सामाजिक सुधारों में राजमहल की रानियों की

सम्मति का हाथ होना माना जाता है। प्रशस्तियों से ज्ञात होता है कि स्त्रियों ने स्थापत्य निर्माण कार्य भी करवाया था।

मुगल प्रभाव के फलस्वरूप स्त्री समाज में बाल–विवाह व पर्दा–प्रथा की शुरूआत हो गई थी। कुलीन वर्ग की स्त्रियों के आवास अलग से निर्मित थे जहाँ पुरुषों का प्रवेश निषेद्ध था। शासक प्रायः बहु–विवाह करते थे। रानियाँ राज्यकार्य में हस्तक्षेप रखती थीं। प्रायः ज्येष्ठ पुत्र की अल्पावस्था में रानियाँ राज कार्य देखती थीं। आक्रमण के समय भी रानियाँ अपनी बुद्धिचातुर्य एवं शौर्य का परिचय देने में आगे रहती थीं।

चितौड़, रणथम्भौर जालौर दुर्ग इस बात के घोतक है कि यहाँ कि राजपूत वीरांगनाओं ने किस प्रकार हँसते–हँसते जौहर किये। समाज में प्रायः एकल विवाह की प्रथा थी किन्तु कुलीन वर्ग में बहु–विवाह की प्रथा का प्रचलन था। राजपूत–समाज में विवाह के उपरान्त स्त्री की जाति मायके के अनुरूप रहती थी उसमें परिवर्तन नहीं होता था। गन्धर्व विवाह भी होता था। पासवानों के रूप में स्त्रियाँ रखी जाती थीं। इन सबके कारण परिवार में क्लेश व झगड़े होने लगे। समाज में विधवाओं की स्थिति बद से बदतर हो गई थी। उन्हें दूसरा विवाह करने की अनुमति नहीं थी। पुत्र न होने की स्थिति में उन्हें किसी का भी पुत्र गोद लेने का अधिकार नहीं था। ब्राह्मण क्षत्रिय एवं वैश्य जाति के लोगों में विवाह संबंध का पालन बड़ी कठोरता से किया जाता था। तलाक देने की प्रथा भी स्वीकृत नहीं थी किन्तु 18वीं शताब्दी से निम्न वर्गों में तलाक की प्रथा प्रचलित हो गई थी।

परन्तु कालान्तर में राजस्थान की स्त्रियाँ बाल–विवाह, बहुविवाह, सती प्रथा, कन्या–वध आदि अनेक कुरीतियों की शिकार बन गयीं तथा उनकी दशा, दिन–प्रतिदिन बिगड़ती चली गई जो निम्न है।[8]

बाल–विवाह

इस प्रथा का मध्यकाल में बहुत अधिक प्रचलन हुआ। राजस्थान में बाल–विवाह भी प्रचलित थे। 19वीं शताब्दी में साहित्य से ज्ञात होता है कि कन्याओं के विवाह 15 वर्ष की अवस्था से पूर्व हो जाया करते थे।

वास्तव में बाल–विवाह का प्रचलन सबसे पहले स्मृतिकारों के प्रयत्न से आरम्भ हुआ। स्मृतिकारों ने यह व्यवस्था दी कि आठ वर्षों की कन्या **'गौरी'** है, नौं वर्ष की **'रोहिणी'**, दस वर्ष की **'कन्या'**, और इसके बाद वह **'राजस्वला'** हो जाती है। जो पिता दस वर्ष की आयु तक अपनी कन्या का विवाह नहीं करता, वह प्रत्येक माह उसका रूधिर पीने का दोषी है। ब्रह्म पुराण में तो 4 वर्ष की कन्या का विवाह कर देने का ही आदेश दिया गया है।[9]

बाल–विवाह प्रचलन के कारण –

- इसका सर्वप्रथम कारण समाज में स्त्री का कोई स्वतंत्र अस्तित्व नहीं होना। वह बचपन में पिता पर, युवावस्था में पति पर, वृद्धावस्था में पुत्र पर आश्रित होती है। इस विश्वास के कारण कन्या को ज्यादा समय तक पिता के घर में रखना अनुचित समझा जाने लगा।
- धार्मिक विश्वास के कारण भी बाल–विवाह बढ़ा। रूढ़िगत धर्म ने लोगों को यह विश्वास दिलाया कि कम आयु की कन्या के दान का पुण्य सौ अश्वमेघ यज्ञों के बराबर होता है।
- अधिक आयु हो जाने पर लड़के और लड़कियाँ अपनी स्वतन्त्र इच्छा को भी अधिक महत्व दे सकते थे। इससे जाति–प्रथा की अन्तविर्वाह की नीति को खतरा उत्पन्न हो जाता।
- हमारे समाज में संयुक्त परिवारों का प्रचलन रहा है एवं इस व्यवस्था में विवाह से पहले लड़के के लिए आर्थिक आत्म–निर्भरता की आवश्यकता नहीं होती थी।
- बढ़ती हुई दहेज प्रथा ने भी बाल–विवाह को प्रोत्साहन दिया।
- हमारी संस्कृति में यौनिक पवित्रता को सबसे अधिक महत्वपूर्ण समझा जाता था। अतः इसके लिए बाल–विवाह को उपयोगी समझा जाने लगा।
- राजस्थान में मुसलमानों से लड़कियों के अपहरण को बचाने के लिये भी इस प्रथा को प्रेत्साहन दिया गया।

बाल-विवाहों को रोकने के लिये 1929 में **'शारदा एक्ट'** पास किया गया जिसके अनुसार 18 वर्ष से कम के लड़के व 15 वर्ष से कम की लड़की का विवाह वर्जित था। अतः अब आयु सीमा बढ़ा दी गई है जो 18 और 21 है। जीवित होने की सूचना क्रमशः 5 वर्ष, 3 वर्ष और 2 वर्ष तक न मिलें तो वह पुनर्विवाह कर सकती हैं।

बहु-विवाह

समाज में बहु-विवाह की प्रथा भी प्रचलित थी। राजूपत नरेश तथा सामंत अनेक स्त्रियों से विवाह करते थे। महाराणा प्रताप के 11, संग्राम सिंह द्वितीय के 16, अरिसिंह के 8, रायसिंह के 6 तथा अभयसिंह के 12 पत्नियाँ थीं। सामन्त तथा धन-सम्पन्न व्यक्ति भी अनेक स्त्रियों से विवाह करते थे। इस बहु-विवाह प्रथा के कारण स्त्रियों की दशा शोचनीय बनी हुई थी। इससे पारिवारिक जीवन क्लेशपूर्ण हो जाता था। राजमहलों में गृह-कहल, षड्यन्त्र, परस्पर, ईर्ष्या, द्वेष आदि का वातावरण बना रहता था तथा पतियों और पुत्रों को विष देने की घटनाएं होती रहती थीं। बहु विवाह प्रथा के कारण महाराणा प्रताप तथा राव मालदेव की मृत्यु के पश्चात् उनकी सन्तानों में गद्दी के लिये संघर्ष हुआ था। कुछ ऐसे भी उदाहरण मिलते हैं जिससे ज्ञात होत है कि बहु-विवाह प्रथा के परिणाम दुःखदायी नहीं थे।

विधवा-विवाह

राजस्थान की सामाजिक समस्याओं में विधवा-विवाह से संबंधित समस्या सबसे अधिक आमनवीय है। यह राजस्थानी पुरूषों का पाखण्डवाद है कि उन्होंने स्त्रियों को तो स्वर्ग की प्राप्ति के लिए पति की चिता पर चढ़ जाने की शिक्षा दी और स्वयं ने मनमानी संख्या में विवाह करने का अधिकार ले लिया। उच्चवंश के राजपूतों में विधवा-विवाह प्रचलित नहीं था। निम्न श्रेणी के राजपूतों तथा अन्य निम्न जातियों में विधवा-विवाह का प्रचलन था।

यदि हम आरम्भिक धर्म व संस्कृति को देखे तो यह स्पष्ट ज्ञात होता है कि वैदिक काल में मृत व्यक्ति के भाई के साथ विधवा का पुनः विवाह हो जाना एक साधारण सी बात थी। ऐसा प्रतीत होता है कि ईसा के 300 वर्ष बाद

तक विधवा-विवाह पर किसी तरह का प्रतिबन्ध नहीं था। वशिष्ट का कथन है कि यदि किसी ब्राह्मणी, क्षत्राणी अथवा वैश्य स्त्री को अपने पति के इस प्रकार हमारे समाज में विवाह की आयु कम होना प्रारम्भ हो गया और स्वतंत्रता के पूर्व तक यह समस्या इतनी गम्भीर हो गई कि 2-4 वर्ष के बच्चों को ही उनके माता-पिता अपनी गोद में बैठाकर उनका विवाह सम्पन्न करने लगे। आधुनिक कहलाने वाले इस समाज में भी ग्रामीण क्षेत्रों में यह समस्या आज भी उतनी ही गम्भीर बनी हुई है।

मनु ने सर्वप्रथम यह व्यवस्था दी की 'पतिव्रता स्त्री का सर्वश्रेष्ठ धर्म यह है कि विधवा होने की दशा में वह नियमपूर्वक ब्रह्मचर्य को धारण करे।' इस प्रकार मनु के समय के अन्तिम वर्षों से ही विधवा-विवाह एक निन्दनीय कृत्य समझा जाने लगा जिसे बाद में कन्यादान के आदर्श, जन्म-जन्मान्तर के सम्बन्ध, पवित्रतावादी धारणाओं और भाग्यवाद से इस प्रकार जोड़ दिया गया कि एक विधवा की स्थिति समाज और परिवार में निम्नतम हो गई।

मध्ययुगीन राजस्थान में विधवाओं की दशा दयनीय थी। उन्हें पति की सम्पत्ति में कोई अधिकार नहीं था। उसका केवल जीवन-निर्वाह के लिये अधि कार था। उसे रूखा-सूखा भोजन तथा फटे-पुराने वस्त्रों से ही सन्तुष्ट रहना पड़ता था। उसे अपना समस्त जीवन धार्मिक क्रियाओं के सम्पादन में ही व्यतीत करना पड़ता था। उसे मोटे काले अथवा सफेद कपड़े पहनने पड़ते थे, अपना सिर मुँडाना पड़ता था और उसे आभूषण धारण करने की मनाही थी। वे पारिवारिक उत्सवों अथवा सार्वजनिक उत्सवों में शामिल नहीं हो सकती थीं। मांगलिक अवसरों पर विधवाओं का मुंह देखना अशुभ माना जाता था। इसी कारण विधवाओं का सार्वजनिक समारोहों में सम्मिलित होना निषिद्ध था। इन परिस्थितियों में कुछ राजपूत-नरेशों के पुरालेखों से ज्ञात होता कि 18वीं शताब्दी के अनेक विधवाओं को राज्य की ओर से आर्थिक सहायता दी जाती थीं। जयपुर के शासक सवाई जयसिंह द्वितीय ने विधवाओं के पुनर्विवाह पर बल दिया परन्तु उन्हें अपने प्रयासों में सफलता नहीं मिली।

सती-प्रथा

राजस्थान में सती-प्रथा का सर्वाधिक प्रचलन राजपूत जाति में था। अन्य जातियों में इसके उदाहरण अपवाद के रूप में मिलते हैं। सती-प्रथा न तो

अनिवार्य थी और न कर्त्तव्य परायणता के साथ जुड़ी हुईथी। यूरोपीय लेखकों ने इस प्रथा को आत्म उत्सर्ग कहा है।

वास्तविकता यह है कि कुछ संभ्रान्त महिलाएँ अपने पति की मृत्यु हो जाने से अपने जीवन को निरर्थक मान कर पति की चिता के साथ जलती थीं। सती प्रथा का प्रचलन मध्यकालीन राजपूत समाज में सामान्य नहीं था। मध्यकालीन युग में यह एक आम दूषित प्रथा बन गई। युद्ध में मृत पतियों के साथ चिता में जलकर प्राण देने के उदाहरण के रूप में अनेक छतरियाँ, पाषाण, स्मारक और शिला पट्ट राजस्थान में पाये जाते हैं। राजस्थान में राजपूत राजकुमारियों और रानियों के साथ उनकी (दासी) सेविकाओं के सती होने के प्रमाण उपलब्ध हैं। महाराणा प्रताप, राजसिंह, मालदेव, जसवन्तसिंह, रायसिंह, कोटा के मुकुन्द सिंह और भीम सिंह नामक शासकों की मृत्यु पर उनकी स्त्रियों ने उनकी चिता में साथ जलकर सती होने का उदाहरण प्रस्तुत किया। 1591 ई. के जैन अभिलेख से पता चलता है कि सादड़ी के ताराचन्द्र की चार स्त्रियाँ उसके साथ सती हुईं।

राजपूत स्त्रियों के सती होने का कारण जानना भी आवश्यक है। 1330 ई. के एक अभिलेख से पता चलता है कि वालू की पत्नी भोला की युद्ध में मृत्यु हो जाने के कारण विधवा के रूप में रहने के कारण सती हो गयी। सामान्य रूप से स्त्रियों में यह अंधविश्वास धारण कर गया था कि पति के साथ चिता में चलकर स्वर्ग की प्राप्ति करेंगी। कुछ परिस्थितियों में पति की मृत्यु के बाद अपने आपको असुरक्षित मानने के कारण स्त्रियाँ सती होती थीं। अपनी पवित्रता को बनाये रखने के उद्देश्य से सती होने के प्रमाण भी मिलते हैं। मेवाड़ के आमली गांव के एक ब्राह्मण महिला सांवतसिंह भौमिया से अपनी पवित्रता बनाये रखने हेतु सती हो गयी। परिवार में विधवाओं की दशा शोचनीय थीं। उन्हें हीनता तथा घृणा की दृष्टि से देखा जाता था। उच्च जातियों में विधवा-विवाह निषिद्ध था तथा राजपूत जाति में स्वामी की मृत्यु के पश्चात् विधवाओं तथा रखैल स्त्रियों की देखभाल करने वाला कोई नहीं होता था। अतः ऐसी अवस्था में अनाथ स्त्रियाँ आत्मदाह का मार्ग अपनाने पर विवश हो जाती थीं। इसके अतिरिक्त अनेक स्त्रियाँ युद्ध के अवसरों पर अपने पति के मर जाने पर शत्रुओं द्वारा अपमानित किये जाने की आशंका से भी चिता में

चलकर मर जाया करती थीं। महाराणा प्रतापसिंह, महाराणा अमरसिंह द्वितीय, राणा जगत सिंह, राणा राजसिंह, राणा अरिसिंह, राव मालदेव, महाराव जसवन्तसिंह, अभयसिंह अजीत सिंह आदि राजपूत नरेशों की मृत्यु के पश्चात् उनकी अनेक पत्नियाँ सती हो गयी थीं। लोकभय के कारण भी कुछ स्त्रियाँ पति के साथ चिता में जल जाया करती थीं। **डॉ. गोपी नाथ शर्मा** का कथन है कि आमली जागीर के सामन्त ने एक ब्राह्मणी पर आत्मदाह के लिए दबाव डाला था। इसी प्रकार कई उदाहरण इसकी पुष्टि करते है कि सती होने का एक कारण सामाजिक दबाव भी रहा था। ब्रिटिश संरक्षण के बाद राजस्थान में सती प्रथा धीरे-धीरे कम होती गई। 1829 में भारत के तत्कालीन गवर्नर जनरल लार्ड विलियम वैंटिक ने सती प्रथा को अवैध घोषित कर दिया। सन् 1830 में अलवर रियासत व 1860 ई. में उदयपुर के महाराणा ने इस प्रथा को गैर कानूनी घोषित किया। लेकिन उसके बाद भी यह प्रथा कभी-कभी देखने को मिलती है।

दहेज–प्रथा

समाज में दहेज-प्रथा का प्रचलन सामान्य तौर पर एक अभिशाप बन चुका है। दहेज परिवार की प्रतिष्ठा तथा सम्पन्नता का प्रतीत समझा जाता है। प्राचीनकाल में कन्या के विवाह पर जो स्वेच्छा से दान दिया जाता था वह दहेज कहलाता था। पिता अपनी पुत्री को अपनी इच्छा से कुछ वस्त्र, आभूषण धन आदि देता था और वर-पक्ष इस दान को पवित्र भेंट या उपहार समझकर प्रेमपूर्वक ग्रहण करता था। राजस्थान में दहेज-प्रथा की समस्या कन्या पक्ष से ही संबंधित है। इसलिए इसे अवसर पर मूल्य प्रथा भी कहा जाता है। राजस्थान में दहेज पर मूल्य प्रथा की राशि का निर्धारण वर की कुलीनता, शिक्षा और व्यवसाय के आधार पर किया जाता है। सैद्धान्तिक रूप से इसे भले ही विवाह की एक अनिवार्य शर्त न कहा जाता हो लेकिन व्यावहारिक रूप से आज राजस्थान में सभी जातियों और सभी समूहों में दहेज का प्रचलन है। सबसे बड़ा आश्चर्य तो यह है कि शिक्षा और सामाजिक चेतना में वृद्धि होने के साथ ही समस्या और अधिक गम्भीर होती जा रही है।

दहेज का प्रचलनः प्राचीन काल से ही रहा है। ब्रह्म विवाह में पिता वस्त्र, आभूषणों आदि से सुसज्जित कन्या का विवाह सुयोग वर के साथ करता था। महाकाव्य-काल में भी दहेज का प्रचलन था। सीता, द्रौपदी सुभद्रा, और उत्तरा के विवाह में हाथी, घोड़े आभूषण, हीरे-जवाहरात एवं बहुमूल्य वस्तुएँ दी गई थीं। **रघुवंश से ज्ञात** होता है कि विधर्व नामक राजा ने अपनी बहन इन्दुमति को विवाह के पश्चात् अपने पति के साथ खाना खाते समय अनेक बहुमूल्य वस्तुएँ भेंट के रूप में प्रदान की थीं। उस समय दहेज कन्या के प्रति स्नेह के कारण स्वेच्छा से ही दिया जाता था।

राजस्थान में यह प्रथा मुसलमान शासकों के काल से प्रारम्भ हुई। इस काल में कुलीनता, बाल-विवाह, और सामाजिक रूढ़ियाँ अधिक प्रभावपूर्ण हो गई तब कुलीन परिवारों ने अपनी उच्च सामाजिक स्थिति का लाभ उठाते हुए कन्या-पक्ष से अधिक से अधिक उपहार लेना प्रारम्भ कर दिया। बाद में अन्य व्यक्तियों ने भी अपने पुत्र के विवाह को एक लाभप्रद अवसर समझकर अधिक से अधिक दहेज लेना आरम्भ कर दिया। राजस्थान में धीरे-धीरे यह प्रथा एक संक्रामक बीमारी की तरह सभी जातियों और वर्गों के लोगों में फैलाती गई, जिसका परिणाम राजस्थान में भयंकर निकला एवं लोग जन्म लेते ही कन्याओं की हत्याएँ करने लगे। राजपूत समाज में यह प्रथा ज्यादा फैली क्योंकि कुलीन परिवारों में दहेज की माँग ज्यादा होने लगी।

दहेज प्रथा को जन्म देने वाले कारण

- राजस्थान में अनेक सामाजिक कुरीतियाँ इसके लिये जिम्मेवार थीं जो निम्न हैं:-
    1. **कुलीन विवाह :** कुलीन विवाह के कारण ऊँचे कुलो के लड़कों की मांग बढ़ जाती है और उन्हें प्राप्त करने के लिए कन्या-पक्ष को दहेज देना होता है।
    2. जीवन साथी चुनने का सीमित क्षेत्र
    3. बाल विवाह
    4. शिक्षा एवं सामाजिक प्रतिष्ठा
    5. हिन्दू जाति व्यवस्था

6. सामाजिक प्रथा,
7. विवाह एवं अनिवार्य कृत्य,
8. महंगी शिक्षा प्रणाली,
9. गतिशीलता में वृद्धि के कारण जाति एवं उपजाति का दूर-दूर तक निवास,
10. कुरूप लड़कियों के विवाह की समस्या
11. अनुलोम विवाह - अपने से उच्च वर्ग में विवाह की इच्छा।
12. धन के महत्व के कारण प्रतिष्ठा में वृद्धि

- **दहेज प्रथा के लाभः**
  - कुरूप लड़कियों के लिये वरदान
  - स्त्री शिक्षा को प्रोत्साहन
  - नवीन सम्पत्ति-परिवार की आर्थिक स्थिति सुदृढ़ करना।
- **दहेज-प्रथा के दुष्परिणाम**
  1. पारिवारिक संघर्ष का कारण तथा पारिवारिक विघटन,
  2. बेमेल विवाह को प्रोत्साहन
  3. लड़कियों द्वारा आत्म-हत्या करना
  4. बालिका वध
  5. बाल विधवाओं की समस्या
  6. निम्न जीवन स्तर अपनाकर दहेज जमा करना
  7. व्यापारीकरण
  8. ऋणग्रस्तता
  9. अनैतिकता को प्रोत्साहन
  10. मानसिक बीमारियाँ
  11. अपराधों को प्रोत्साहन
  12. विवाह की समाप्ति

इस प्रकार दहेज प्रथा ने एक भीषण सामाजिक समस्या का रूप ग्रहण कर लिया है। दहेज की राशि की मांग निरन्तर बढ़ती ही जा रही है। कन्या के पिता को अपनी आर्थिक क्षमता से अधिक देना पड़ता है। दहेज के अभाव में ससुराल में वधुओं को अपमानजनक स्थिति का सामना करना पड़ता है। उनके साथ अमानवीय व्यवहार किया जाता है। इससे परेशान होकर अनेक नवयुवतियाँ आत्म-हत्या कर लेती हैं। दहेज न लाने के कारण अनेक वधुओं को जीवित जला दिया जाता है। राजस्थान में इस प्रकार की घटनाओं में निरन्तर वृद्धि होती जा रही है।

- लेकिन अब शिक्षित एवं नौकरी करने वाली लड़कियों के प्रति लोगों का आकर्षण एवं सम्मान बढ़ता जा रहा है। आज वर-पक्ष वाले शिक्षित तथा नौकरी करने वाली लड़कियाँ की अधिक मांग करते हैं।
- 1961 में दहेज निरोधक अधिनियम पारित किया गया। इस अधिनियम की धारा 3 के अनुसार दहेज का लेना और देना दोनों ही दण्डनीय अपराध हैं।

पर्दा-प्रथा

प्राचीन काल में स्त्रियों में पर्दा-प्रथा का प्रचलन नहीं था। पूर्व में मध्ययुग तक पर्दा-प्रथा चाहे राज परिवार और कुलीन वर्ग में भले ही रही हो परन्तु साधारण जनता में इसका पूर्ण प्रचलन नहीं था। स्त्रियाँ प्राय: बिना किसी प्रतिबन्ध के उन्मुक्त तथा बिना पर्दे के धूमती थीं।

राजस्थान में पर्दा प्रथा का प्रचलन बारहवीं सदी के बाद हुआ, जब देश और समाज विदेशी हिन्दू आक्रमणकारियों से आक्रान्त होने लगा। हिन्दू समाज ने अपनी स्त्रियों की रक्षा के लिये परदा जैसा प्रतिबंध लगाया क्योंकि आक्रमणकारियों की लोलुप दृष्टि सुन्दर स्त्रियों पर अधिक पड़ती थी। बाद में पर्दा-प्रथा राजस्थान में सभी हिन्दू समाज का प्रधान अंग बन गयी। राजपूतों में पर्दा-प्रथा का बहुत अधिक प्रचलन था। राजपूतों में इज्जत की तीन बातें मानी जाती हैं- जमींदारी, पर्दा तथा अच्छे वैवाहिक सम्बंध राजपूत स्त्रियों में पर्दा ज्यादा होता है। बहुत निकट के भाई-बन्धुओं से भी पर्दा किया जाता है।

राजपूतों में वर तोरण मारने के बाद घोड़ी से उतरता था तथा उसे सास दही का टीका लगाती थी। परन्तु सास पर्दे की आड़ में ही जमाई के दही का टीका लगाती थी। राजपूतों में दही पर्दे की आड़ में इसलिए लगाया जाता था क्योंकि सास जमाई से पर्दा करती थी और कभी भी उसके सामने नहीं आती थी।

राजपूत नरेश तथा सामन्त अनेक स्त्रियों से विवाह करते थे। उनके यहाँ स्त्रियों के लिये अन्तःपुर बनाये जाते थे जिन्हें 'जनाना' कहा जाता था। जनाना से स्त्रियाँ बगैर पर्दा नहीं आ सकती थीं। मेवाड़ में महाराणा राजसिंह तक जनाना-पर्दे पर कठोर प्रतिबन्ध नहीं था किन्तु मराठा उपद्रव काल में इसका व्यापक प्रचलन हुआ जिसका पालन 19वीं शती के पश्चात तक होता रहा था।

लोक-लज्जा के इस सामाजिक नियंत्रण का यह दुखद पहलू है कि युवा स्त्री को अपने पति से सम्पर्क करने के लिये सास की स्वीकृति लेनी पड़ती थी और यह स्वीकृति दिन में संभव नहीं थी। पर्दा-प्रथा के कारण कन्याएँ शिक्षा प्राप्त करने के अवसरों से वंचित हो जाती हैं तथा पर्दे में रहने के कारण उनके स्वास्थ्य पर प्रतिकूल प्रभाव पड़ता है। पर्दे में रहने वाली स्त्रियाँ न तो बातचीत करने में कुशल होती हैं और न उनमें साहस ही होता है। अतः पर्दा-प्रथा स्त्रियों के विकास में बाधक है। इस प्रथा के कारण वे अनेक अंधविश्वासों और रूढ़ियों में जकड़ी रहती हैं।

राजस्थान में शिक्षा के प्रभाव और आधुनिकीकरण के कारण पर्दा प्रथा समाप्त हो रही है। राजपूतों और मुसलमानों में पर्दा प्रथा आज भी प्रचलित है। पर्दा-प्रथा एक सामाजिक बुराई है जिसमें नारी की स्वतंत्रता का अपहरण पुरुष वर्ग ने कर लिया है। नारी कल्याण हेतु इसको समाप्त करना आवश्यक है।

कन्या-वध

राजपूत-समाज में कन्या-वध की कुप्रथा भी प्रचलित थी। राजपूत नरेश तथा सामन्त अपनी कन्याओं का विवाह अपने से उच्च घरानों में करना चाहते थे परन्तु इसके लिये अत्यधिक दहेज तथा नेगों की आवश्यकता पड़ती थी। राजपूतों में विवाह के अवसर पर चारण भाट लड़की वालों से त्याग के रूप में बड़ी-बड़ी रकमों की मांग करते थे। इसके अतिरिक्त उन्हें वर पक्ष को भी भारी धनराशि तथा कीमती उपहार, सामान आदि देना पड़ता था। परिणामस्वरूप

अनेक राजपूत परिवार विवाह योग्य दहेज तथा चारणों को त्याग के रूप में दिया जाने वाला धन जुटा नहीं पाते थे और उनकी स्थिति बड़ी दयनीय हो जाती थी। मराठों के आक्रमणों ने भी राजपूतनरेशों की आर्थिक स्थिति को खोखला कर दिया था। इस कारण राजपूतनरेशों को अपनी कन्याओं का वध करने का प्रोत्साहन मिलता था राजपूतनरेशों ने इस कुप्रथा को समाप्त करने का प्रयास किया।

बांकीदास की ख्यात से ज्ञात होता है कि महाराजा रत्नसिंह ने 1836 में अपने प्रमुख सरदारों को प्रतिज्ञा दिलाई थी कि वे अपनी कन्याओं का वध नहीं करेंगे। मेवाड़-राज्य में इस प्रथा को समाप्त करने के लिये 1834 ई. तथा 1844 ई. में अध्यादेश प्रसारित किये।

घरेलू दास-प्रथा

राजस्थान में घरेलू-दास-प्रथा भी प्रचलित थी। ये घरेलू दास-दासी राजपूतों की अवैध सन्तान थे। ये दास-दासी वंशानुगत सेवकों के रूप में अपने स्वामी की सेवा करते थे। इन्हें गोला-गोली कहा जाता था। राजपूतों की पुत्रियों की शादी में दहेज के सामान के साथ दास-दासियाँ देने की परम्परा भी प्रचलित थी। दासियाँ अपने स्वामी की आज्ञा के बिना विवाह नहीं कर सकती थीं। जब दासी विवाह योग्य हो जाती थी तो उसे स्वामी के सामने उपस्थित किया जाता था। यदि स्वामी को वह दासी पसन्द आ जाती तो वह उसे रनिवास (अन्तपुर) में भेज देता था। उसका नाममात्र का विवाह किसी दास से कर दिया जाता था। दासी के पति को कुछ नकद रूपया तथा दहेज का सामान देकर विदा कर दिया जाता था और फिर उसका अपनी पत्नी के साथ कोई सम्बन्ध नहीं रहता था जो दासियाँ उपपत्नी के रूप में स्वीकार कर ली जाती थीं उन्हें **'पड़दायत'**, **'पासवान'** या **'खवासन'** कहा जाता था।

स्त्रियों का क्रय-विक्रय

राजस्थान में स्त्रियों का क्रय-विक्रय भी प्रचलित था। स्त्रियों तथा कन्याओं के क्रय-विक्रय के प्रमुख कारण थें-

- राजपूत लोग अपनी पुत्री के दहेज में दास-दासी देने के लिये उन्हें खरीदते थे।
- कुछ सामन्त तथा समृद्ध लोग अपनी रखैंले रखने के लिए स्त्रियाँ खरीदते थे।
- कई वेश्याएँ अनैतिक धन्धा करवाने के लिए लड़कियाँ खरीदती थीं। तत्कालीन साहित्य से ज्ञात होता है कि उदयपुर के भरे जी नामक राजपूत ने अपनी 11 वर्ष की कन्या को 54 रू. में भोमा नामक व्यक्ति को बेचा था। कोटा राज्य में भी लड़कियों का क्रय-विक्रय होता था। इस प्रकार काम-पिपासा को तृप्त करने तथा अपने वैभव का प्रदर्शन करने के लिये स्त्रियों का क्रय-विक्रय राजस्थान में प्रचलित था। **'पूँजी खरीदती है** तथा **कंगाली बेचती'** है- की परम्परा राजस्थान में 19वीं शताब्दी में मानव-व्यापार बनी हुई थी।

डाकन प्रथा

समाज में डाकन प्रथा भी प्रचलित थी। चुड़ैल प्रभावित स्त्री को डाकन कहा जाता था। ऐसी स्त्री के लिये कहा जाता था कि वह समाज के लिये घातक है। अतः उस स्त्री को मार डालना ही हितकर रहेगा।

यह प्रथा विशेषकर भीलों एवं मीणा लोगों में अधिक प्रचलित थी। ये लोग स्त्रियों पर डाकन होने का आरोप लगाकर उसे जीवित जला देते थे अथवा उसका सिर काट लेते थे। यदि डाकन सुप्त लोगों की होती थी तो उसका निवारण खौलते हुए तेल में हाथ रखवा कर, वृक्षों पर उल्टा लटका कर, भोपों द्वारा जलती लोह-सलाखों से पीटकर किया जाता था। इन अत्याचारों के कारण स्त्री भयभीत होकर या तो डाकन होने का अपराध स्वीकार कर लेती थी या इन यातनाओं को सहन करती हुई मर जाती थी। राज्य द्वारा भी डाकन घोषित स्त्रियों को मृत्यु-दण्ड दिया जाता रहा था। डाकन-घोषित स्त्री द्वारा यदि अपराध स्वीकार नहीं किया जाता था तो राज्य नियमानुसार उसे जल-परीक्षा देनी पड़ती थी। इस परीक्षा में एक थैले में स्त्री को बन्द कर

उसके मुँह पर टांके लगा दिये जाते थे और दूसरे थैले में कण्डे बन्द कर दोनों को गहरे तालाब या कुएँ में डाल दिया जाता था। यदि स्त्री जल में नहीं डूबती और कण्डे डूब जाते तो स्त्री को डाकन मान लिया जाता था और यदि कण्डों के पूर्व स्त्री डूब जाती तो उसे जल से बाहर खींच कर सात्विक स्त्री घोषित किया जाता था। अतः राजस्थान में मेवाड़ के महाराणा ने डाकन-प्रथा को अवैध घोषित करते हुए अपराधियों को कठोर दण्ड दिए जाने की व्यवस्था की। आज भी यदा-कदा डाकन प्रथा देखने को मिल जाती है जो महिलाओं के लिए अभिशाप है।

वेश्यावृत्ति

राजस्थान में मध्यकाल के मध्यकालीन साहित्य में वेश्यावृत्ति का उल्लेख मिलता है। तेरहवीं शताब्दी से स्वतंत्रता के बाद भी राजपूत राज्यों में वेश्यावृत्ति परम्परागत रूप से जारी रही। संगीत और नृत्य में निपुण वेश्याएं धार्मिक उत्सवों में भाग लेती थीं तथा राजकीय संरक्षण प्राप्त करती थी। वेश्याएं संगीत और नृत्य में ही पारंगत नहीं बल्कि हस्तकलाओं, साज-सज्जा विशिष्ट परिधानों के पहनावे, जासूसी एवं विविध कलाओं में समाज में अपना विशिष्ट स्थान रखती थीं। चित्तौड़ तथा धुलव के मंदिरों में वेश्याओं की कला की श्रेष्ठता अंकित की गई हैं। मध्ययुगीन राजस्थान के अनेक चित्र वेश्याओं की संगीत और नृत्य कला की प्रवीणता पर प्रकाश डालते हैं।

समाज में बहु-विवाह तथा रखैल रखने की सामाजिक रूचि ने स्त्री-समाज में वेश्यावृत्ति को पनपाया था। 19वीं सदी के साहित्य से ज्ञात होता है कि मेवाड़ में रनिवास की स्त्रियाँ कठोर प्रतिबन्ध के रहते हुए भी स्त्री-वेशधारी पुरूषों से व्यभिचार करती थी। धार्मिक स्थानों में भी वेश्यावृत्ति प्रचलित थी और कई वेश्याएँ मंदिरों में नृत्य-संगीत किया करती थीं तथा बदले में उन्हें काफी पुरस्कार मिलता था। कुछ स्थानों पर साधारण वर्ग की महिलाएँ मंदिरों में जाती थीं तथा साधुओं, पुजारियों आदि से अवैध सम्बन्ध रखती थीं।

राजस्थान के राजपूत राज्यों में वेश्याओं को मासिक वृत्ति तथा भोज्य पदार्थ देने के उदाहरण उपलब्ध हैं। वेश्याओं का कार्य राजकीय समारोहों में

नृत्य और गायन से मनोरंजन करना होता था। धार्मिक संस्थाओं में भी वेश्याओं का महत्वपूर्ण स्थान था। देव स्थान विभाग के रिकार्ड से पता चलता है कुछ महिला नर्तकी उदयपुर में जगन्नाथ राय मंदिर, जयपुर के गोविन्द देव जी के मंदिर और कोटा में मंदिर में विशिष्ट अवसरों पर नृत्य करती थीं। इन वेश्याओं को मंदिर की ओर से अनुदान प्राप्त होता था।

राजस्थान में वेश्यावृत्ति का सामान्य प्रचलन इसलिये भी हुआ कि परम्परागत विवाह प्रणाली के कारण जो व्यक्ति अपनी स्त्रियों से सन्तुष्ट नहीं थे, वेश्याओं के यहाँ जाकर अपनी मानसिक और शारीरिक भूख मिटाते थे। सामान्य वेश्याएँ नृत्य, संगीत और यौन व्यापार से अपना निर्वाह करती थीं। कई वेश्याएँ छोटी आयु की लड़कियों को खरीद कर अनैतिक धंधा करवाती थीं।

राजस्थान में इस घृणित प्रथा को समाप्त करने के लिये किसी भी राजपूत शासन ने कानून नहीं बनाया। स्वतंत्रता के बाद भारत सरकार ने वेश्यावृत्ति उन्मूलन का कानून बनाकर इसका अन्त किया। दुर्भाग्यवश वेश्यावृत्ति आज भी किसी न किसी रूप में जारी है।

तलाक प्रथा

समाज में तलाक-प्रथा भी प्रचलित है। सामंजस्य के अभाव, आपसी मनमुटाव, दम्पत्ति के शरीरिक तथा मानसिक स्तर में अन्तर शराबखोरी की आदत, नपुंसकता, पागलपन किसी अपराध में दण्डित होने आदि के कारण तलाक लिया जा सकता था। **'1717 के एक दस्तावेज'** से ज्ञात होता है कि एक माता ने अपनी तलाकशुदा कन्या को बीकानेर में गोसले नामक गांव के नाथा नामक व्यक्ति को सौंप दिया था। निम्न जातियों में तलाक की अनुमति दी गई थी। इन समस्त मामलों में तलाक की अनुमति तभी दी गई जबकि पत्नियों को वह समस्त सम्पत्ति लौटा दी गई जो वे विवाह के समय लायीं थीं तथा उन्होंने राज्य-कर चुका दिया था। उच्च वर्ग में तलाक की अनुमति न दिये जाने के परिणामस्वरूप स्त्री-पुरुषों के अवैध सम्बन्धों को प्रोत्साहन मिलता था।

तत्कालीन स्रोतों से ज्ञात होता है कि बाबा पोखरदास के रूपा नामक एक राजपूत महिला के साथ अवैध सम्बन्ध थे। इसी प्रकार के अवैध सम्बन्धों को

बड़ी घृणा से देखा जाता था विशेषकर उन जातियों में जहाँ तलाक की अनुमति नहीं दी जाती थी। परित्यक्ता नारियों की दयनीय दशा थी। 1760 ई. के एक साक्ष्य से ज्ञात होता है कि नागौर में धर्मा माली की तलाकशुदा पत्नी ने अपने बच्चों को छोड़ दिया था। आज भी यह प्रथा एक बड़ी समस्या का रूप लिये है।

महिला संगठन

राजस्थान राज्य महिला आयोग

राजस्थान में राज्य महिला आयोग का गठन राजस्थान राज्य महिला आयोग अधिनियम 1999 की धारा 3 के अन्तर्गत 15 मई 1999 में किया गया। राज्य की महिला नीति 8 मार्च 2000 को जारी की गई। इसका मुख्यालय जयपुर में है। राज्य में प्रताड़ित महिलाओं की समस्याओं का समाधान करना। राज्य में 'महिलाओं हितों' की सुरक्षा करना।[10]

- **सास्विका, मीरशाह अली अजमेर**-यह संस्था वेश्यावृत्ति से जुड़ी महिलाओं और उनके बच्चों की शिक्षा के लिये प्रयासरत है।[11]
- **आस्था संस्थान, उदयपुर**-यह उदयपुर अंचल के आदिवासी इलाकों में कार्यरत है। पीड़ित को सलाह और किसी भी प्रकार की जानकारी यहाँ मिल सकती है।
- **श्री करणी नगर विकास समिति, गोवर्धनपुरा, कोटा**-हिंसा की शिकार पीड़ित महिलाओं की मदद् करने के अलावा उनके सामाजिक पुनर्स्थापन में सहयोग करती है।
- **जनवादी महिला समिति, जयपुर**-इस राष्ट्र स्तरीय संगठन की जिला इकाई महिला अत्याचार के खिलाफ काम करती है। महिलाओं की शिक्षा, उनके अधिकार के प्रति प्रयासरत यह संस्था पुलिस, प्रशासन और अदालत में महिलाओं का सहयोग करती है।
- **नेशनल मुस्लिम विमेन वैलकेयर सोसायटी**-यह संस्था मुस्लिम महिलाओं के बीच शिक्षा, पारिवारिक परामर्श के लिये काम करती

है। पीड़िता को कानूनी सलाह पुलिस व प्रशासनिक प्रक्रियाओं में मदद्, स्वरोजगार के लिये भी यह संस्था कार्यरत है।

- **राजस्थान विश्वविद्यालय महिला संगठन (रूवा) जयपुर**–रूवा महिलाओं को प्रभावित करने वाले मुद्दों पर नीतियाँ बनाने की प्रक्रिया में महिलाओं का पक्ष सामने रखती है। अल्पावास गृह शक्ति स्तम्भ और संरला शिशु नीड़ नामक पालना घर का संचालन भी रूवा करती है।[12]
- **उरमूल खेजड़ी संस्थान, जायल (नागौर)**–यह महिलाओं को विभिन्न प्रकार से प्रशिक्षण देकर उनकी कार्यक्षमता बढ़ाती है। पीड़िताओं को कानूनी मद्द व महिला अत्याचारों का विरोध भी यह संस्था करती है।
- **एकट, बोध ग्राम, कूकनवाली, पंचायत समिति कूचामन**–एकट बालिका और महिला शिक्षा के लिये कार्यरत संस्था है। पीड़ित महिलाओं को कानूनी मदद् का काम भी यह संस्था करती है।
- **हेलन किलर विक्लांग सेवा संस्थान भीलवाड़ा**–यह संस्था विकलांग महिलाओं को प्रशिक्षण, आर्थिक व चिकित्सीय सुविधा उपलब्ध कराती है।

महिला आंदोलन के समक्ष चुनौतियाँ

महिला आंदोलन, सामाजिक व्यवस्था की आलोचना के लिए जिम्मेदार है इन आंदोलनों ने महिलाओं की हीन परिस्थिति पर नए परिपेक्ष्य को उत्पन्न किया और महिलाओं पर अत्याचार के लिये जिम्मेदार ताकतों का विरोध करने वाली कार्यवाहियों को प्रारंभ किया।

महिला समूहों की निरंतर मांगो के द्वारा कुछ औपचारिक कदम उठाये गये। जैसे–बलात्कार, कानून और दहेज अधिनियम में संशोधन का विधेयक संस्थाओं का गठन, जैसे–पारिवारिक न्यायालय एवं महिलाओं के लिए राष्ट्रीय आयोग, महिला पुलिस प्रकोष्ठ और लिंग संवेदनशील कार्यक्रम (Genders Sansitisation Programme)। उसी तरह, महिलाओं में जागरूकता जगाने

के उपायों की विविध नीतियाँ। इस दिशा में कुछ उदाहरण हैं। जैसे-प्रचलित मीडिया का प्रयोग, महिलावादी गानों और नारों का निर्माण, महिला अदालत और अनुभव बांटने वाले सत्र।[13]

यह महिलाओं के प्रयासों का दबाव ही था कि राजस्थान के कई जिलों में शराब की बिक्री निषेध हो गयी। लेकिन महिला संगठनों के इस विरोध से मद्यपान निषेध हट नहीं सका।[14]

- महिला आंदोलनों की निरंतर सतर्कता के कारण बलात्कार पीड़ित या घरेलू हिंसा से ग्रस्थ महिलाओं को कुछ सुरक्षा मिली।
- इस प्रकार महिला आंदोलनों ने ना केवल महिला मुद्दे के प्रति समाज के ध्यान को आकर्षित किया वरन उसने महिला को उन ताकतों के विरूद्ध सशक्त करने में भी निर्णायक भूमिका निभायी जो उनकी स्वतंत्रता को प्रतिबंधित करते हैं।
- आज महिला आंदोलन दो तरफा कठिन समस्याओं का सामना कर रहा है। एक तो आंदोलन के बाहर की समस्याएं और दूसरी आंदोलन के भीतर निहित समस्याएं[15]–
- **बाह्य संसार से मिलने वाली चुनौतियाँ**-महिलाओं पर बढ़ती हिंसा : प्रारंभिक दौर में आंदोलन ने हिंसा को महिला के शरीर के साथ हिंसात्मक बर्ताव उसके व्यक्तित्व पर हिंसा और मूल्यों में बांटा।
- महिला भ्रूण-हत्या, हानिकारक गर्भ निरोधक के प्रयोग का व्यापक प्रचार, मीडिया में प्रस्तुत हिंसा। हानिकारक गर्भ निरोधक के प्रयोग का व्यापक प्रचार।

मीडिया में प्रस्तुत हिंसा विशेषकर फिल्में, सौंदर्य प्रतियोगिता में महिला के शरीर का प्रदर्शन आदि विविध कार्य जिनके द्वारा महिला अपने शरीर को ऐसी संपत्ति के रूप में सोचती है जिससे वह रूपये कमा सके। पत्नी को पीटना और बलात्कार की घटना की मनोवैज्ञानिक व्याख्या ये सब उदार समाज द्वारा हिंसा की स्वीकृति के उदाहरण है।

बलात्कार का मुद्दा बहुत जटिल हो गया है। कानून में मुहैया संशोधनोंने पीड़ित को बहुत कम फायदा पहुँचाया है। भंवरी देवी के साथ घटित हुई

घटना, कार्यस्थल और शैक्षणिक संस्थाओं में दुर्व्यवहार की घटनाएं, ऊंची जातियों और राज्य के पितृसत्तात्मक मूल्यों के दु:खद स्मरण हैं।[16]

- पंचायती राज के प्रयोग का प्रारंभ, शक्तिहीन महिलाओं व प्रतिनिधित्व द्वारा शासन की कहानियों से भरा पड़ा है जिसने निहित स्वार्थो को भयभीत किया साथ ही उन्हें राज्य और संसद चुनावों में आरक्षण बढ़ाये जाने पर शक्ति के दावे की पुनरावृत्ति का भी भय है। इन परिस्थितियों ने महिला आंदोलनों को आरक्षण नीति पर और दलित महिलाओं के आरक्षण के प्रश्न पर बोलने को बाध्य किया।[17]
- समान नागरिक संहिता ने कई मुद्दों को उभारा जिसमें मूल-प्रश्न विषय-वस्तु से लेकर सांप्रदायिक उदाहरण तक हैं कि सुधार की विषय-वस्तु के बारे में कौन निर्धारण करेगा।
- उदारीकरण नीति द्वारा कुछ अन्य कार्यवाही कार्यक्रम अस्तित्व में आये और इसने महिला आंदोलन पर दूरगामी प्रभावी डाला। सभी के लिए बाजार खुलने के साथ, सूचना प्रस्फोट के कारण उच्च प्रौद्योगिकी को समर्थन मिला और कई परस्पर विरोधी मुद्दे उभरे।[18]
- **आंतरिक चुनौतियाँ**-जमीन से जुड़ी महिलाओं (ग्रामीण) और शहरी महिलाओं के समूह के मध्य विस्तृत अंतर है। कभी-कभी एन.जी.ओ जब गरीब महिलाओं के समूह के साथ काम करते थे तो यह महिलावादी समूहों की अपेक्षा ज्यादा स्पष्ट और संघर्ष अभिमुख होता है। ऐसा समय आएगा जब नीचे से आने वाला दबाव शहरी महिला समूहों के लिये गंभीर समस्याएं खड़ा करेगा।[19]
- महिला समूहों की उस प्रारंभिक दृश्यता में जब वे बलात्कारी या दहेज हत्यारों को उकसाने वाले निर्णयों के विरूद्ध सड़कों पर अपना विरोध प्रकट करती थीं।[20]
- समकालीन राजस्थान में आंदोलन बहुत उलझे हुए हैं। संभवत: केवल आंदोलनों ने ही काम, मजदूरी, मीडिया प्रतिनिधित्व, जाति, वर्ग, आधारभूत संसाधनों का बंटवारा, उपभोक्ता अधिकार, स्वास्थ्य, धर्म और समुदाय, सामाजिक संबंधों से जुड़े मुद्दों पर बल दिया।

- महिला आंदोलनों के द्वारा सामना की जाने वाली चुनौतियों अनोखी नहीं हैं। बल्कि पूरे विश्व के आन्दोलनों द्वारा इनका सामना किया जा सकता है। आंदोलन का लाभ मूर्त और अमूर्त दोनों है जिसे उसने बहुत संघर्ष और नुकसान के द्वारा प्राप्त किया।[21]
- **सूसान फलूदी निस्संकोच कहती हैं**-"महिला अधिकारों के प्रति संघर्षों का परिणाम तब सफल होता है जब तक वह राजनीतिक नहीं लगता और संघर्ष भी नहीं लगता। महिला अधिकार उस समय ज्यादा सशक्त हो जाते हैं जब वह निजी स्तर पर किसी महिला के मन-मस्तिष्क में समाहित हो जाते हैं और उसके नजरिए को प्रभावित करते हैं। जब तक वह दबाव को अपने दिमाग में महसूस नहीं करती जब तक वह पूर्वस्मृति से स्वयं को उत्प्रेरित भी नहीं करती।"[22]

महिला और मीडिया

वर्तमान समय में अनेक प्रयासों के फलस्वरूप महिलाओं में चेतना आई है। अब वे पहले की मुकाबले अपने अधिकारों के प्रति अधिक सजग हो गई जिसमें मीडिया की भूमिका को भी नकारा नहीं जा सकता।[23] जनसंचार माध्यमों ने महिलाओं को केवल उनके अधिकारों के विषय में ही जागरूक नहीं किया है वरन उन्हें स्वावलंबी बनाने उनकी आर्थिक-राजनीतिक स्थिति सुधारने में भी महत्वपूर्ण भूमिका निभायी है। जैसे-

- संचार माध्यम सरकार एवं जनता के मध्य महत्वपूर्ण कड़ी के रूप में कार्य करते हैं। वे नीति निर्धारकों द्वारा बनाई गई योजनाओं, नीतियों, कानूनों इत्यादि के विषय में सूचनाएं लोगों तक पहुँचाते हैं।
- जनसंचार माध्यमों ने महिला उद्यमियों एवं कृषि क्षेत्र में कार्यरत महिलाओं के जीवन-स्तर में सुधार कर उन्हें आर्थिक रूप से सशक्त किया है। महिलाओं के लिए कौन-कौन सी योजनाएं चल रही हैं किस माध्यम द्वारा महिलाओं को कम कीमत पर ब्याजरहित ऋण उपलब्ध हो रहा है इत्यादि जानकारियाँ संचार माध्यमों द्वारा ही उन तक पहुँच रही है।

- आज पूरे राजस्थान में समय-समय पर टेलीविजन एवं रेडियो पर महिलाओं पर आधारित कार्यक्रम जैसे 'कल्याणी' इत्यादि प्रसारित किए जाते हैं जिसमें विषय विशेषज्ञों द्वारा उनकी समस्याओं का समाधान भी किया जाता है। इससे एक तरफ जहाँ उनको उनकी समस्याओं का हल मिल जाता है वहीं दूसरी तरफ इससे एक बड़ा लाभ यह भी है कि विभिन्न कार्यक्रमों में उनकी भागीदारी बढ़ती है। इससें उनमें आत्मविश्वास की भावना आती है तथा वे मानसिक एवं संवेगात्मक रूप से भी सशक्त होती हैं।[24]
- मीडिया के कारण महिलाओं के जीवन-स्तर में गुणात्मक परिवर्तन आए हैं। शुरू-शुरू में महिलाएँ मीडिया में अपनी परम्परागत छवि में कैद थीं यानी मीडिया में भी उसे आदर्श बहू, आदर्श पत्नी, आदर्श बहन, आदर्श बेटी और आदर्श माँ के रूप में दिखाया जाता था लेकिन आज तस्वीर कुछ बदली है। राजस्थान राज्य अंधविश्वास, परम्परा, रूढ़िवादिता वाले राज्य में अब महिला चारदीवारी से निकल हर परिस्थिति का सामना कर रही। सभी रूढ़िवादी परम्पराओं को पीछे छोड़कर हर पद पर अपनी भूमिका निभा रही हैं।[25]
- अब मीडिया में वह सीईओ के रूप में दफ्तर संभालती, राजनीतिक अधिकारों से सम्पन्न और महत्वपूर्ण प्रशासनिक फैसले लेते दिखने लगी हैं। हम कह सकते है कि मीडिया के जरिए महिलाओं के भीतर छिपी शक्ति और प्रतिभा को राह मिली है, एक दिशा मिली है।
- टी.वी., मोबाइल, कम्प्यूटर इत्यादि ने भी महिलाओं को सशक्त करने में एक अहम भूमिका निभाई है।
- आज गाँव-गाँव में बी.पी.ओ. सेंटर खुल रहे हैं, सूचना संचार प्रौद्योगिकी को देश के दूरस्थ भागों तक पहुँचाने के लिए अनेक जनसेवा केन्द्र खोले गए हैं। राजस्थान जैसे रेगिस्तान राज्य के हर गाँव और शहर में इससे एक तरफ जहाँ नई-नई सूचनाएं महिलाओं को मिल रही है वहीं दूसरी ओर व्यवस्था में पारदर्शिता आईहै जिसने महिलाओं के सशक्तिकरण को बल दिया है।

भावी चुनौतियाँ एवं निष्कर्ष

वर्तमान समय में मीडिया ने जनमानस में चेतना जागृत करने में महत्वपूर्ण भूमिका निभाई है परन्तु मात्र इतने ही प्रयास पर्याप्त नहीं हैं। आज भी महिलाएँ गरीबी, शोषण, खाद्य असुरक्षा, पक्षपात, दहेज प्रथा इत्यादि का शिकार हो रही हैं। इन सभी समस्याओं का समाधान तभी हो सकता है जब सरकार एवं मीडिया आपस में मिलकर एक उद्देश्य के साथ काम करे। मीडिया को लोकतंत्र का चतुर्थ स्तम्भ भी कहा जाता है। एक लोकतंत्र तभी अच्छी प्रकार से कार्य कर सकता है जब उसके नागरिक अपने अधिकारों के विषय में जानते हो एवं उचित निर्णय ले सकें।

मीडिया अपना कार्य सुचारू रूप से कर सके इसके लिए सरकार को चाहिए कि मीडिया को पर्याप्त स्वतंत्रता दे तथा समय-समय पर प्रोत्साहन भी प्रदान किया जाना चाहिए। मीडिया का कार्य मात्र महिलाओं की नकारात्मक छवि प्रस्तुत करना ही नहीं है बल्कि महिलाओं को आगे के लिए जागरूक भी किया जाना चाहिए। आज मीडिया में मिस वर्ल्ड या मिस इंडिया चुनी जाने वाली ग्लैमर गर्ल की तस्वीरों के साथ-साथ उसकी व्यक्तिगत पसंद-नापसंद, जीवनशैली आदि भी एकाएक मीडिया की सुर्खी बन जाती है लेकिन सुदूर गाँव के भट्टे पर तपती धूप में, गोद में नवजात शिशु को लिए ईंट पाथती औरत की बेबसी पर मीडिया की नजर नहीं जाती। अतः मीडिया को चाहिए कि महिलाओं की वास्तविक स्थिति को उजागर करे। साथ ही साथ उन्हें एक ऐसा मंच भी प्रदान करे जिससे वे अपने आपको इस पुरुष प्रधान समाज के समक्ष बराबरी में खड़ा कर सकें।[26]

महिला और विधि

भारत में महिलाओं द्वारा अनुभव की जाने वाली असमानता को परंपरा द्वारा पवित्र बनाया जाता है एवं यदा-कदा ही इसको विधि के द्वारा चुनौती मिलती है।

- वास्तव में कानून के विवेचना, निर्माण और कार्यान्वयन के लिए महिला के पास कमजोर आवाज है।
- भारतीय संविधान द्वारा प्रदत्त मौलिक अधिकार सभी क्षेत्रों में महिलाओं की समानता को सुनिश्चित करने में समर्थ नहीं हैं और राज्य के नीति निदेशक

तत्व महज 'पवित्र शब्द' के तौर पर बाकी रह गये हैं। व्यक्तिगत कानून धर्म पर आधारित हैं और वर्तमान स्थिति में धर्म की आजादी के आवरण में महिला का जीवन धर्म की अष्टभुजा समान पकड़ के नियंत्रण में है जो उनके विवाह, तलाक, संरक्षण, दत्तक ग्रहण, भरण-पोषण और संपत्ति पर नियंत्रण रखता है। भारत में विधिक व्यवस्था में दोष के बावजूद यह कानून ही है जो अभी तक विद्यमान है और सामाजिक परिवर्तन के साधन, महिलाओं को अधीनीकरण एवं असमानता के बंधन से आजाद कराने वाली रणनीति के रूप में अपेक्षित है।[27]

- हमारा अनुभव यह सिद्ध करता है कि महिलाओं का आन्दोलन, विधिक व्यवस्था के पितृसत्तात्मक आयाम का सचेत आलोचक है। इसके अलावा महिला आंदोलन महिलाओं के जीवन के बेहतरी के लिये राज्य से कानूनी हस्तक्षेप की मांग करने में कभी संकोच नहीं करते।[28]
- 19वीं सदी में समाज-सुधारों के कार्यवृत्त में महिलाओं का प्रश्न सबसे ऊपर था। महिलाओं की परिस्थिति को सुधारने में कानून की संभावना को समाज सुधार लाने के इच्छुक भारतीय बुद्धिजीवी वर्ग द्वारा पहचाना गया।
- ब्रिटिश शासन ने जनता की मांग और महिलाओं के दुर्भाग्य के मानवतावादी तर्क के आधार पर निश्चित प्रथाओं में परिवर्तन किया और कुछ कानून बनाये और सती निरोधक अधिनियम 1829, जाति निर्योग्यता निराकरण अधिनियम 1850 और हिंदू विधवा पुनर्विवाह अधिनियम 1856। 1870 में राजपूत समुदाय में महिला शिशु हत्या को रोकने के लिए अधिनियम बनाया गया था।[29]
- फूलमनी दासी का मामला, बाल-वधु की दुर्दशा और मंजूरी की उम्र के मुद्दे को ऊपर लाया। यह घटना बाल वधुओं के भाग्य पर गंभीर चिंता उत्पन्न करती है।[30]
- बी एम. मालाबरी ने दूसरे समाज-सुधारकों के साथ बाल-विवाह व विधवाओं के कष्ट को समाप्त करने के लिए धर्मयुद्ध प्रारंभ किया। 1925 का भारतीय उत्तराधिकार अधिनियम धर्मनिरपेक्ष कानून व महिलाओं के पक्ष के रूप में जाना जाता है। हिन्दू स्त्रियों का सम्पत्ति अधिकार

अधिनियम 1937, मुस्लिम वैयक्तिक कानून प्रयुक्तता अधिनियम, 1937, 1939 का मुस्लिम विवाह विच्छेद अधिनियम।

- हिन्दू कोड बिल ने हिन्दू समाज में उन्माद पैदा कर दिया। हिन्दू विवाह अधिनियम 1955, हिन्दू दत्तक-ग्रहण और भरण-पोषण अधिनियम 1956, हिंदू नाबालिंग और संरक्षता अधिनियम 1965 और हिन्दू उत्तराधिकार अधिनियम 1956 कानून ने सभी हिन्दुओं के लिए एकविवाह की सीमा रखी और अपमानित पक्ष-पत्नी और पारिवारिक सदस्यों को यह अधिकार प्रदान किया कि अगर पति दूसरी पत्नी ले आता है तो उसके विरूद्ध अपराधिक कार्यवाही प्रारंभ की जा सकती है।[31]
- विवाह से संबंधित दूसरा कष्टप्रद मुद्दा आयु का है। यहाँ आयु अवस्था (अब 1978 के संशोधन से लड़की के लिये न्यूनतम 18 वर्ष, लड़के की 21 वर्ष है।) के साथ अन्य शर्ते हैं। जैसे-निषिद्ध संबंधों की श्रेणी में विवाह नहीं होगा न द्विविवाह होगा।
- हिन्दू महिला को कुछ विशेष परिस्थितियों के अन्तर्गत तलाक का अधिकार मिला है:-पति की नपुंसकता, परित्याग या क्रूरता। तलाक के लिये परस्पर सहमति का प्रावधान है।
- हिन्दू उत्तराधिकार अधिनियम से पहले महिलाओं के सम्पत्ति पर अधिकार बहुत सीमित थे। अब उत्तराधिकार में बेटे-बेटी का समान अधिकार है और विधवा की सीमित संपत्ति निर्बाध स्वामित्व में बदल गई है।[32]
- संविधान में महिलाओं के लिए प्रावधान -
  - अनुच्छेद-14-कानून के समक्ष समानता दिलाना।
  - अनुच्छेद-15(3)-महिलाओं तथा बच्चों हेतु विशेष सुविधा।
  - अनुच्छेद-16-बिना भेदभाव के नौकरी में समानता।
  - अनुच्छेद-19-समान अभिव्यक्ति।
  - अनुच्छेद-21-प्राण व दैहिक स्वतंत्रता से वंचित न करना।
  - अनुच्छेद-23 व 24 नारी क्रय-विक्रय व बेगार प्रथा पर रोक।
  - अनुच्छेद-39(घ) समान कार्य समान वेतन।

- अनुच्छेद-243(घ) पंचायती राज व नगरीय संस्थाओं में 73वें व 74वें संशोधन के माध्यम से महिला आरक्षण।
- अनुच्छेद-42-महिला प्रसूति सहायता।
- अनुच्छेद-47-पोषाहार जीवन-स्तर तथा लोक स्वास्थ्य में सुधार करना सरकारी दायित्व।
- अनुच्छेद-330-84वें संशोधन द्वारा लोकसभा में महिला आरक्षण।
- अनुच्छेद-332-84वें संशोधन द्वारा विधानसभा में महिला आरक्षण।

महिलाओं को समानता के अधिकार दिलाने हेतु एवं उन्हें सुरक्षा प्रदान करने हेतु विशेष अधिनियम की व्यवस्था की गई है, जो इस प्रकार है[33]:-

- **बागान श्रम अधिनियम 1951**-महिला कर्मचारियों को अपने बच्चों को दूध पिलाने हेतु विशेष अवकाश।
- **कर्मचारी राज्य बीमा विनियमन अधिनियम 1952**-प्रसूति लाभ की दवा हेतु चिकित्सकीय प्रमाणपत्र की तिथि से लागू होना।
- **खान अधिनियम 1952**-भूमिगत खदानों में महिलाओं के नियोजन पर रोक।
- **ठेका श्रम अधिनियम 1970**-महिलाओं से प्रातः 6 से शाम 7 बजें के बीच 9 घंटे काम कराना व उसके बाद काम कराने पर प्रतिबंध।
- **बाल विवाह निषेध अधिनियम 1979**-कम उम्र की बालिकाओं/बालकों की शादी पर पाबंदी।
- **स्त्री अशिष्ट निरूपण निषेध अधिनियम 1986**-महिलाओं के अश्लील प्रदर्शन पर प्रतिबंध।
- **वेश्यावृत्ति निवारण अधिनियम 1986**-महिलाओं को अनैतिक कार्यों में दुरुपयोग करने वालों पर प्रतिबंध।
- **सती निषेध अधिनियम 1987**-पति की मृत्यु पर जिन्दा जलाने या सती होने पर प्रतिबंध।
- **प्रसवपूर्व निदान तकनीक अधिनियम 1994**-गर्भावस्था में बालिका भ्रूण की जांच पर रोक।

तालिका 22
महिला उत्तरदाताओं का स्वयं के स्वास्थ्य से संबंधित निर्णय में स्वतंत्रता

	स्वयं के स्वास्थ्य संबंधित निर्णय			
महिलाओं की श्रेणी	*स्वयं*	*पति*	*दोनों*	*कुल*
शिक्षित कार्यशील	15 (26.32)	5 (8.77)	37 (64.91)	57
अशिक्षित कार्यशील	4 (16)	11 (44)	10 (40)	25
शिक्षित गृहणी	12 (7.14)	7 (4.17)	149 (88.69)	168
अशिक्षित गृहणी	3 (5)	22 (36.67)	35 (58.33)	60
कुल	34	45	231	310

नोट: कोष्ठक में दी गयी संख्या संबंधित पंक्ति के कुल से प्रतिशत।
स्त्रोत: फील्ड सर्वे।

तालिका 23
महिला उत्तरदाताओं की मनोरंजन की स्वतंत्रता

	राजनीति में सहभागिता		
महिलाओं की श्रेणी	*हाँ*	*नहीं*	*कुल*
शिक्षित कार्यशील	57 (100.00)	–	57
अशिक्षित कार्यशील	23 (92.00)	2 (8.00)	25
शिक्षित गृहणी	165 (98.21)	3 (1.78)	168
अशिक्षित गृहणी	54 (90.00)	6 (10.00)	60
कुल	299	11	310

नोट: कोष्ठक में दी गयी संख्या संबंधित पंक्ति के कुल से प्रतिशत।
स्त्रोत: फील्ड सर्वे।

तालिका 24
महिला उत्तरदाताओं द्वारा बच्चों की व्यावसायिक शिक्षा से संबंधित निर्णयः कच्ची बस्ती व शहरी क्षेत्र

	कच्ची बस्ती				*शहरी क्षेत्र*			
महिलाओं की श्रेणी	*स्वयं*	*पति*	*दोनों*	*कुल*	*स्वयं*	*पति*	*दोनों*	*कुल*
शिक्षित	3	2	5	10	45	–	2	47
कार्यशील	(30.00)	(20.00)	(50.00)		(95.74)		(4.26)	
अशिक्षित	10	4	8	22	1	2	–	3
कार्यशील	(45.45)	(18.18)	(36.36)		(33.33)	(66.67)		
शिक्षित	21	2	6	29	130	2	7	139
गृहणी	(72.41)	(6.90)	(20.69)		(93.53)	(1.44)	(5.03)	
अशिक्षित	16	8	15	39	13	–	8	
गृहणी	(41.03)	(20.51)	(38.46)		(61.90)	(38.10)	21	
कुल	50	16	34	100	189	4	17	210

नोट: कोष्ठक में दी गयी संख्या संबंधित पंक्ति के कुल से प्रतिशत।

स्त्रोत: फील्ड सर्वे।

तालिका 25
महिला उत्तरदाताओं द्वारा स्वयं के स्वास्थ्य सेसंबंधित निर्णयः कच्ची बस्ती व शहरी क्षेत्र

	कच्ची बस्ती				*शहरी क्षेत्र*			
महिलाओं की श्रेणी	*स्वयं*	*पति*	*दोनों*	*कुल*	*स्वयं*	*पति*	*दोनों*	*कुल*
शिक्षित	3	3	4	10	12	2	33	47
कार्यशील	(30.00	(30.00)	(40.00)		(25.53)	(4.26)	(70.21)	
अशिक्षित	2	10	10	22	2	1	–	3
कार्यशील	(9.09)	(45.45)	(45.45)		(66.67)	(33.33)		
शिक्षित	4	5	20	29	8	2	129	139
गृहणी	(13.79)	(17.24)	(68.97)		(5.76)	(1.44)	(92.81)	
अशिक्षित	2	20	18	39	2	2	17	21
गृहणी	(2.56)	(51.28)	(46.15)		(9.52)	(9.52)	(80.95)	
कुल	10	38	52	100	24	7	179	310

नोट: कोष्ठक में दी गयी संख्या संबंधित पंक्ति के कुल से प्रतिशत।

स्त्रोत: फील्ड सर्वे।

तालिका 4.26

महिला उत्तरदाताओं की महिला सशक्तीकरण के विभिन्न सूचकों में सहभागिता: कच्ची बस्ती व शहरी क्षेत्र

क्र. सं. सूचक	कच्ची बस्ती								शहरी क्षेत्र								कुल
	शिक्षित कार्यशील		*शिक्षित गृहणी*		*अशिक्षित कार्यशील*		*अशिक्षित गृहणी*		*शिक्षित कार्यशील*		*शिक्षित गृहणी*		*अशिक्षित कार्यशील*		*अशिक्षित गृहणी*		
	हाँ	*नहीं*	*हाँ*	*नहीं*	*हाँ*	*नहीं*	*हाँ*	*नहीं*	*हाँ*	*नहीं*	*हाँ*	*नहीं*	*हाँ*	*नहीं*	*हाँ*	*नहीं*	
1. दोस्तों के घर जाने की स्वतंत्रता	7(70.00)	3(30.00)	17(58.62)	12(41.38)	12(54.55)	10(45.45)	21(53.85)	18(46.15)	45(95.74)	24.26	133(95.68)	6(4.32)	1(33.33)	2(66.67)	13(61.90)	8(38.10)	310
2. रिश्तेदार के घर जाने की स्वतंत्रता	9(90.00)	1(10.00)	12(41.38)	17(58.62)	11(50.00)	11(50.00)	21(53.85)	18(46.15)	40(85.15)	7(14.89)	137(94.24)	2(1.44)	266.67	1(33.33)	15(71.43)	6(28.57)	310
3. बाजार जाने की स्वतंत्रता	6(60.00)	4(40.00)	18(62.07)	11(37.93)	9(40.91)	13(50.09)	16(41.03)	23(58.97)	42(89.36)	5(10.64)	131(94.24)	8(5.76)	2(66.67)	1(33.33)	15(71.43)	6(28.57)	310
4. ज्वैलरी खरीदने की स्वतंत्रता	6(60.00)	4(40.00)	11(37.93)	18(62.07)	4(18.17)	18(81.82)	6(15.38)	33(84.62)	42(89.36)	5(40.64)	125(89.93)	14(10.07)	2(66.67)	1(33.33)	12(66.67)	9(42.86)	310
5. कपड़े खरीदने की स्वतंत्रता	4(40.00)	6(60.00)	17(58.62)	12(41.38)	16(72.73)	6(27.27)	19(48.72)	20(51.28)	47(100.00)	-	122(87.77)	17(12.23)	2(66.67)	1(33.33)	14(66.67)	7(3.33)	310
6. टिकाऊ वस्तु खरीदने की स्वतंत्रता	4(40.00)	6(60.00)	17(58.62)	12(41.38)	16(72.73)	6(27.27)	2(5.13)	37(94.87)	43(91.47)	4(8.51)	122(87.77)	17(12.23)	2(66.67)	1(33.33)	16(76.19)	5(23.81)	310
7. अटिकाऊ वस्तु खरीदने की स्वतंत्रता	10(100.00)	-	21(72.41)	8(27.59)	22(100.00)	-	37(94.87)	2(5.13)	47(100.00)	-	137(98.56)	2(1.44)	3(100.00)	-	21(100.00)	-	310
8. बैंक में खाता	2(20.00)	8(80.00)	8(27.59)	21(42.41)	8(36.36)	14(63.64)	1(2.56)	38(97.44)	43(91.49)	4(8.51)	62(44.60)	77(55.40)	2(66.67)	1(33.33)	6(28.57)	15(71.43)	310
9. सम्पत्ति के निर्णयों में सहभागिता	8(80.00)	2(20.00)	23(79.31)	6(20.69)	20(90.91)	2(9.09)	30(76.92)	9(23.09)	47(100.00)	-	136(97.84)	3(2.16)	2(66.67)	1(33.33)	14(66.67)	7(33.33)	310
10. मनोरंजन की स्वतंत्रता	10(100.00)	-	27(93.10)	2(6.90)	21(45.45)	1(4.55)	35(89.74)	4(10.26)	47(100.00)	-	138(99.28)	1(.77)	2(66.67)	1(33.33)	19(90.48)	2(4.52)	310

नोट: कोष्ठ में दी गयी संख्या संबंधित पंक्ति के कुल से प्रतिशत।

स्त्रोत: फील्ड सर्वे।

सन्दर्भ सूची

1. Acker, Sandra (1984) "वुमैन और एडूकेशन", वर्ल्ड इयर बुक ऑफ एडूकेशन।
2. विजय एग्न्यू (1979) - इलीट वुमेन इन इंडियन पॉलिटिक्स, विकास पब्लिशिंग हाउस, नई दिल्ली।
3. ए.एस. अल्टेकर (1938) - द पोजिशन ऑफ वुमेन इन हिंदू सिविलाइजेशन मोतीलाल बनारसी. दास, दिल्ली।
4- Census of Rajasthan (2001) Rajasthan, Provisional Population Total, Directorate of Census operation Rajasthan.
5. APte Js (2000) "Women, Gneder Qquality and State'.
6. Bakshi, Rita, M.S Rathore, M. Agarwal and Tyagi (2001), "Economic Empowerment of Rural Women in India", RBSA Publisher Jaipur.
7. डॉ. एल.आर. भल्ला: राजस्थानी समाज, कला एवं संस्कृति, पृ. 344
8. वही, पृ. 345-352
9. वही, पृ. 345
10. राजस्थान महिला आयोग रिपोर्ट।
11. राजस्थान पत्रिका प्रकाशन।
12. राजस्थान, राजस्थान विश्वविद्यालय महिला रिपोर्ट, 'राजस्थान पत्रिका'।
13. बुच निर्मला (1998) "स्टेट वेलफेयर पॉलिसी एंड वुमेन"।
14. "इंडियन वुमेन चेज इंड चैलेंजस इन द इंटरनेशनल डेकेड" 1975-1985 पापूलर प्रकाशन, जयपुर।
15. मैरी जॉन और जानकी नायर (1498) 'ए क्यूश्चन ऑफ साइलेंस? द सेक्सुअल इकोनॉलिकस ऑफ माडर्न इंडिया'।
16. नीरा देसाई और विभूति पटेल (1998) "क्रिटिकल रिव्यू ऑफ रिसर्चस इन वुमेन स्टडीज" महिला अध्ययन के लिये शोध केन्द्र।
17. टूवर्ड इक्वालिटी (1974) भारत सरकार, नई दिल्ली एण्ड राजस्थान सरकार
18. जवाहरलाल नेहरू (1995) फॉरवर्ड टू सोशल वेलफेयर इन इंडिया, योजना आयोग, नई दिल्ली।

19. उमा चक्रवर्ती – रिराइटिंग हिस्ट्री, द लाइफ एंड टाइम ऑफ पंडित रमाबाई काली फार वुमेन, नई दिल्ली।

20. राजस्थान पत्रिका

21. सेनसैक्स ऑफ राजस्थान (2001)

22. सूसन फौलादी (1992) बेकलेस, द अनडिकलेअरड वार अगेंस्ट वुमेन, विनटेज लंदन।

23. कमला भसीन और बीना अग्रवाल "वुमेन एंड मीडिया" एनेलेसिस अल्टरनेटिव्स एंड एक्शन, काली फॉर वुमेन, नई दिल्ली।

24. महिलाओं के विकास का केन्द्र (2001) असंख्य अत्याचारों का सामना राजस्थान में महिला आंदोलन की आवाज नं. 1

25. मानव विकास रिपोर्ट (2000)

26. नीरा देसाई और मैत्रेयी कृष्णराज (1999) वूमेन एंड सोसायटी इन इंडिया अजंता पब्लिकेशन।

27. उपेंद्र बक्शी (1984) "पैट्रियार्की, लॉ एंड स्टेट–सम प्रिलिम्नरी नोट्स"।

28. स्टेट जेंडर एंड द रिट्रोरिक ऑफ लॉ रिफार्म।

29. अर्चना पराशर (1992) वुमेन एंड फैमिली लॉ रिफार्म इन इंडिया।

30. ए.आई.आर. (जेन्टी: जजमेंट टुडे)

31. सबर्वसिव साइट: फैमिनिस्ट इंगेज्मेंट बिद लॉ इन इंडिया (1996) सेंग पब्लिकेशन।

32. एस.पी साठे (1993) लिंग न्याय की दिशा में महिला अध्ययन के लिये शोध केन्द्र, महिला यूनिवर्सिटी मुंबई।

33. कुरूक्षेत्र – (डॉ. नीरज कुमार गौतम "ग्रामीण महिला सशक्तिकरण का बदलता स्वरूप) अगस्त 2013 से पृष्ठ–26

अध्याय-पंचम

राजस्थान में महिला राजनीतिक भागीदारी एवं सशक्तिकरण

राजस्थान में सर्वप्रथम ग्राम पंचायतों का गठन 2 अक्टूबर 1959 में जवाहर लाल नेहरू ने नागौर जिले में किया जो कि राजस्थान की महिलाओं की प्राथमिक राजनीतिक पाठशाला जिसमें ग्राम स्तर पर महिलाओं ने वार्ड सदस्य व ग्राम सरपंचों के रूप में चयनित होकर अपनी महत्वपूर्ण भूमिका निभाई। पंचायत समिति सदस्य व अध्यक्ष के रूप में महत्वपूर्ण राजनीतिक भूमिका निभाई। महिला की उन्नति व विकास के लिये आवश्यक है कि जीवन के प्रत्येक क्षेत्र विशेषत: राजनीति में उनका सशक्तिकरण हो उनकी सहभागिता का स्तर उच्च हो। ऐसा होने पर ही लैंगिक आधार पर समानतापूर्ण समाज की स्थापना होगी। महिलाओं के राजनीतिक सशक्तिकरण हेतु तीन आधारभूत सिद्धान्तों को अनिवार्य माना जाता है।

- स्त्री-पुरुष के मध्य समानता।
- स्वयं की क्षमताओं के पूर्ण विकास का महिलाओं का अधिकार।
- स्वयं के प्रतिनिधित्व व स्वयं के सन्दर्भ में निर्णय लेने का महिलाओं का अधिकार।

वास्तविकता तो यह है कि राजस्थान जैसे परम्परागत रीति-रिवाज माने वाले राज्य में राजनीतिक परिदृश्य में आज भी महिलाओं की भूमिका बहुत सार्थक नहीं मानी जाती जा सकती। निर्णय प्रक्रिया में सशक्त भागीदारी के अभाव में प्राय: ही उन्हें संसाधनों के असमान वितरण, अपने हितों की उपेक्षा

तथा अनेक अन्य वंचनाओं का सामना भी करना पड़ता है। आज आवश्यकता इस बात की है कि महिला सहभागिता के मुद्दे को अधिक सशक्त ढंग से उठाया जाए। यद्यपि पिछले कई दशकों से चले आ रहे महिला आन्दोलनों की प्रभावशाली उपलब्धियां रही हैं परन्तु इसके पश्चात भी राजनीतिक शक्ति संरचना में उनका पर्याप्त प्रतिनिधित्व देखने को नहीं मिलता। लगभग पूरे विश्व में औसतन 12-13 प्रतिशत महिलाएँ ही विधायी संस्थाओं हेतु निर्वाचित हो रही हैं। हमारे यहाँ भी यही स्थिति है। भारत में महिला सशक्तिकरण से संबंधि त कुछ निम्न बिन्दु हैं -

- राष्ट्रीय स्तर पर महिलाओं की राजनीतिक सहभागिता हेतु किये गये प्रयास।
- स्वतन्त्र भारत में महिलाओं की राजनीतिक सहभागिता।
- महिलाओं की राजनीतिक सहभागिता के समक्ष चुनौतियाँ।
- राजनीतिक सहभागिता वृद्धि हेतु किए जा सकने वाले प्रयासों की चर्चा।

राष्ट्रीय व राज्य स्तर पर महिलाओं की राजनीतिक सहभागिता हेतु सार्थक संवैधानिक प्रयास किए गए हैं। भारतीय संविधान द्वारा स्त्रियों की राजनीतिक समता को मान्यता दिया जाना न केवल परम्परागत भारतीय सामाजिक प्रतिमानों की तुलना में नया कदम था बल्कि तत्कालीन समय के उन्नत देशों के राजनीतिक आदर्शों से भी अधिक बढ़कर था। महिला सशक्तिकरण हेतु आवश्यक है कि वह स्वयं उन नीतियों व योजनाओं के निर्माण में सहभागी हो जो उनके लिए बनायी जा रही है। यह तभी संभव है जबकि वे स्वयं भी उस राजनीतिक व्यवस्था का अंग हो जो नीति-निर्माण व क्रियान्वयन के लिये जिम्मेदार है इसके लिए आवश्यक होगा कि निचले स्तर पर महिलाओं की राजनीतिक सहभागिता हेतु किए गये प्रयोगों को विस्तृत राष्ट्रीय स्तर पर पहुँचाया जाए।

राजनीतिक सहभागिता में बाधक तत्व-स्थानीय, क्षेत्रीय, राष्ट्रीय व अन्तर्राष्ट्रीय स्तर पर भी महिलाओं की असमान राजनीतिक भागीदारी से प्रदर्शित होता है कि आज भी सभी समाजों में संरचनात्मक, अभिवृत्यात्मक व

सांस्कृतिक बाधाएं तथा महिलाओं हेतु पूर्वनिर्धारित लैंगिक भूमिकाएं उनके राजनीतिक सशक्तिकरण के मार्ग में प्रमुख रुकावट है। उन्हें नेतृत्व हेतु सक्षम नहीं माना जाता। राजनीतिक सहभागिता के माध्यम से महिला सशक्तिकरण की बात जोर-शोर से उठाने वाले राजनीतिक दल स्वयं जीते जा सकने वाले संसदीय क्षेत्रों से महिला उम्मीदवारों को खड़ा करने में एक स्पष्ट हिचकिचाहट दिखाते हैं।

यह भी देखा जाता है कि बिना पारिवारिक विशेष रूप से पति या पुरुष सदस्यों के सहयोग से महिलाओं के राजनीतिक जीवन में प्रवेश की संभावना लगभग शून्य होती है। राजनीति में उनका प्रवेश प्रायः पत्नी, बेटी या बहन के रूप में पारिवारिक विरासत को संभालने के लिये होता है। निचले स्तर के कार्यकर्त्ता के रूप में कार्य करते हुए अपनी राजनीतिक पहचान बनाने वाली महिलाओं की संख्या बहुत कम है। साथ ही राजनीति का अपराधीकरण, अराजक तत्वों का राजनीति में बढ़ता महत्व भी ऐसे कारक हैं जो महिलाओं की राजनीतिक सहभागिता को रोकते है।

परम्परागत रूप से 'राजनीति' पुरुषों का क्षेत्र माना गया है। **लियानल टाइगर** ने राजनीति को पुरुष प्रधान मानते हुए लिखा है कि पुरुष, राज्य और राजनीति में सीधा सम्बन्ध है।[1] महिला का प्रमुख दायित्व मातृत्व माना जाता है जिसे वह अनन्तकाल से निभाती चली आ रही है और आगे तक निभाती चली जायेगी। किन्तु इसका अर्थ यह नहीं है कि उसका जीवन केवल यहीं तक ही सीमित है। समाज में महिला को दूसरे दर्जे का मानव माना जाये, यह उचित नहीं है। महिला को पुरुष से हीन समझना केवल स्त्री जाति के प्रति ही अन्याय नहीं है बल्कि समाज और राष्ट्र दोनों के लिये अन्यायकारी है। प्रसिद्ध यूनानी **दार्शनिक प्लेटो** का भी मानना है कि ऐसा करने से केवल महिलाओं का विकास ही अवरूद्ध नहीं होगा अपितु यह होता है कि राज्य अपने आधे सदस्यों की सेवा से हाथ धो बैठता है। जिन कार्यों को करने की उनमें स्वाभाविक योग्यता है वे सभी काम करने का अधिकार उन्हें मिलना चाहिए।[2] महिला में वे सभी क्षमताएँ होती है जो कि पुरुषों में है। स्त्रियों की प्रकृति में ऐसा कोई भेद नहीं है जो राजनीतिक जीवन में इनके योगदान पर असर डाले।[3]

महिलाओं ने इस परम्परागत धारणा को समाप्त किया। महिलाओं ने इसके माध्यम से राजनीतिक में महिलाओं की भूमिका को आवश्यक और महत्वपूर्ण सिद्ध किया है। इस संबंध में **ए.ओ. ह्यूम** ने कहा है कि सभी कार्यकर्त्ताओं को चाहे वे किसी भी राजनीतिक विचारधारा से संबंधित हो उन्हें याद रखना चाहिए कि महिलाओं की प्रगति यदि राष्ट्र की प्रगति के साथ-साथ तथा समान स्तर पर नहीं होगी तो राजनीतिक मताधिकार के लिए किया गया सम्पूर्ण प्रयास व्यर्थ सिद्ध होगा।[4]

व्यवहारिकता और वास्तविकता के दृष्टिकोण से दोषपूर्ण होने के बावजूद भी महिला मताधिकार का विशेष महत्व रहा है। भारत में मताधिकार की मांग किये हुए 30 वर्ष भी नहीं हुए थे कि भारत में 1951 में वयस्क मताधिकार का सिद्धान्त मान्य हुआ। भारतीय महिला को भी पुरुषों के समान मताधिकार प्राप्त हो गया। भारतीय स्त्रियों को यह अधिकार बिना किसी किसी पृथक प्रयास के पुरुषों के साथ प्राप्त हो गया। उन्हें इसके लिये कोई लम्बा इन्तजार नहीं करना पड़ा जबकि पश्चिमी जगत की महिलाओं को इसके लिए लम्बे समय तक इन्तजार करना पड़ा है।[5] इस प्रकार भारत में महिलाओं के मताधि कार का विशेष महत्व रहा है।

संयुक्त राष्ट्र संघ के समाजशास्त्र विभाग द्वारा 1952-53 में दक्षिण एशिया की महिलाओं को अन्य देशों की महिलाओं द्वारा राजनीति में दिये गए योगदान का अध्ययन किया। इस अध्ययन में भी उनके सामने कुछ विचारणीय तथ्य आयें।[6] वे तथ्य निम्न हैं:-

- राजनीतिक दलों और विधानसभाओं में महिलाओं की संख्या कम होती है और महिलायें राजनीतिक गतिविधियों में भी कम ही रूचि लेती हैं। यद्यपि महिलायें मतदान तो बड़ी संख्या में करती हैं।
- महिलाओं की सुविधाओं और आवश्यकताओं का राजनीतिक दलों द्वारा प्रचार करते समय विशेष ध्यान रखा जाता है।
- मतदान प्रक्रिया में तर्क, विचारधारा और बढ़ोत्तरी को कम महत्व दिया जाता है। 1 प्रतिशत महिलायें ही मतदान से पूर्व चुनाव घोषणा पत्र का अध्ययन करती हैं अन्यथा महिलायें परिवारजनों एवं पति की आज्ञा के अनुसार ही मतदान करती हैं।

- महिलाओं ने राजनीति में सचेत और सक्रिय रूप से बहुत ही नगण्य योगदान दिया है। विधानसभाओं, राजनीतिक दलों एवं महत्वपूर्ण नीति निर्माण में भी महिलाओं की विशेष भूमिका नहीं रही है। महिलायें शिक्षा स्वास्थ्य और समाज कल्याण के क्षेत्र में ही सक्रिय रही हैं।

भारतीय संविधान में महिलाओं की पुरुषों के समान ही राजनीतिक अधिकार, स्वतंत्रतायें और समानताएं प्रदान की गई हैं। भारतीय महिलाओं को यह सब बिना किसी शोर शराबे के प्राप्त हो गया है जबकि विश्व के अनेक विकासशील और विकसित देशों में काफी संघर्ष के पश्चात् महिलाओं को ये सब अधिकार प्राप्त हुए। समाज के इस बड़े समुदाय को सामाजिक रूप से और व्यक्तिगत रूप से सब अधिकार, समानताएं और स्वतंत्रताएँ प्राप्त हुई हैं। ये सभी अधिकार उन्हें कानूनी तौर पर ही नहीं बल्कि व्यवहारिक रूप से प्राप्त होने चाहिए। लोकतंत्र एक सजीव, परिवर्तनशील, गतिशील और विकासोन्मुखी संकल्पना है। महिलाओं के इस बड़े वर्ग को ये सभी अधिकार व्यवहार में प्राप्त होने पर हम लोकतंत्र की सफलता की आशा कर सकते हैं। महिलाओं को ये सभी संवैधानकि अधिकार प्राप्त होने के बावजूद भी वे राजनीति में पूर्णरूप से सक्रिय नहीं हो पा रही हैं। आर्थिक पराधीनता ही उनकी राजनीतिक उदासीनता का प्रमुख कारण है। प्राचीन समय से चली आ रही परम्परा के अनुसार ही महिलाएँ राजनीतिक एवं सामाजिक क्षेत्र में भी स्वायत्त निर्णय लेने में असमर्थ हैं। यद्यपि काफी सीमा तक महिलायें आर्थिक रूप से स्वावलम्बी हैं फिर भी कुछ स्वायत्त निर्णय ले सकती हैं परन्तु राजनीतिक और सामाजिक क्षेत्र में लगभग महिलायें पुरुषों पर ही निर्भर होती हैं। राजनीतिक क्षेत्र के प्रति महिलाओं की उदासीनता का कारण केवल मात्र आर्थिक पराश्रिता ही नहीं है।

भारत में सामाजिक परम्पराओं और रूढ़ियों के कारण महिला–पुरुष की समानता को सिद्ध करने वाले कानून भी गतिशील नहीं हो पाते हैं क्योंकि इन कानूनों की क्रियाशीलता सामाजिक रूढ़ियों के कारण पिछड़ गई है। पिछले 59 वर्षों से भारत के समाज में अनेक महत्वपूर्ण परिवर्तन हुए हैं परन्तु वर्तमान समाज की नींव पुरुषों की श्रेष्ठता पर आधारित है। 21वीं सदी के इस भारत में भी राजनीति की ओर आकृष्ट होने वाली महिलाओं की संख्या कम ही है

यद्यपि इस सदी में बाकी सभी अन्य क्षेत्रों में महिलायें पुरुषों की बराबरी कर रही है। बल्कि कुछ क्षेत्रों में तो उन्होंने पुरुषों को पीछे ही छोड़ दिया है। आज शिक्षा के क्षेत्र में देखा जाये तो महिलायें पुरुषों से एक कदम आगे हैं। आर्थिक दृष्टि से देखा जाये तो महिलायें स्वावलम्बी होती जा रही हैं परन्तु राजनीति के प्रति उनका दृष्टिकोण बहुत कम मात्रा में बदला है। इसका कारण यह है कि समाज के सभी तत्व उन्हें राजनीति से विलग रखना चाहते हैं। यदि महिलायें राजनीति को केवल मात्र पुरुषों के लिये ही छोड़ देती हैं तो उनका पूरा दायित्व उन सभी शक्तियों और बलों पर होगा जो समाज की मान्यताओं, प्रणालियों, पारिवारिक जीवन, शिक्षा, धर्म और साहित्य को रचकर महिलाओं को दूसरी विपरीत दिशा की तरफ उन्मुख करती है।

इस विवरण से स्पष्ट है कि राष्ट्रीय आन्दोलन के परिणामस्वरूप महिलाओं को मताधिकार की स्वीकृति मिली। **अरूणा आसफ अली** के अनुसार महिला मताधिकार एक आरक्षण से अधिक महत्वपूर्ण नहीं है। जिस उत्तरदायित्व के लिए हमें सचेत रहना है, वह इस अधिकार के साथ-साथ जुड़ा हुआ है।[7]

इस प्रकार संवैधानिक दृष्टि से भारतीय महिलाओं को अधिकारों के साथ-साथ पुरुषों के समान ही राजनीतिक पदों पर नियुक्त होने का अधिकार प्राप्त हो चुका है परन्तु अन्य क्षेत्रों में तो महिलायें तीव्र गति से आगे बढ़ रही हैं। भारतीय महिलायें प्रशासन, उद्योग, नौकरियों, पुलिस, न्यायिक क्षेत्र और सेना आदि सभी क्षेत्रों में पुरुषों से आगे बढ़ रही हैं। पुरुषों के समानाधिकार की प्राप्ति के बावजूद भी भारतीय महिला राजनीतिक एवं सामाजिक दृष्टि से दूसरे दर्जे का नागरिक बनी हुई है। यद्यपि कुछ परिवर्तन तो हुए हैं लेकिन फिर भी आवश्यकता इस बात की है कि समाज की परम्पराओं, दृष्टि एवं मूल्यों में परिवर्तन करने की। इससे भी अधिक महत्वपूर्ण बात यह कि स्वयं महिलायें अपनी स्थिति और अस्तित्व के प्रति जागरूक हों। शहरी क्षेत्रों की महिलायें इस सम्बंध में थोड़ी जागरूक हैं परन्तु प्रदेश के ग्रामीण क्षेत्रों में महिलाओं की उदासीनता का कारण अशिक्षा और रुढ़िवादिता है। यह वर्ग राजनीति में अपनी पृथक भूमिका निभाने में असमर्थ है इसलिए महिलाओं में राजनीतिक जागरूकता

और राजनीतिक सक्रियता उत्पन्न करने के लिये ग्रामीण क्षेत्रों में व्यापक शिक्षा प्रसार कार्यक्रम चलाने, महिला जन जागरण कार्यक्रम, सरकारी एवं गैर सरकारी संगठनों द्वारा चलाये जाने आवश्यक हैं।

यद्यपि भारत सरकार और राज्य सरकार द्वारा इस प्रकार के कार्यक्रम समय-समय पर आयोजित किये जाते रहे हैं परन्तु इनका लाभ तभी प्राप्त हो सकता है जब यह वर्ग स्वयं अपने अधिकारों और स्थिति के प्रति जागरूक होगा। महिला की स्थिति एवं उनके विचारों में परिवर्तन का मापदण्ड तो यही हो सकता है कि स्वयं महिला अपने बारे में क्या सोचती है। अतः निष्कर्ष यही निकलता है कि महिला को स्वयं को ही अपने लिये जागरूक होना पड़ेगा।

प्रस्तुत अध्ययन में राजस्थान की महिलाओं के राजनीतिक दृष्टिकोण को जानने का प्रयास किया गया है। महिलाएँ जो कि प्रबुद्ध नागरिक है एवं एक विकासशील समाज में जब विचरण करती है तो राजनीतिक व्यवहार की दृष्टि से एक ऐसी संस्कृति को इंगित करती है जिससे समाज की मूल्यात्मकता का दृष्टिकोण बनता है। इस शोध में राजनीतिक व्यवहार की परिधि में महिला वर्ग की विवेकशीलता के आभास को जानने की कोशिश ही नहीं की गई है अपितु राष्ट्र-निर्माण की धारा में महिला संस्कृति की नींव को सशक्त माध्यम बनाने का प्रयास भी किया गया है। महिलायें जो कि प्रबुद्ध और विवेकशील नागरिक है उनके राजनीतिक संवर्धन से सम्बन्धित अपेक्षाओं, सशक्तिकरण के माध्यमों को जानने का प्रयास किया गया है। महिलायें भारतीय राजनीति में मानवाधिकार के हनन, आतंकवाद, संसदीय व्यवहार के बारे में किस प्रकार का विश्वास रखती है इन सब तथ्यों को जानने का प्रयास किया गया है।

राजनीति अपने आप में पूर्ण है और इसका तात्पर्य है कि समाज के लोग अथवा उनके समूह अपनी क्षमता एवं रूचि की मात्रा के अनुसार स्थानीय, प्रांतीय राष्ट्रीय व अन्तर्राष्ट्रीय सभी स्तरों पर उलझे रहते हैं। 31 जनवरी 1992 को राष्ट्रीय महिला आयोग के गठन के बाद से सदियों से पिछड़े शोषित एवं उपेक्षित महिला वर्ग के विकासार्थ विशेष ध्यान दिया गया है। इन महिला संगठनों द्वारा महिलाओं के विकास हेतु कार्य करने के बावजूद भी अभी तक भारतीय महिलाओं की सामाजिक, आर्थिक, शैक्षिक दशा सुधारने की आवश्यकता

बनी हुई है यहाँ तक कि विश्व स्तर पर भी संयुक्त राष्ट्र संघ द्वारा **वर्ष 2000 को महिला वर्ष और वर्ष 2001 को महिला सशक्तिकरण** के रूप में मनाया गया।

राजस्थान में भी मुख्यमंत्री ने भी बजट महिला शक्ति को समर्पित किया। इतना सब होने के पश्चात् भी महिलाओं में राजनीति के प्रति उदासीनता बनी हुई है।

इस अध्ययन में उत्तरदायित्वों से भारतीय व राज्य राजनीति से संबंधित विभिन्न प्रतिमानों के संबंध में प्रश्नों के उत्तर जानने का प्रयास किया गया है। यद्यपि भारत में अधिकतर शिक्षित महिलायें सक्रिय राजनीति में भाग नहीं लेती हैं। परन्तु इसका अर्थ यह नहीं है कि देश और अन्तर्राष्ट्रीय स्तर की राजनीतिक गतिविधियों के प्रति महिलायें जागरूक नहीं है। भारत की जनतांत्रिक व्यवस्था में एक नागरिक होने के नाते शिक्षित महिलायें सभी स्तरों की राजनीतिक गतिविधियों के प्रति सचेत और जागरूक है।[8]

राजनीति

राजनीति एक सर्वव्यापी गतिविधि है। इसका सम्बन्ध व्यक्तियों के जीवन से है। राजनीति में समाज के सभी सदस्यों के ऊपर सत्ता का प्रयोग किया जाता है। सभी के लिये नियम बनाये जाते हैं और निर्णय लिये जाते हैं। सभी के कर्त्तव्य, अधिकार और दायित्व निर्धारित किये जाते हैं। राजनीति के माध्यम से सभी के जीवन को उन्नत करने का प्रयास किया जाता है।[9] अतः महिलायें भी समाज का एक बड़ा वर्ग है जो राजनीति से प्रभावित होता है।

राजनीति एक प्रकार की प्रक्रिया है, व्यवहार का वह सामाजिक स्वरूप है, जिसमें दो व्यक्तियों के मध्य की अन्तःक्रिया सम्मिलित होती है। समुदाय की माँगों के अनुसार राजनीति में निर्णय लिये जाते हैं और ये निर्णय सभी लोगों पर लागू होते हैं। यद्यपि इस अर्थ में राजनीति का प्रारम्भ उस समय हो चुका था जब एक व्यवस्थित समाज अस्तित्व में आ गया था। यद्यपि राजनीति का अब भी अर्थ एक व्यक्ति समूह के निर्णय विशेष से है। अब यह निर्णय प्रक्रिया राज्य नामक संस्था से जुड़ गई है।[10]

राजनीति का संकुचित अर्थ है दूसरों की आँखों में धूल झौंकना उन्हें बेवकूफ बनाकर अपना स्वार्थ सिद्ध करना परन्तु राजनीति का संकुचित अर्थ राजनीति को गलत तरीके से समझाता है। हमारा उद्देश्य राजनीति को विभिन्न व्यक्तियों तथा उनके समूहों (समुदायों, राष्ट्रों, वर्गों, जातियों और राष्ट्रीयताओं) के बीच संघर्ष एवं सहयोग की ऐसी प्रक्रिया जो जन कल्याण हेतु न्याय, स्वतंत्रता, समानता तथा व्यवस्था जैसे मूल्यों को बढ़ावा देती है का अध्ययन करना है। इसके साथ ही इन मूल्यों की सिद्धि के लिये सार्वजनिक सत्ता का गठन और इनको प्रभावित करने वाले अन्य तत्वों का अध्ययन भी राजनीति के अन्तर्गत किया जाता है।

अरस्तु ने मनुष्य को एक राजनीतिक प्राणी बताया है। 'अरस्तु' ने मनुष्य को यह एक ऐसी स्वाभाविक क्षमता दी थी जो अन्य प्राणियों में नहीं पायी जाती है, अरस्तु की दृष्टि में राजनीति मनुष्य के सम्पूर्ण अस्तित्व को समेट लेती है। राजनीति मनुष्य की एक विशेष गतिविधि होती है। मनुष्यों की ये गतिविधियाँ अनेक प्रकार के समूहों से प्रकट होती है। अतः सामाजिक एवं राजनीतिक प्राणी होने के नाते महिला विद्यार्थी राजनीति से अछूती नहीं रह सकती है।

राजनीति का वर्तमान समय में मुख्य केन्द्र सत्ता है। राजनीति उस संघर्ष में महत्वपूर्ण भूमिका निभाती है जिसमें लोग अथवा उनके समूह अपनी क्षमता एवं रूचि की मात्रा के अनुसार स्थानीय, प्रांतीय, राष्ट्रीय एवं अन्तर्राष्ट्रीय स्तरों पर उलझे रहते हैं। वर्तमान में सार्वजनिक नीतियाँ और निर्णय इने-गिने शासकों, विधायकों या सत्ताधारियों की इच्छा को व्यक्त नहीं करते हैं बल्कि समाज के भिन्न-भिन्न समूहों की परस्पर क्रिया के परिणामस्वरूप सार्वजनिक नीतियाँ उभरकर सामने आती हैं। **डेविड ईस्टन** ने राजनीति को समाज के लिये बाध्यकारी मूल्यों का प्राधिकृत विधि-विधान माना है।

माइकल ऑकशॉट का कथन है कि राजनीतिक गतिविधि में लोग एक अथाह समुद्र में तैरते हैं जहाँ बचाव के लिये न कोई बंदरगाह होता है, विश्राम के लिए न कोई धरातल होता है, यात्रा प्रारम्भ करने का न कोई बिन्दु होता है, न ही कोई निश्चित मंजिल होती है। यही प्रयास बना रहता है कि समान गति पर तैरते रहो, समुद्र मित्र एवं शत्रु दोनों हैं।[11]

अगर लोकतंत्र जनता के द्वारा शासन है तो यह प्रश्न उठता है कि राजनीतिक निर्णयों में कौन सहभागी होता है? लोकतंत्र का सर्वाधिक मूलभूत प्रश्न क्या है? यह जनता की, महिला और पुरुषों की इच्छा है जो यह निर्णय लेते हैं कि कौन शासन करेगा और शासन का लक्ष्य क्या होगा? नागरिकों ने अपनी आकांक्षाओं और आवश्यकताओं को संचारित करने के साधन के रूप में लोकतंत्र में भागीदारी शुरू की और यह लोकतंत्र को सशक्त बनाने का तरीका भी है। सरकार महज राष्ट्रीय और अन्तर्राष्ट्रीय मुद्दों पर ही महत्वपूर्ण निर्णय नहीं लेती अपितु उन मुद्दों पर भी निर्णय लेती है जो महिलाओं के जीवन को प्रत्यक्षतः प्रभावित करते हैं जैसे कि मातृत्व और बच्चों की देख-रेख। राजनीति में पुरुषों के समान महिलाओं की विशाल भागीदारी है तथापि राजनीतिक शक्ति में उनका हिस्सा नहीं है। राजनीति जो सार्वजनिक जीवन का क्षेत्र है, वैयक्तिक और समुदाय से संबंधित नियमों को सुव्यवस्थित व प्रतिपादित करती एवं दबाव डालती है परन्तु महिलाओं का स्वागत नहीं करती।

राजनीति के परंपरागत विचार जैसे सचेतन कार्यविधि व सुवैचारिक सहभागिता के विरूद्ध यहाँ दूसरा विचार है जो राजनीति को समानता की ओर उन्मुख करता है जिससे कि प्रदत्त शक्ति-संरचना में संबंधों के बाहर रहकर काम किया जा सके। परंपरागत रूप से यह विश्वास किया जाता था कि राजनीति सार्वजनिक क्षेत्र में स्थान लेगी और निजी क्षेत्र से दूर एवं पृथक रहेगी। इसलिये परंपरागत विश्लेषण से, राजनीतिक भागीदारी का तात्पर्य निर्वाचकीय, राजनीति से संबंधित गतिविधियों में भाग लेना है।

महिला और निर्वाचकीय राजनीति

स्वतंत्रता के बाद महिलाओं को धीरे-धीरे अनुभव हो गया कि समानता के वायदे की वास्तविकता निर्विध्न प्रक्रिया नहीं है। नवविजित स्वतंत्रता का सुख-बोध उतर गया, राजनीति का जटिल और पेचीदा तरीका, जाति, भाषा, ध र्म की विभिन्नता व पारिवारिक-संरचना एवं सांस्कृतिक परंपरा की विभिन्नता में स्पष्ट हो गया। महिलाएँ जाति, वर्ग, भाषा, धर्म, क्षेत्र की बाधाओं और इन

मुद्दों के परिणामस्वरूप उत्पन्न जटिलता के प्रति जागरूकता हो गयी हैं एवं इन समस्याओं का सामना करने का प्रयास कर रही हैं।

महिला और मतदान

1951 से 1998 तक महिलाएँ राजनीति के औपचारिक माध्यम में ही भागीदारी करती रही हैं जैसे मतदान एक अत्यंत महत्वपूर्ण व आधारभूत साधन है जिसके द्वारा नागरिक राजनीतिक प्रक्रिया में सम्मिलित होते हैं और सत्ता को व्यवहार में लाना सिखते हैं। जब भारत व्यस्क मताधिकार द्वारा लोकतंत्र के विशाल प्रयोग को व्यवहार में लाया तो भारत के इतिहास में पहली बार सैकड़ों स्त्रियों और पुरुषों ने राजनीतिक प्रक्रिया में भागीदारी की। यह निराशाजनक है कि स्वतंत्रता के प्रारंभिक चरणों के दौरान महिलाओं के संबंध में आँकड़े और सांख्यिकी एकत्र करने पर्याप्त ध्यान नहीं दिया गया। यह निम्नलिखित तालिका स्वतंत्रत भारत के प्रथम 11 चुनावों में स्त्री-पुरुषों के मतदान प्रतिशत को दिखाता है।

तालिका 1
मतदाता और निर्वाचक

वर्ष	*कुल*	*पुरुष*	*मतदाता प्रतिशत महिला*
1952	60.5	53.0	37.1
1957	63.7	56.0	39.6
1962	55.0	60.1	46.6
1967	61.0	66.7	55.5
1971	55.1	69.7	49.15
1977	60.0	65.62	54.19
1980	75.9	57.69	51.29
1984	62.4	63.61	68.17
1989	62.0	70.09	43.09
1991	53.5	52.56	47.43
1996	57.94	62.47	53.41
1998	62.04	66.06	58.02

प्रथम चुनाव में हजारों महिलाएँ उचित ढंग से नाम पंजीकृत न होने के कारण मतदाता सूची से बाहर हो गयीं। इसमें निहित कारणों का जो पता चला वह भूमि की परम्परा है जिसमें महिला पुरुष से अपने संबंध-पिता, पति या पुत्र के माध्यम से पहचानी जाती है। नि:संदेह ये महिलाएँ इस तथ्य को समझने में असमर्थ थी कि अपना नाम सही बताना राजनीतिक शक्ति को व्यवहार में लाने का पहला कदम है। यह क्षेत्र महिलाओं की विशाल लामबंदी को दर्शा रहा है जो सामाजिक, आर्थिक व राजनीतिक रूप से कम पिछड़ी है।[12]

महिलाओं की परिस्थिति पर कमेटी की रिपोर्ट, 'समानता की ओर' (Towards Equality) में उल्लेख किया गया है कि भारतीय राजनीतिक परिदृश्य में किसी एक कारक और राजनीतिक व्यवहार के मध्य परस्पर संबंध का सामान्यीकरण करने में बहुत कठिनाईयाँ हैं। विभिन्न क्षेत्रों से राजनीतिक व्यवहार का आदर्श विभिन्न संबंधों को दर्शाता है और उन पर प्रभाव डालता है क्योंकि वे सब राजनीतिक व्यवहार द्वारा अंतर-संबंधित होते हैं जैसे महिलाओं की सामाजिक और आर्थिक परिस्थिति, सांस्कृतिक मानक और विस्तृत समाज में महिलाओं की भागीदारी की ओर सभी क्षेत्रों का दृष्टिकोण।[13] चुनाव पर बहुविध कारक प्रभाव डालते हैं जैसे- शिक्षा, धर्म, जाति-वर्ग के बारे में चेतना, महिलाओं के मुद्दे पर जागरूकता, परिवार में पुरुष सदस्यों की राय और विभिन्न राजनीतिक दलों की नीतियाँ और कार्यक्रम।

सामान्यता: शिक्षा और मतदान का घनिष्ठ संबंध स्वीकृत है; फिर भी यह नहीं माना जा सकता कि शिक्षा सदैव राजनीतिक जागरूकता को प्रोत्साहित करती है। बहुधा शिक्षित महिलाएँ मतदान के लिए उदासीन होती हैं जबकि ग्रामीण क्षेत्र की अशिक्षित महिला मतदान के लिये असाधारण उत्साह दिखाती है। अत: राजनीतिक दल बहुधा महिला मतदाताओं की धार्मिक भावनाओं के अनुसार समर्थन मांगते हैं और महिला मतदाताओं को अपने पक्ष में करने के लिए धार्मिक उत्सवों का चालाकी से प्रयोग करते हैं। जाति व वर्ग के प्रति चेतना भी मतदान व्यवहार पर प्रभाव डालती और उसे प्रभावित करती है।

महिलाओं से संबंधित मुद्दों पर राजनीतिक दलों की लापरवाह मनोवृत्ति और उम्मीदवारों को टिकट बांटने का दलों का तरीका संदेहास्पद भूमिका में

है। कुछ लोग जिनकी राजनीति के बारे में गलत धारणा है वे राजनीतिक को कभी-कभी घिनौना खेल कह देते है। इसी आधार पर वे महिलाओं को राजनीति से दूर रहने की प्रेरणा देते हैं। न्यायधीशों और बुद्धिजीवियों से भी यह आशा की जाती है कि वे अपने आपको राजनीति से ऊपर रखेंगे लेकिन राजनीति का सकारात्मक पहलू भी है। यदि हम राजनीति से घृणा कर उससे भागेंगे तो यह बात सत्य है कि राजनीति गलत लोगों के हाथ में चली जायेगी। सार्वजनिक समस्याओं का समाधान किसी भी स्थिति में नहीं हो पायेगा।

उपर्युक्त अध्याय में राजस्थान की महिलाओं की राजनीति के प्रति दृष्टिकोण को जानने के लिए राजनीति से संबंधित प्रश्नों को उनके समक्ष प्रस्तुत किया गया है उनकी राजनीति से सम्बन्धित प्रतिक्रिया तालिका 5.2 में दर्शायी गई है।

तालिका 2

राजनीति में निजी हित की अपेक्षा सार्वजनिक हित को प्रमुखता

क्र. सं.	*प्रतिक्रिया*	*आवृत्ति*	*प्रतिशत (%)*
1.	सहमत	150	60
2.	असहमत	100	40
	योग	250	100

उपर्युक्त तालिका से स्पष्ट है कि 150 (60%) महिलाओं ने राजनीति में निजी हित की अपेक्षा सार्वजनिक हित को प्रमुखता देने की बात को स्वीकार किया है। इनका मानना है कि राजनीति में आने से व्यक्ति के व्यक्तित्व का विकास होता है और राजनीति ने निजी हित की अपेक्षा सार्वजनिक हित को प्रमुखता दी जाती है।

अध्ययन की 40% (100) महिलाओं ने इस प्रश्न का उत्तर नकारात्मक दिया है। इनका मानना है कि राजनीति भ्रष्टाचार का खजाना है। राजनीति में जाने के बाद व्यक्ति अपने सांस्कृतिक मूल्यों को ताक पर रख देता है। राजनीति पेशेवर राजनीतिज्ञों का केन्द्र बनकर रह गई है।

तालिका 3
राजनीति व्यक्ति के व्यक्तित्व निर्माण में सहायक है

क्र. सं.	*प्रतिक्रिया*	*आवृत्ति*	*प्रतिशत (%)*
1.	सहमत	150	60
2.	असहमत	100	40
	योग	250	100

उपर्युक्त तालिका से स्पष्ट है कि 150 (60%) महिलाओं ने राजनीति को व्यक्ति के व्यक्तित्व विकास में सहायक माना है। ये मानती हैं कि 100 (40%) महिलाओं ने राजनीति को व्यक्ति के व्यक्तित्व विकास में सहायक नहीं माना है। इनका मानना है कि राजनीति में जाने के बाद व्यक्ति अपने सांस्कृतिक मूल्यों को ताक पर रख देता है। राजनीति एक भ्रमजाल है जिससे व्यक्ति का निकलना मुश्किल होता है। उपर्युक्त विश्लेषण से स्पष्ट होता है कि 60% महिलाएँ राजनीति में रूचि रखती हैं और राजनीति को अच्छी मानती है जबकि 40% महिलाएँ राजनीति को बुरा मानती हैं।

तालिका 4
महिलाओं को राजनीति में अपनी क्षमता का प्रदर्शन करना चाहिए।

क्र. सं.	*प्रतिक्रिया*	*आवृत्ति*	*प्रतिशत (%)*
1	सहमत	225	90
2	असहमत	25	10
	योग	250	100

उपर्युक्त तालिका से स्पष्ट है कि 225 (90%) महिलाओं ने इस प्रश्न का उत्तर हाँ में दिया है तथा 25 (10%) महिलाएँ इस प्रश्न से असहमत है। अपनी अभिव्यक्ति के अलग-अलग कारण बताये हैं।

तालिका 5(अ) से स्पष्ट है कि 150 महिलाओं को राजनीति में अपनी क्षमता के प्रदर्शन करना चाहिए से इसलिए सहमत हैं कि राजनीति व्यक्ति का सर्वांगीण विकास करती है। 200 महिलाएँ विकास हेतु महिला संवर्धन को राजनीति में संभव मानती हैं। 140 महिलाओं ने राजनीति को विकास की प्रथम

सीढ़ी माना है। 200 महिलाओं ने माना है कि महिलाओं में भी राजनीतिक नेतृत्व का गुण पाया जाता है।

तालिका 5(अ)
उपर्युक्त प्रतिक्रिया के कारण-बहुल प्रतिक्रिया (सहमत)

क्र. सं.	*कारण*	*आवृत्ति (%)*
1.	व्यक्ति के व्यक्तित्व का पूर्ण विकास होता है।	150
2.	महिला विकास हेतु महिला संवर्धन राजनीति में ही संभव है।	200
3.	राजनीति विकास की प्रथम सीढ़ी।	140
4.	महिलाओं में भी नेतृत्व का गुण पाया जाता है।	200

तालिका 5(ब)
उपर्युक्त प्रतिक्रिया के कारण - बहुल प्रतिक्रिया (असहमत)

क्र. सं.	*कारण*	*आवृत्ति (%)*
1.	राजनीति, भ्रष्टाचार का खजाना है।	25
2.	राजनीति समाज के गलत लोगों का अड्डा बन चुकी है।	40
3.	राजनीति एक भ्रमजाल है, जो महिलाओं के लिये सही नहीं है।	50
4.	राजनीति पेशेवर राजनीतिज्ञों का केन्द्र है।	40

तालिका 5(ब) से स्पष्ट है कि 25% महिलाओं ने राजनीति में भाग लेने से असहमति इसलिए प्रकट की है कि राजनीति भ्रष्टाचार का खजाना है। 40% महिलाएँ ने राजनीति को समाज के गलत लोगों का अड्डा बताया है। 50 महिलाओं ने राजनीति को भ्रमजाल माना है जो महिलाओं के लिये सही नहीं है। 40 महिलाओं ने राजनीति को पेशेवर राजनीतिज्ञों का केन्द्र बताया है।

तालिका 6
वर्तमान भारतीय राजनीतिक व्यवस्था सम्बंधी जानकारी

क्र. सं.	*प्रतिक्रिया*	*आवृत्ति*	*प्रतिशत (%)*
1.	सन्तुष्ट	125	50
2	असंतुष्ट	125	50
	योग	250	100

तालिका 6 से स्पष्ट है कि 125 (50%) महिलाएँ वर्तमान राजनीति व्यवस्था के स्वरूप से संतुष्ट हैं तथा 125 (50%) महिलाएँ वर्तमान राजनीतिक व्यवस्था से असंतुष्ट हैं। महिलाओं ने अपनी अभिव्यक्ति के अगल-अलग कारण बताये हैं।

तालिका 6(अ)

उपर्युक्त प्रतिक्रिया के कारण-बहुल प्रतिक्रिया (संतुष्ट)

क्र. सं.	*कारण*	*आवृत्ति*
1.	जनमत का सम्मान	120
2.	जनता के अधिकार और कर्तत्य निष्ठिचत	80
3.	उत्तरदायी शासन	110
4.	प्रजातंत्रात्मक शासन	100
5.	स्थायी शासन	120

तालिका 6(अ) से स्प्ष्ट है कि 120 महिलाएँ राजनीति व्यवस्था से इसलिये संतुष्ट हैं क्योंकि भारत की राजनीतिक व्यवस्था में जनमत का सम्मान है। 80 महिलाएँ अपनी संतुष्टि का कारण यह मानती हैं कि जनता के अधि कार और कर्तव्य निश्चित है। 110 महिलाएँ भारतीय राजनीतिक व्यवस्था को उत्तरदायी शासन मानती हैं। 100 महिला प्रजातंत्रात्मक शासन व्यवस्था होने के कारण और 120 स्थायी शासन होने के कारण राजनीतिक व्यवस्था से संतुष्ट हैं।

तालिका 6(ब)

उपर्युक्त प्रतिक्रिया के कारण-बहुल प्रतिक्रिया (असंतुष्ट)

क्र. सं.	*कारण*	*आवृत्ति*
1.	व्यापक भ्रष्टाचार	125
2.	अन्याय और शोषण	110
3.	नेताओं की स्वार्थपरता	80
4.	जनमत की उपेक्षा	100
5.	जन कल्याण गौण	110

राजनीतिक व्यवस्था से असंतुष्ट महिलाओं का मानना है कि जन कल्याण की प्रधानता वर्तमान व्यवस्था में नहीं है वरन गौण है। 80 महिलाओं का मानना है कि नेताओं की वृत्ति स्वार्थपरता की है। इनके लिए अधिक महत्व अपने हित और कुर्सी के लिए है और इसके लिये ये जनता के कल्याण को भुला देते हैं। 125 महिलाओं का मानना है कि हमारी राजनीतिक व्यवस्था में भ्रष्टाचार काफी फैला हुआ है। 100 महिलाएँ इसका कारण नेताओं द्वारा किये जाने वाले जनमत की उपेक्षा को मानती हैं। 110 महिलाएँ अन्याय और शोषण के कारण राजनीतिक व्यवस्था से असंतुष्ट हैं।

राजनीतिक विकास एवं लोकतंत्र

राजनीतिक विकास वह प्रक्रिया है जिसके माध्यम से किसी विकासशील देश की राज-व्यवस्था को जाना जा सकता है। लुसियनपाई को लेखकों के इस वर्ग में अग्रणी माना जाता है जिन्होंने इस संकल्पना का गहराई से विश्लेषण किया है। राजनीतिक विकास राजनीतिक परिवर्तन का ही दूसरा नाम है। सामाजिक, आर्थिक, सांस्कृतिक और राजनीतिक विकास के लिए राजनीतिक विकास राष्ट्रीय स्तर पर विभिन्न अर्थों में राजनीतिक विकास का नाम देना उचित था। राजनीतिक विकास के सन्दर्भ में विभिन्न अर्थ इस प्रकार लिये गए हैं:-

1. जन-सहभागिता का नाम ही राजनीतिक विकास से लिया गया था।
2. औद्योगिक विकास के नाम को राजनीतिक आधुनिकीकरण का नाम दिया गया था। इसे राजनीति विकास का भाग माना गया था।
3. जन-शक्ति के रूप में जनता का राजनीति विकास में व्यापक अध्ययन किया गया था।

एल्फ्रेड डायमेंट ने राजनीतिक विकास को एक ऐसी प्रक्रिया बताया है जो सदैव उठने वाली सामाजिक समस्याओं की श्रृंखला को सुलझाने के लिए संस्थानात्मक ढाँचे का निर्माण करती है।[14] जिस राष्ट्र में राजनीतिक विकास की प्रक्रिया शुरू होती है उस राष्ट्र में लोकतांत्रिक मूल्य, समानता, स्वतंत्रता,

न्याय, कानून, धर्म निरपेक्षता, समाजवाद के आदर्शों में जनता की गहरी आस्था पाई जाती है।

जनसाधारण राष्ट्र के बारे में, आदर्शों के बारे में लोकतांत्रिक मूल्यों के लिए मिलकर कार्य करने की प्रक्रिया का नाम ही राजनीतिक विकास का सीध ा अर्थ लगाया जा सकता है। लोकतंत्र का निर्माण भी एक लम्बी प्रक्रिया है। लोकतंत्र मानवीय व्यवहार में होना चाहिए तभी राजनीतिक विकास सच्चे लोकतंत्र की स्थापना कर सकता है।

तालिका 7

राजनीतिक विकास हेतु महिलाओं का विकास आवश्यक

क्र. सं.	*प्रतिक्रिया*	*आवृत्ति*	*प्रतिशत (%)*
1	सहमत	250	100
2	असहमत	0	0
	योग	250	100

तालिका 5.7 से स्पष्ट है कि 250 (100%) महिलाएँ इस बात से सहमत हैं कि राजनीतिक विकास हेतु महिलाओं का विकास आवश्यक है। इनका मानना है कि महिला समाज का एक बहुत बड़ा वर्ग है। भारत की राजनीति पुरुष प्रधान होने के कारण शिक्षित महिलायें सामान्यतः राजनीति में हिस्सा कम लेती हैं परन्तु समय के साथ-साथ अब शिक्षित महिलाओं का भी राजनीति की तरफ रूझान बढ़ा है। महिलायें जो कि जनतांत्रिक राजनीतिक व्यवस्था की जागरूक नागरिक हैं वे राष्ट्रीय और अन्तर्राष्ट्रीय स्तर की राजनीतिक गतिविधियों के प्रति भी सचेत और ज्ञानवान रहती हैं। इनके विकास से ही भारत का राजनीतिक विकास सम्भव है।

महिला और राजनीतिक दल

लगभग सभी राजनीतिक दल महिलाओं को बेहतर भविष्य देने का वायदा करने में उदार होते हैं। महिलाओं का आंदोलन 1975 को महिला वर्ष के रूप में मनाने की घोषणा और बाद में 1975-1985 को महिला दशक के रूप में

मनाने जैसी घटनाओं ने महिलाओं के विषय में राजनीतिक दलों के परिपेक्ष्य में कुछ परिवर्तन किया। लोकतंत्र के पहियों के रूप में राजनीतिक दल जरूरी है। राजनीतिक दल राजनीतिक प्रक्रिया को जोड़ने, सरल करने तथा स्थिर बनाने का कार्य करते हैं।[15] **प्रो. लास्की** का मानना है कि आधुनिक राज्यों में भ्रान्तिपूर्ण वातावरण में यह जरूरी है कि समस्याओं का चयन कर वरियता के आधार पर कुछ को जल्दी निपटाने के लिए छाँटना चाहिए और उनके निदान जनता की स्वीकृति के लिये प्रस्तुत करने चाहिए। दलों द्वारा चयन का यह कार्य किया जाता है।[16]

सरकार ने भी विकास की प्रक्रिया में महिलाओं की भागीदार के रूप में देखने के प्रस्ताव को स्वीकारा और उन्हें कल्याणकारी योजनाओं का मात्र लाभार्थी नहीं माना। 1989 का चुनाव महिलाओं के प्रति राजनीतिक दलों की परिवर्तित अभिवृत्ति को प्रतिविम्बित करता है। महिलाओं के मध्य राजनीतिक दलों द्वारा कई वायदे किये गये, इनमें प्रमुख हैं- स्थानीय स्व:शासन की संस्थाओं में महिलाओं की 30% आरक्षण (कांग्रेस), पंचायत में महिलाओं को 30 प्रतिशत आरक्षण (सी.पी.आई.एम) सरकारी नौकरियों में महिलाओं को 30 प्रतिशत आरक्षण (राष्ट्रीय मोर्चा) और नौकरी की कुछ निश्चित श्रेणियों में महिलाओं को 30 प्रतिशत तक आरक्षण (बी.जे.पी.)। 1996 में कांग्रेस ने महिलाओं को 30% तक आरक्षण देने का वायदा किया क्योंकि मैदान में महिला उम्मीदवारों की संख्या थी-कांग्रेस द्वारा 49, बी.जे.पी द्वारा 23, जनता दल द्वारा 13 आदि थी और गठबंधन राजनीतिक दलों कांग्रेस, जनता दल और वामदलों ने महिलाओं के लिए कई कार्यक्रमों का वायदा किया जिसमें महिलाओं के लिए राज्य विधान सभा और संसद में 33 प्रतिशत आरक्षण का वायदा था। केवल कुछ ही महिलाएँ नेता पार्टी अध्यक्ष के पद या विधायी दलों में नेता तक पहुंचने में समर्थ रहीं जैसे-इंदिरा गांधी और सोनिया गांधी (कांग्रेस), मृणाल गोरे (जनता पार्टी), गीता मुखर्जी (सी.पी.आई), विजय राजे सिंधिया, सुषमा स्वराज (बी.जे.पी), ममता बनर्जी (तृणमूल कांग्रेस), जयललिता (ए.आई.ए.डी.एम.के), मायावती (बहुजन समाज पार्टी) और जया जेटली (समता पार्टी)।[17]

तालिका 8
राजनीतिक दलों में महिलाओं का पदानुक्रम

दल	*पदानुक्रम*	*कुल सदस्य*	*महिलाओं की संख्या*
बी.जे.पी	संसदीय समिति राष्ट्रीय	9	1
	कार्यपालिका	73	9
कांग्रेस	कार्यकारी समिति	19	02
जनता दल	राजनीतिक मामलों की समिति	15	0
	संसदीय समिति	15	0
	राष्ट्रीय कार्यपालिका	75	11
सी.पी.आई.(एम)	पोलित ब्यूरो	15	0
	केंद्रीय समिति	70	5

शिक्षा के विकास, आधुनिक संचार व्यवस्था के प्रसार, औद्योगिकरण, राष्ट्रीयता की बढ़ती हुई भावना ने राजनीति दलों को जन्म दिया। किसी भी प्रजातांत्रिक देश में राजनीतिक दलों का होना अनिवार्य है।[18] इस अध्ययन में महिलाओं से राजनीतिक दलों के बारे में जानकारी प्राप्त की गयी है कि भारतीय दलीय व्यवस्था को कैसा मानती हैं, किस दल को वे अपने विचारों के सर्वाधि क निकट पाती हैं। इन सब बातों के बारे में जानकारी प्राप्त की गई है।

तालिका 9
देश के लिए राजनीतिक दल का होना जरूरी है।

क्र. सं.	*प्रतिक्रिया*	*आवृत्ति*	*प्रतिशत (%)*
1.	हाँ	225	90
2.	नहीं	12	4.8
3.	कोई उत्तर नहीं	13	5.2
	योग	250	100

उपर्युक्त तालिका से स्पष्ट है कि अध्ययन 90 प्रतिशत (225) महिलाओं ने इस बात को स्वीकार किया है देश के लिए राजनीतिक दलों का होना अति आवश्यक है। जनसंख्या की दृष्टि से भारत जैसे विशाल देश में प्रजातांत्रिक शासन व्यवस्था को राजनीतिक दलों के माध्यम से चलाया जा सकता है। अतः देश के लिए राजनीतिक दल अनिवार्य है।

अध्ययन की 4.8 प्रतिशत (12) महिलायें इस बात से सहमत नहीं हैं कि देश के लिए राजनीतिक दल अनिवार्य हैं। इनका मानना है कि देश में राजनीतिक दलों के निर्णय दलों के उच्च नेताओं द्वारा लिये जाते हैं जो जनता के पक्ष में नहीं होते हैं। 5.2 प्रतिशत (13) महिलाओं ने इस सम्बंध में कोई भी उत्तर नहीं की प्रतिक्रिया व्यक्त की है।

तालिका 10

भारत की दलीय व्यवस्था में स्पष्ट विचारधारा और कार्यक्रमों का अभाव है।

क्र. सं.	प्रतिक्रिया	आवृत्ति	प्रतिशत *(%)*
1	सहमत	150	60
2	असहमत	50	20
3	जानकारी नहीं	50	20
	योग	250	100

उपर्युक्त तालिका से स्पष्ट है कि शोध की 60% (150) महिलाओं ने इस बात को स्वीकार किया है कि भारत की दलीय व्यवस्था में स्पष्ट विचारधारा और कार्यक्रमों का अभाव है। राजनीतिक नेता अपने व्यक्तिगत स्वार्थों के कारण अपने दल की स्पष्ट विचारधारा और स्पष्ट कार्यक्रम प्रस्तुत नहीं करते हैं।

20 प्रतिशत (50) महिलायें इस प्रश्न से असहमत हैं कि भारत की दलीय व्यवस्था में स्पष्ट विचारधारा और कार्यक्रमों का अभाव है। कारण स्पष्ट करते हुए महिलाओं ने माना है कि भारत के जो प्रमुख दल हैं वे ही राजनीति में रहते हैं और उनके कार्यक्रम और विचारधारायें स्पष्ट हैं। 20 प्रतिशत (50) महिलाओं ने इस प्रश्न के प्रति अनभिज्ञता जताई है।

तालिका 11

भारत में दलविहीन व्यवस्था होनी चाहिए

क्र. सं.	*प्रतिक्रिया*	*आवृत्ति*	*प्रतिशत (%)*
1.	सहमत	25	10
2.	असहमत	220	88
3.	जानकारी नहीं	5	2
	योग	250	100

उपर्युक्त तालिका से स्पष्ट है कि 88 प्रतिशत (220) महिलाएँ इस प्रश्न से असहमत हैं कि भारत में दलविहीन व्यवस्था होनी चाहिए। कारण स्पष्ट करते हुए माना कि भारत विश्व का सबसे बड़ा लोकतांत्रिक देश है। जनसंख्या की दृष्टि से बड़ा देश होने के कारण भारत में शासन संचालन के लिए राजनीतिक दलों का होना जरूरी है। राजनीतिक दलों को लोकतंत्र का प्राण कहा गया है। अतः भारत के लिए राजनीतिक दलों का होना अनिवार्य है।

अध्ययन की 10 प्रतिशत (25) महिलाओं ने इस प्रश्न का उत्तर हाँ में दिया कि भारत में दलविहीन व्यवस्था होनी चाहिए। इन्होंने कारण स्पष्ट करते हुए बताया है कि भारत में दलीय राजनीति धनी लोगों का केन्द्र बनती जा रही है। इसके साथ ही राजनीतिक दल व्यक्तिगत स्वार्थों का केन्द्र बनते जा रहे हैं। अतः भारत में राजनीतिक दलों को समाप्त कर दिया जाये और उनकी जगह एकमत से जनता के प्रतिनिधियों को शासन के लिए निर्वाचित किया जाये। 2 प्रतिशत (5) महिलाओं ने इस प्रश्न का उत्तर जानकारी नहीं में दिया है।

तालिका 12(क)

राजनीतिक दल जाति का ध्यान रखते हैं।

क्र. सं.	*प्रतिक्रिया*	*आवृत्ति*	*प्रतिशत (%)*
1.	हाँ	150	60
2.	नहीं	55	22
3.	जानकारी नहीं	45	18
	योग	250	100

उपर्युक्त तालिका से स्पष्ट है कि अध्ययन की 60 प्रतिशत (150) महिलाओं ने इस प्रश्न का उत्तर हाँ में दिया है कि राजनीतिक दल जाति का ध्यान रखते हैं तथा वे जाति के आधार पर उम्मीदवारों का चयन करते हैं। 22 प्रतिशत (55) महिलाओं का मानना है कि राजनीतिक दल जाति के हित की

दृष्टि से कार्य नहीं करते हैं। 18% (45) महिलाओं ने इस प्रश्न का जानकारी नहीं में उत्तर दिया है।

तालिका 12(ख)

जाति विपरीत राजनीति दल (बहुत प्रतिक्रिया)

क्र. सं.	*दल का नाम*	*बहुल आवृत्ति*
1.	कांग्रेस	85
2.	भारतीय जनता पार्टी	90
3.	बहुजन समाजवादी पार्टी	80
4.	जानकारी नहीं	140

उपर्युक्त तालिका से स्पष्ट है कि 85 महिलायें यह मानती हैं कि कांग्रेस जाति विशेष का ध्यान नहीं रखती। 90 महिलाओं का मानना है कि भारतीय जनता पार्टी जाति पर आधारित नहीं है। 80 महिलाओं का मानना है कि बहुजन समाजवादी पार्टी जाति पर आधारित नहीं है। 140 महिलाओं ने इस बारे में कुछ भी नहीं कहा है।

राजनीतिक संस्कृति

राजनीतिक संस्कृति सामान्य संस्कृति का एक अभिन्न अंग है। यह राजनीतिक व्यवस्था के प्रति व्यक्तियों के विश्वासों, मनोवृत्तियों मूल्यों एवं व्यवहार का योग है। राजनीतिक व्यवस्था एवं राजनीति से संबंधित व्यक्तियों के दृष्टिकोण, विश्वास एवं भावनाओं का मिश्रित रूप ही राजनीतिक संस्कृति है। यह सदस्यों के राजनीतिक व्यवहार से सम्बंधित है। इस तरह का सीखा हुआ राजनीतिक व्यवहार है जो व्यक्तियों या समूहों में सामाजिक परिवर्तन या सांस्कृतिक संघर्ष की चुनौतियों या नई परिस्थितियों के अनुकूल बनाने की प्रक्रिया में उत्पन्न या निर्मित हो सकता है। **आमण्ड तथा वर्बा** ने राजनीतिक संस्कृति से तात्पर्य राजनीतिक व्यवस्था एवं इसके घटकों के प्रति विशिष्ट राजनीतिक अभिविन्यासों तथा व्यवस्था में स्व की भूमिका के प्रति मनोवृत्तियों से है।[19]

तालिका 13

भारतीय राजनीतिक संस्कृति सम्बंधी विचार-बहुल प्रतिक्रिया

क्र. सं.	*भारतीय राजनीतिक संस्कृति संबंधी प्रतिक्रिया*	*आवृत्ति*
1.	भारत में चुनावों में मतदान का कम प्रतिशत रहने का कारण जनता में जागरूकता का अभाव है।	200
2.	भारत में जनता राजनीतिक मुद्दों के प्रति सजग है।	80
3.	भारत की राजनीतिक संस्कृति विश्व में महान कहीं जाने वाली भारतीय संस्कृति से पोषित है।	150
4.	भारत की जनता में राजनीतिक निर्णय प्रक्रिया को प्रभावित करने की क्षमता है।	100
5.	राजनीतिक अपराधीकरण के कारण जनता का राजनीतिक व्यवस्थाओं तथा राजनीतिज्ञों के प्रति नकारात्मक मनोभाव है।	200
6.	हमारी रूढ़ीवादी सोच है कि राजनीति में भाग लेने से सामाजिक प्रतिष्ठा में वृद्धि होती है।	125
7.	राजनीतिक को हमारे देश में समाज सेवा के स्थान पर धन कमाने का स्रोत मान लिया गया है।	225
8.	भारतीय राजनीति में वंशवाद, जातिवाद पनपने लगा है।	250
9.	यह परम्परा और आधुनिकता का समन्वय है।	100

उपर्युक्त तालिका से स्पष्ट है कि अध्ययन की 200 महिलाओं ने इस बात को स्वीकार किया है कि भारत में चुनावों में मतदान का कम प्रतिशत रहने का कारण है कि जनता में राजनीतिक जागरूकता का अभाव है। 80 महिलाओं ने स्वीकारा कि भारत की जनता राजनीतिक मुद्दों के प्रति सजग रहती है। 150 ने भारत की राजनीतिक संस्कृति विश्व में महान कही जाने वाली भारतीय संस्कृति की पोषित है को स्वीकार किया है। 100 महिलाओं ने माना कि भारत की जनता में राजनीतिक निर्णय प्रक्रिया को प्रभावित करने की क्षमता है। 200 ने माना कि राजनीतिक अपराधीकरण के कारण जनता का राजनीतिक व्यवस्थाओं तथा राजनीतिज्ञों के प्रति नकारात्मक मनोभाव है। 125 महिलाओं का मत है कि हमारी रूढ़िवादी सोच है कि राजनीति में भाग लेने से सामाजिक प्रतिष्ठा में वृद्धि होती है। 225 महिलाओं का मानना है कि राजनीति को हमारे देश में समाज सेवा के स्थान पर धन कमाने का स्रोत मान लिया है। 250 महिलाओं ने माना कि भारतीय राजनीति में वंशवाद, जातिवाद

पनपने लगा है। 100 महिलाओं का मानना है कि भारतीय राजनीति परम्परा और आधुनिकता का समन्वय है।

राजनीतिक समाजीकरण

राजनीतिक समाजीकरण राजनीतिक संस्कृति का एक अभिन्न अंग है। इसके द्वारा व्यक्ति अपनी राजनीतिक भूमिकाओं को सीखता है एवं व्यक्ति को राजनीतिक व्यवहार के क्षेत्र में निपुण करता है। **हर्बर्ट हीमेन** का मानना है कि राजनीतिक समाजीकरण सम्पूर्ण ज्ञान की प्रक्रिया का एक भाग है जिससे राजनीतिक पद्धति का ज्ञान होता है और उस ज्ञान में व्यक्तियों, घटनाओं, नीतियों तथा आवश्यकताओं आदि से संबंधित ज्ञान भी शामिल है।[20]

तालिका 14

राजनीतिक समाजीकरण से व्यक्ति का राजनीति के प्रति अनुकूल दृष्टिकोण बनता है।

क्र. सं.	*प्रतिक्रिया*	*आवृत्ति*	*प्रतिशत (%)*
1.	हाँ	210	84
2.	नहीं	3	30
3.	कोई उत्तर नहीं	10	4
	योग	250	100

उपर्युक्त तालिका से स्पष्ट है कि महिलाओं का बहुमत 84 प्रतिशत इस बात को स्वीकार करता है कि राजनीतिक समाजीकरण से व्यक्ति का राजनीतिक के प्रति अनुकूल दृष्टिकोण बनता है। राजनीतिक समाजीकरण से ही राष्ट्र या राज्य तथा समाज के प्रति हमारी निष्ठा बनती है। अतः राजनीतिक समाजीकरण राष्ट्र निर्माण में भी सहायक है।

केवल 4 प्रतिशत महिलाओं का कोई उत्तर नहीं आया है। इनका मानना है कि इससे राजनीति में नये दबाव व तनाव विकसित होंगे। साथ ही इससे राजनीति छिन्न-भिन्न हो जायेंगी।

राजस्थान की राजनीति में महिलाओं की भूमिकाओं को देखते हुए इस बात को जानने का प्रयास भी शोध अध्ययन में किया गया है कि राजस्थान में महिलाओं की राजनीतिक समाजीकरण के आयाम क्या रहे हैं। इस सम्बंध में महिलाओं से उक्त प्रश्न पूछे गये।

तालिका 15

राजस्थान में महिलाओं के राजनीतिक समाजीकरण के प्राथमिक समूहों के अलावा द्वितीयक समूह भी हैं।

क्र. सं.	*प्रतिक्रिया*	*आवृत्ति*	*प्रतिशत (%)*
1.	सहमत	200	80
2.	असहमत	0	0
3.	जानकारी नहीं	50	20
	योग	250	100

उपर्युक्त तालिका से स्पष्ट है कि अध्ययन में 80 प्रतिशत महिलाओं ने इस बात को स्वीकार किया है कि राजस्थान की राजनीति में महिलाओं के राजनीतिक समाजीकरण के आयामों में प्राथमिक जैसे-परिवार, शिक्षण संस्थाऐं मित्र-मण्डली और राजनीतिक दल के अलावा द्वितीय समूह भी रहे हैं। द्वितीयक समूहों में राजस्थान की महिलाओं की राजनीतिक जीवन में सहभागिता, जनसम्पर्क साधनों का प्रभाव और राज्य में अनेक महिला संगठनों की उपस्थिति आती हैं। ये सभी इस बात के प्रतीक हैं कि महिलाओं का राजनीतिक समाजीकरण इनके माध्यम से भी होता है। 20 प्रतिशत महिलाओं ने इस प्रश्न का उत्तर जानकारी नहीं में दिया है।

शासन प्रणाली

शासन प्रणाली के संदर्भ में ही महिलाओं से इस प्रश्न की प्रतिक्रिया जानने का प्रयास किया गया कि विश्व में सर्वोत्तम शासन प्रणाली कौन-सी है? भारत की राजनीतिक विरासत की खास बात यह रही है कि वह उस संवैधानिक प्रतिमान को चुन लेगी जिसमें स्थायित्व व उत्तरदायित्व को मिलाने का प्रयत्न किया गया हो। जैसे-फ्रेंच मॉडल की खास बात है कि उत्तरदायित्व की व्यवस्था करने के लिए संविधान गणतंत्रात्मक संसदीय शासन स्थापित करता है तथा कार्यपालिका के स्थायित्व के लिये अध्यक्षीय शासन को संसदीय शासन पर प्रतिरोपित कर देता है।[21]

तालिका 16
सर्वोत्तम शासन प्रणाली सम्बंधी जानकारी

क्र. सं.	*शासन प्रणाली*	*आवृत्ति*	*प्रतिशत (%)*
1.	दल विहीन प्रजातंत्र	20	8
2.	अध्यक्षात्मक	20	8
3.	राजतंत्रात्मक	0	0
4.	संसदीय (एकात्मक)	10	4
5.	संसदीय (संघात्मक)	175	70
6.	साम्यवाद	20	8
7.	सैनिक शासन	5	2
	योग	250	100

उपर्युक्त तालिका से स्पष्ट है कि महिलाओं ने शासन प्रणाली के संबंध में अपनी प्रतिक्रिया व्यक्त की है। 175 (70%) महिलाओं के विचारों से स्पष्ट होता है कि संसदीय संघीय व्यवस्था सर्वोत्तम है क्योंकि इसमें केन्द्र और उसकी इकाईयों में संतुलन रहता है। 10 (4%) महिलाओं ने मत व्यक्त किया है कि संसदीय एकात्मक व्यवस्था अच्छी शासन प्रणाली है क्योंकि अनुशासन हेतु केन्द्र को शक्तिशाली होना चाहिए। 20 (8%) महिलाओं ने दल विहीन लोकतंत्र को महत्व दिया है तथा उनकी प्रतिक्रिया अभिव्यक्ति से यह स्पष्ट होता है कि इससे देश में समानता स्थापित होगी। राजनीतिक दल जो एक दूसरे पर आरोप प्रत्यारोप लगाते हैं वह बन्द होगा, गुटबन्दी पूरी तरह से समाप्त होगी। दल विहीनता के कारण राजनीतिक भ्रष्टाचार समाप्त होगा।

20(8%) महिलाओं ने अध्याक्षात्मक शासन व्यवस्था को उचित माना है। प्रतिक्रिया स्वरूप उनका मानना है कि यह शासन प्रणाली शासन को स्थायित्व प्रदान करती है। 20(8%) महिलाओं ने साम्यवादी शासन व्यवस्था को उचित माना है। क्योंकि साम्यवाद में पूँजी का उचित वितरण होता है और श्रमिक वर्ग का शोषण नहीं होता है। समाज को सभी वर्गों को अपने व्यक्तित्व का विकास करने का उचित अवसर प्राप्त होता है। अतः यह शासन प्रणाली श्रेष्ठ है। 5(2%) महिलाओं ने सैनिक शासन को श्रेष्ठ माना है। इनका मानना

है कि शक्ति के कारण एकता आती है। राजतंत्रात्मक शासन प्रणाली को किसी भी महिला द्वारा उचित नहीं माना गया है।

तालिका 17

भारत के लिए उचित शासन प्रणाली सम्बन्धी जानकारी

क्र. सं.	*शासन प्रणाली*	*आवृत्ति*	*प्रतिशत (%)*
1.	संसदात्मक	225	90
2.	अध्यक्षात्मक	25	10
	योग	250	100

उपर्युक्त तालिका से स्पष्ट है कि अध्ययन की महिलाओं का 225(90%) मत भारत के लिये संसदात्मक शासन व्यवस्था के पक्ष में है। इन महिलाओं ने संसदात्मक शासन व्यवस्था को इसलिये श्रेष्ठ माना है क्योंकि संसदात्मक शासन प्रणाली में कार्यपालिका व व्यवस्थायिका में सहयोग रहता है। इसमें उत्तरदायित्वपूर्ण शासन की स्थापना होती है। इस शासन प्रणाली से जनभागीदारी सम्भव है। संसदात्मक शासन प्रणाली देश की परिस्थितियों के अनुकूल है।

भारत के लिए अध्यक्षात्मक शासन व्यवस्था को केवल 25 महिलाएँ ही उचित मानती हैं। इन महिलाओं का मानना है कि यह भारत के लिए इसलिए उचित है क्योंकि इसमें शक्ति पृथक्करण के सिद्धान्त का पूर्ण पालन होता है। इस शासन प्रणाली में शासन का उत्तरदायित्व एक ही व्यक्ति पर होने के कारण इसमें स्थायित्व पाया जाता है। उपर्युक्त विश्लेषण से यह स्पष्ट होता है कि अधिकांश उत्तरदाताओं के विचार में संसदीय शासन व्यवस्था ही भारत जैसे देश के लिए उचित है।

व्यवस्थापिकाओं में महिलाओं हेतु आरक्षण

भारत का समाज पुरुष प्रधान होने के कारण यहाँ महिलाओं का कार्यक्षेत्र घर ही माना गया है इसलिये भारत में राजनीति को पुरुषों का ही क्षेत्र माना गया है। सामान्यत: भारत में यही माना जाता है कि महिला में राजनीतिक के लिए अपेक्षित क्षमता एवं गुणों का अभाव है। वर्तमान समय में महिलायें हर क्षेत्र में

पुरुषों से आगे बढ़ रही हैं लेकिन केवल कुछ राजनीतिक दल ही चुनावों में महिला प्रत्याशी को अवसर देते हैं। भारतीय संसद में 1996, 1998, 1999 में 107 संविधान संशोधन के रूप में महिला आरक्षण विधेयक प्रस्तावित किया गया लेकिन पास नहीं हो सका।

राजनीतिक दल महिलाओं को इसलिए भी प्रत्याशी घोषित नहीं करते हैं क्योंकि वे समाज की अनेक सीमाओं के भीतर ही चुनाव प्रचार और अन्य सामाजिक कार्य करती हैं और महिलाओं की सफलता का संशय बना रहता है। इसी कारण महिलाएँ व्यवस्थापिका और अन्य प्रतिनिधि संस्थाओं में अपने हितों और सामाजिक दायित्वों की रक्षा नहीं कर पाती हैं। अतः व्यवस्थापिका में महिलाओं हेतु स्थान सुरक्षित कर कुछ सीमा तक अधिकारों के इस असंतुलन को कम किया जा सकता है।22

संविधान में 84वां और 85वां संवैधानिक संशोधन हुआ था जिसमें लोकसभा और राज्य विधान सभाओं के कुल स्थान में एक तिहाई महिलाओं के लिये आरक्षित किये गये जिसमें अनुसूचित जाति और अनुसूचित जनजाति की महिलाएँ भी शामिल हैं। यह प्रावधान पहले हुए 73वें और 74वें संवैधानिक संशोधन का विस्तार है जिसमें ग्रामीण और शहरी स्तर पर स्थानीय सरकार में चयनित निकायों में एक तिहाई स्थान आरक्षित किया गया था।[23] इस संदर्भ में महिलाओं की प्रतिक्रिया तालिका 18 में है।

तालिका 18

संसद एवं राज्य व्यवस्थापिकाओं में महिलाओं हेतु आरक्षण होना चाहिए।

क्र. सं.	*प्रतिक्रिया*	*आवृत्ति*	*प्रतिशत (%)*
1.	सहमत	225	90
2.	असहमत	25	10
3.	जानकारी नहीं	0	0
	योग	250	100

उपर्युक्त तालिका से स्पष्ट है कि सर्वाधिक 225 (90%) महिला आरक्षण के पक्ष में है। अनौपचारिक वार्ता में महिलाओं ने माना कि वर्तमान

समय में पुरुषों की अपेक्षा राजनीति के क्षेत्र में महिलाओं की संख्या कम है और प्रतियोगिता के माध्यम से प्रतिनिधित्व प्राप्त करने में सक्षम नहीं है। ऐसी स्थिति में अपने हितों की पूर्ति के लिये उन्हें विशेष सहायता करने की आवश्यकता है। अपनी विशिष्ट समस्याओं का समाधान करने के लिये अपनी माँगों को प्रभावी तरीके से प्रस्तुत करने हेतु व्यवस्थापिका में महिलाओं की उपस्थिति अति आवश्यक है। आरक्षण की पक्षधर महिलाएँ यह मानती हैं कि कुछ वर्षों तक महिला आरक्षण के माध्यम से प्रतिनिधि संस्थाओं में उपस्थिति अपनी योग्यता, क्षमता एवं कौशल का कुशल प्रदर्शन कर भविष्य में आरक्षण को समाप्त कर प्रतियोगिता के माध्यम से समाज एवं सरकार में अपना स्थान प्राप्त कर सकती हैं। भारत में वर्तमान समय में महिला आरक्षण किसी भी दृष्टिकोण से लोकतंत्र विरोधी तथा समानता विरोधी नहीं है।

केवल 10 प्रतिशत महिलाएँ व्यवस्थापिका में महिलाओं के आरक्षण का विरोध करती हैं। ये महिलाएँ मानती हैं कि आरक्षण समाज के कमजोर एवं दलित वर्ग के लिए होता है। यदि महिलाओं को आरक्षण प्रदान किया जाता है तो वे संवैधानिक व कानूनी दृष्टि से कमजोर सिद्ध हो जाती हैं। महिलाएँ शारीरिक, मानसिक एवं योग्यता की दृष्टि से पुरुषों के समान हैं। वे अपनी क्षमता एवं योग्यता के आधार पर समाज एवं सरकार में अपना प्रतिनिधित्व प्राप्त करने की योग्यता रखती हैं। अत: महिलाओं के लिये किसी भी प्रकार के आरक्षण की आवश्यकता नहीं है। इनका मानना है कि आरक्षण नीति से महिलाओं में हीन भावना आ जाती है जबकि वर्तमान में महिलाएँ पूर्ण आत्मविश्वास से अपने अधिकारों की प्राप्ति हेतु संघर्षशील हैं।

क्षेत्रीय दल

राजनीति में अब क्षेत्रीय दलों का महत्व बढ़ता जा रहा है। भारतीय राजनीति के स्वरूप में सशक्त क्षेत्रीय दलों के कारण निरन्तर परिवर्तन हो रहे हैं। राजनीतिक दलों का स्वरूप विशिष्ट प्रकार का रहा है। केन्द्र में साझा सरकारों में क्षेत्रीय दलों की भूमिका बढ़ती जा रही है। राज्यों में क्षेत्रीय दल सत्ता में भी हैं और जहाँ क्षेत्रीय दल सत्ता में हैं वहाँ केन्द्रीय सत्ता दल राज्य में विरोधी दल

की भूमिका निभाता है। प्रभावी क्षेत्रीय दलों के कारण केन्द्र–राज्य संबंधों में भी बदलाव आया है। क्षेत्रीय दल अपने क्षेत्र विशेष में तो प्रभावी एवं शक्तिशाली है इसलिये महिलाओं की राजनीति में भूमिका का अभाव है। ये राज्य में अपनी मांगों एवं उद्देश्यों को प्राप्त करने में एक सीमा तक सफल भी होते हैं लेकिन केन्द्र में उनकी भूमिका नगण्य होती है।

अतः भारत की आज की स्थिति से यह बात महत्वपूर्ण हो जाती है कि आधुनिक राजनीति में क्षेत्रीय दलों की भूमिका सकारात्मक है अथवा नकारात्मक। इस बारे में राजनीतिक विचारकों के मत भिन्न–भिन्न पाये जाते हैं। एक पक्ष क्षेत्रीय दलों को लोकतंत्र, राष्ट्रीय एकता एवं अखण्डता के लिये घातक मानते हैं एवं क्षेत्रीय दल अपने अस्तित्व को बनाये रखने के लिये क्षेत्र विशेष को सम्पूर्ण राष्ट्र से अधिक महत्व देते हैं तथा क्षेत्रीय विशेषताओं को अलग तरह से उभारने का प्रयास करते हैं जो अन्तिम रूप से राष्ट्र विरोधी हो जाते हैं। दूसरे पक्ष में राजनीतिक विचारकों ने क्षेत्रीय दलों की भूमिका को सकारात्मक माना है। राजनीति के प्रति वृहद् दृष्टिकोण अपनाते हुए उनका मत है कि आधुनिक समय में राजनीति में आधुनिकीकरण एवं समाजीकरण की प्रक्रिया तीव्र गति से चल रही है। इस समय जागरूक जनता की आवश्यकताओं एवं मूल्यों की अवेहलना नहीं की जा सकती है एवं भारत जैसे देश में किसी एक दल के लिये जन आकांक्षाओं को पूरा करना संभव नहीं है। अतः आज की स्थिति में राजनीति के बारे में संकीर्ण दृष्टिकोण को त्यागकर बृहद् दृष्टिकोण अपनाना अत्यन्त आवश्यक है। क्षेत्रीय दलों में महिलाओं की भूमिका को बढ़ावा दिया जाना चाहिये तभी राष्ट्रीय एकीकरण को बनाए रखना सम्भव है। अन्यथा क्षेत्रीय असंतोष राष्ट्रीय अखण्डता के लिये खतरा बन सकता है। अतः क्षेत्रीय दलों में महिला की भूमिका बढ़ा कर महिला विकास के अस्तित्व को स्वीकार करना ही राष्ट्रीय विकास के हित में है।

महिलाओं के सम्मुख यह प्रश्न प्रस्तुत किया गया कि क्या क्षेत्रीय दल लोकतंत्र को सशक्त बनाते हैं? इसकी प्रतिक्रिया तालिका 5.19 में दर्शायी गई है।

तालिका 19
क्षेत्रीय दल लोकतंत्र को सशक्त बनाते है।

क्र. सं.	*प्रतिक्रिया*	*आवृत्ति*	*प्रतिशत (%)*
1.	हाँ	50	20
2.	नहीं	100	40
3.	कोई उत्तर नहीं	100	40
	योग	250	100

उपर्युक्त तालिका से स्पष्ट है कि 20 प्रतिशत (50) महिलाओं ने इस प्रश्न का उत्तर सकारात्मक देते हुए क्षेत्रीय दलों का समर्थन किया जिसमें महिलाओं की भूमिका को बढ़ावा दिया जाना चाहिए ताकि राष्ट्रीय विकास को बल मिले। 40 प्रतिशत (100) महिलाओं का मानना है कि क्षेत्रीय दल लोकतंत्र एवं राष्ट्रीय एक-एकता के लिये खतरा है। 40 प्रतिशत (100) महिलाओं ने इस प्रश्न के प्रति अनभिज्ञता जताते हुए कोई उत्तर नहीं दिया है।

दल–बदल

भारत की राजनीति के सबसे अधिक प्रचलित राजनीति खेल का नाम दल–बदल है। दल–बदल लोकतंत्र को खोखला कर रहा है। इसलिये महिलाओं की भागीदारी बहुत कम पाई जाती है। **डॉ. सुभाष कश्यप** ने दल–बदल के बारे में कहा कि किसी विधायक का अपने दल अथवा निर्दलीय मंच का परित्याग कर किसी अन्य दल में जा मिलना तथा दल बना लेना या निर्दलीय स्थिति अपना लेना या अपने दल की सदस्यता त्यागे बिना ही बुनियादी मामलों पर सदन में उसके विरूद्ध मतदान करना दल–बदल कहलाता है। भारत में केन्द्र की अपेक्षा राज्यों में दल–बदल की घटनाएं अधिक हुई हैं। दल–बदल से शासन में अस्थिरता आती हैं। इसके साथ ही दुर्बल मिली–जुली सरकारों का गठन होता है। **प्रो. रजनी कोठारी** के अनुसार 1967 के बाद भारत में गैर कांग्रेसी दलों में गठजोड़ होते रहे हैं। इसके परिणाम स्वरूप वे गैर कांग्रेसी संयुक्त सरकारे ज्यादा दिन नहीं चल सकी और एक के बाद एक गिरती चली गई।[24] इस बारे में महिलाओं के सम्मुख यह प्रश्न रखा गया कि

दल-बदल पर प्रतिबन्ध आवश्यक है या नहीं। उनकी प्रतिक्रिया तालिका 5. 20 में दर्शायी गई है।

तालिका 20
दल-बदल पर प्रतिबन्ध आवश्यक है।

क्र. सं.	*प्रतिक्रिया*	*आवृत्ति*	*प्रतिशत (%)*
1.	हाँ	240	96
2	नहीं	0	0
3	कोई उत्तर नहीं	10	4
	योग	250	100

उपर्युक्त तालिका से स्पष्ट है कि अध्ययन की 96 प्रतिशत (240) महिलाएँ इस बात से सहमत हैं कि दल-बदल पर प्रतिबन्ध आवश्यक है। इसका कारण स्पष्ट करते हुए उन्होंने माना कि दल-बदल से लोकतंत्र खोखला होता है। भारत में मिली-जुली कमजोर सरकारों का मुख्य कारण ही दल-बदल रहा है जिससे महिलाओं की भागीदारी पर भी प्रभाव पड़ता है इसलिये ही महिलाओं की राजनीति में रूचि परिणामस्वरूप नहीं मानी जाती है। अध्ययन की 4 प्रतिशत (10) महिलाओं ने इस प्रश्न के प्रति अनभिज्ञता जाहिर करते हुए कोई उत्तर नहीं दिया है।

राजनीतिक आधुनिकीकरण

राजनीतिक आधुनिकीकरण की संकल्पना को विकसित करने का श्रेय यूरोपियन देशों को जाता है। राजनीतिक परिवर्तन से ही सामाजिक, आर्थिक और सांस्कृतिक रूपों में व्यापक परिवर्तन हो सकता है। राजनीतिक परिवर्तन के साथ सामाजिक मूल्यों में परिवर्तन होता रहा जिसका सबसे ज्यादा प्रभाव महिलाओं की राजनीतिक भागीदारी पर ज्यादा दिखाई पड़ता है। राजनीतिक आधुनिकीकरण की प्रक्रिया में महिलाओं की सक्रियता को जानने का प्रयास किया जाता है। इसमें लोकतांत्रिक पद्धति का विस्तार, समानता, स्वतंत्रता, न्याय का व्यापक अर्थ प्रकट किया जाता है। **ल्यूसियन डब्ल्यू पाई.** के अनुसार

राजनीतिक आधुनिकीकरण में शासकीय, शासन तथा सत्ता के अन्तर्गत कार्यों के सम्बन्धों में विशिष्टता की मात्रा पायी जाती है। इसमें शासन तंत्र में राष्ट्रीय प्रयत्नों के माध्यम से जनसाधारण को एकत्रित करने की क्षमता बढ़ जाती है। इसके साथ–साथ जनता में सहभागिता की प्रक्रिया का विस्तार होता है। अतः शासकीय निर्णय को प्रभावित करने की क्षमता का नाम ही राजनीतिक आधुनिकीकरण है।[25] महिलाओं के समक्ष यह प्रश्न प्रस्तुत किया गया कि राजनीतिक आधुनिकीकरण का अर्थ क्या है? महिलाओं की इस संबंध में प्रतिक्रिया तालिका 21 में दर्शायी गई है।

तालिका 21
राजनीतिक आधुनिकीकरण के सम्बन्ध में जानकारी

क्र. सं.	*प्रतिक्रिया*	*आवृत्ति*	*प्रतिशत (%)*
1.	आधुनिकीकरण पाश्चात्य रंग में रंग जाना है।	50	20
2	मूल्यों और विचारों में परिवर्तन है।	100	40
3	राजनीतिक आधुनिकीकरण है- सत्ता के परम्परागत स्रोतों का निर्बल होना।	10	4
4	राजनीतिक सहभागिता बढ़ाना।	25	10
5	कोई उत्तर नहीं।	65	26
	योग	250	100

अध्ययन की 26 प्रतिशत महिलाओं ने इस प्रश्न का कोई उत्तर नहीं दिया। अनौपचारिक वार्ता से पता चला कि महिलाओं ने राजनीतिक आधुनिकीकरण के प्रति अनभिज्ञता व्यक्त की। राजनीतिक चेतना के अभाव में उन्हें इस बात का ज्ञान नही है कि राजनीतिक आधुनिकीकरण क्या है? जब उन्हें इस बारे में समझाने का प्रयास किया गया तो उनकी प्राथमिक प्रतिक्रिया व्यवहारिक रही और 50(20%) महिलाओं ने आधुनिकीकरण को पाश्चात्य रंग में रंग जाना माना है। 100(40%) महिलाओं ने मूल्यों और विचारों में परिवर्तन को आधुनिकीकरण माना है। 10(4%) महिलाओं ने राजनीतिक आधुनिकीकरण का अर्थ माना है कि सत्ता के परम्परागत स्रोतों का निर्बल होना है। 25(10%) महिलाओं ने राजनीतिक सहभागिता का बढ़ना ही राजनीतिक आधुनिकीकरण

को माना है। विश्लेषण से यह निष्कर्ष उभर कर सामने आया है कि राजनीतिक आधुनिकीकरण को 100 महिलाओं ने मूल्यों और विचारों में परिवर्तन को माना है अर्थात राजनीतिक जागरूकता यदि पैदा की जाये तो महिलायें राजनीति में रूचि लेना शुरू कर सकती हैं।

तालिका 22

भारत की राजनीतिक आधुनिक है लेकिन सामाजिक व्यवस्था पुरातन है।

क्र. सं.	*प्रतिक्रिया*	*आवृत्ति*	*प्रतिशत (%)*
1.	हाँ	250	100
2.	नहीं	0	0
	योग	250	100

उपर्युक्त तालिका से स्पष्ट है कि शत-प्रतिशत महिलाओं का मत है कि भारत की राजनीति आधुनिक है लेकिन सामाजिक व्यवस्था पुरातन है। महिलाओं ने इसके अनेक कारण बताये हैं।

तालिका 23

उपर्युक्त प्रतिक्रिया के कारण-बहुल प्रतिक्रिया

क्र. सं.	*कारण*	*आवृत्ति*
1.	स्वतंत्र निर्वाचन की व्यवस्था।	200
2.	स्वतंत्र न्यायपालिका की व्यवस्था।	180
3.	महिलाओं की मतदान में कम भागीदारी।	30
4.	चुनावों में जाति व धर्म का प्रभाव।	200
5.	पंचायती राज व्यवस्थाओं का गठन।	225
6.	भूमण्डलीकरण में विश्वास।	125

भारत की राजनीति आधुनिक है लेकिन सामाजिक व्यवस्था परम्परागत है, से संतुष्ट महिलाओं में से 200 का मानना है कि भारत में स्वतंत्र निर्वाचन की व्यवस्था है। 180 महिलाओं का मानना है कि स्वतंत्र न्यायपालिका की व्यवस्था के कारण भारतीय राजनीति आधुनिक है। 30 महिलाओं का मानना

है कि भारत की सामाजिक व्यवस्था पुरातन होने के कारण मतदान में महिलाओं की भागीदारी कम ही रहती है। 200 महिलाओं ने स्वीकारा है कि चुनावों में धर्म का प्रभाव रहता है। 225 महिलाओं ने भारत की राजनीति को इसलिए आधुनिक माना है क्योंकि यहाँ पंचायती राज संस्थाओं का गठन है और 125 का मानना है कि भूमण्डलीकरण में विश्वास है।

महिला राजनीतिक सहभागिता और महिला सशक्तिकरण में बाधक तत्व

- राजनीति में महिलाओं के सीमांतता के कारण का पता लगाना कठिन नहीं है। महिलाओं को निर्णय लेने की प्रक्रिया एंव विभिन्न स्तरों पर संचालन की प्रक्रिया में कई बाधाओं का सामना करना पड़ता है जो निम्न प्रकार है:-
  - घर के बाहर कार्य करने की स्थिति में घर-परिवार व कार्यक्षेत्र के दोहरे दायित्व का निर्वाह करने की बाध्यता। महिलाओं की राजनीतिक जीवन में उनकी संलग्नता उस प्रकार की नहीं हो पाती जैसी कि पुरुषों की होती है।
  - प्रजनन कार्य व शिशु पालन पोषण का एकांगी दायित्व।
  - अशिक्षा व तुलनात्मक रूप से निम्न शैक्षिक स्तर।
  - पारम्परिक श्रम विभाजन के अनुरूप निर्धारित प्रदत्त भूमिकाओं के निर्वाह में अधिक समय व श्रम का व्यय होना।
  - अत्यधिक धन व शारीरिक बल पर आधारित निर्वाचन प्रणाली का वर्तमान स्वरूप महिलाओं के लिए राजनीतिक सहभागिता को कठिन बना देता है।
  - राजनीतिक दलों की संरचना व एजेंडा चूंकि मुख्यत: पुरुष परिप्रेक्ष्य में ही निर्धारित होता है। अत: स्वयं के बूते राजनीति में सफलता प्राप्त करने वाली महिलाओं की संख्या नगण्य ही दिखाई देती है।
  - सशक्त सम्प्रेषण सफल राजनीतिक जीवन का महत्वपूर्ण उपकरण है। अपर्याप्त प्रशिक्षण व बाह्य जीवन में पर्याप्त अन्त:क्रिया के अभाव में महिलाओं की सम्प्रेषण क्षमता प्राय: पुरुषों के समान

सशक्त नहीं होती है। यह कमी भी उनकी राजनीतिक सफलता में बाधक तत्व बनती है।

राजनीतिक प्रक्रिया में महिलाओं की असहभागिता के लिए एक तर्क यह दिया जाता है कि महिलाएँ अपने राजनीतिक अलगाव के लिये स्वयं जिम्मेदार हैं। महिला अपने बारे में स्वयं निर्णय लेते समय या दूसरों के द्वारा निर्णय लेते समय दोहरे मानदंडों का शिकार रहती हैं। एक मानक नारीत्व का है–निजी दुनिया में महिला को पालन–पोषण करने वाली, कर्मप्रधान, भावनात्मक परिवार अभिमुख और पुरुष के अधीनस्थ माना जाता है। दूसरा मानक आधुनिक जीवन का है, सार्वजनिक जीवन महिला से तार्किक, सक्रिय, लक्ष्य–अभिमुख, महत्वाकांक्षी और प्रतिस्पर्धात्मक गुणों की अपेक्षा रखता है। इस स्थिति में महिलाओं के पास दो विकल्प हैं या तो वे राजनीति के खेल के नियमों का अनुसरण करें तो उन्हें 'अस्त्रियोचित' कहा जायेगा या अगर वे नारीत्व के मानकों के अनुरूप राजनीति में व्यवहार करें तो उन्हें निकृष्ट रूप से देखा जाएगा। अतः यह विभाजन महिलाओं के लिये उपर्युक्त व्यवहार के चुनाव को कठिन कर देता है। मूलतः अभिवृत्ति जिसे समाज निर्धारित करता है जैसे कि रूढ़िवादी पुरुषोचित गुण में आक्रमणशीलता, इसको राजनीति के मानक के रूप में माना जाता है। 'वास्तविक पुरुष' और 'वास्तविक राजनीतिज्ञ' में इन गुणों का होना आवश्यक है। इसलिये जब महिलाएँ राजनीति में प्रवेश करती हैं तो उन्हें स्पष्टता झगड़ालू, स्वार्थी और व्यवहारिक माना जाता है और उनसे कोमलता, भावना व अपनेपन की अपेक्षा नहीं की जाती। इन परिस्थितियों में महिलाएँ स्वयं को पराये संसार में पाती हैं। यह प्रोत्साहित करने वाला संकेत है कि राजनीति में विशेषकर स्थानीय स्तर की राजनीति में कुछ महिलाएँ, महिला विरोधी वातावरण में भी महिलाओं के परिदृश्य से संबंधित मुद्दों को उठाती हैं।[26]

राजनीति में महिलाओं की सीमित भागीदारी का बहुत सशक्त कारण महिलाओं में 'मंद चेतना' की धारणा में निहित है। वे त्याग और बलिदान करती एवं पुरुषों के साथ आंदोलन के दमन को झेलती हैं। यह कथन ज्यादा से ज्यादा शोध–निष्कर्षों से गलत साबित हो रहा है कि चयनित महिलाएँ

विचार-विमर्श में भागीदार नहीं होती या महिला उन्हीं उम्मीदवारों को चुनती हैं जिन्हें उनका परिवार समर्थन देता है। जैसा कि हमने पहले देखा कि महिलाएँ सदन में मुद्दे उठाती हैं और मतदान व्यवहार पर होने वाले शोध -अध्ययनों से पता चलता है कि गुप्त मतदान व्यवस्था महिलाओं की व्यक्तिगत अभिरूचि को प्रयोग में लाने में बहुत मदद् करती है।

समाज में महिलाओं की अधीनता का आधारभूत तथ्य संरचनात्मक प्रतिबंध के रूप में भूमिका निभाता है और यह दो पहलू से राजनीतिक गतिविधियों में महिलाओं की भागीदारी पर रोक लगाता है। पहला-महिलाएँ परिवार में श्रम लिंग आधारित विभाजन के कारण सभी पारिवारिक कार्यों की जिम्मेदारी का वहन करती हैं। ग्रामीण और शहरी क्षेत्र की महिलाओं से यह अपेक्षा की जाती है कि वे परिवार की देख-देख की जिम्मेदारी लें। ईंधन, चारा और पानी लाना महिला का दायित्व है। खाना बनाना उसका काम है। बच्चों को पालने और पढ़ाने का दायित्व उन्हीं का है। उन्हें अतिथियों का सत्कार करना और सामाजिक समारोहों में भी उन्हें उपस्थित रहना है। ये प्रतिबंध कम या ज्यादा मात्रा में सभी वर्गों और समुदायों की महिलाओं पर लागू होते हैं। पुरुष दैनिक राजनीतिक गतिविधियों में भाग लेने में समर्थ हैं क्योंकि वे देर से घर लौट सकते हैं और राजनीतिक कार्यों के लिये बाहर जा सकते हैं। इसके अतिरिक्त अगर पुरुष सभी राजनीतिक गतिविधियों में शामिल होते हैं तो इससे उनके परिवार को कुछ भी नहीं झेलना पड़ता क्योंकि परिवार की दैनिक आवश्यकताओं की देखभाल हेतु महिला हमेशा उपलब्ध रहती हैं। दैनिक राजनीतिक प्रचार कार्य, निर्वाचन क्षेत्र से अपने संपर्क को बनाये रखने की आवश्यकता नियमित बहस, विचार-विमर्श और मीटिंग जो सामान्यतः रात में होती है, इस सभी के साथ महिलाओं की घरेलू व अन्य जिम्मेदारियों का टकराव होता है। इसलिए महिलाएँ रोजाना की राजनीतिक गतिविधियों की भागीदारी में कठिनाई महसूस करती हैं।[27]

मुश्किल परिस्थितियों में या सामूहिक लामबंदी के समय कुछ कामचलाऊ व्यवस्था की जाती है और पड़ोसियों या रिश्तेदारों के सहयोग को ढूंढा जाता है। ऐसे प्रमाण उपलब्ध हैं कि जब महिलाएँ सारे बोझ के साथ पार्टी सदस्य

के तौर पर सक्रिय जिम्मेदारी लेती हैं तो वे भयंकर तनाव व थकान झेलती हैं अगर महिलाओं को बच्चों के लिए शिशु-सदन, घर के कामों का बंटवारा और सस्ते घरेलू उपकरण जैसी सहायक सेवाएं उपलब्ध हो जाएं तो महिलाओं की राजनीतिक भागीदारी सरल हो जाएगी।

इस संदर्भ में यह उल्लेख करना महत्वपूर्ण है कि वर्तमान में महिलाओं ने शिक्षित होकर घर की चारदीवारी से बाहर आकर जिला स्तर पर जिला परिषद व विधानसभा सदस्य और विधानसभा अध्यक्ष के रूप में महत्वपूर्ण भूमिकाएं निभाई है। जयललिता, फूलन देवी, मायावती व राबड़ी दैवी जैसी महिला राजनीतिज्ञों के काम के तरीकों ने कई प्रश्नों को उभारा है क्योंकि उन्होंने मुख्यधारा की राजनीति में प्रचलित मानकों को अपनाया है और राजस्थान में राज्य के सर्वोच्च पद पर राज्यपाल प्रतिभा पाटिल और मारग्रेट आल्वा, गिरिजा व्यास जैसी महिलाओं ने राज्य को गौरवान्वित किया है। राजस्थान राज्य की मुख्यमंत्री के रूप में वसुन्धरा राजे ने तीन बार पद को संभालते हुए राज्य को गौरवान्वित किया तथा महिलाओं ने राष्ट्रीय महिला आयोग के अध्यक्ष जैसे पद को संभाला है।

दूसरी समान महत्वपूर्ण बाधा प्रचलित राजनीतिक संस्कृति है जिसमें न केवल राजनीतिक प्रक्रिया उलझ जाती है वरन् कई निर्णय पर्दे के पीछे से लिये जाते हैं। सत्ता का खेल वित्तीय सौदों द्वारा नियंत्रित होता है और चूँकि महिलाओं का वित्त पर कम नियंत्रण होता है इसलिए उन्हें बाजी लगाने के अयोग्य माना जाता है। वर्तमान लोकतंत्र अपनी सभी राजनीतिक दांव-पेचों के साथ है इसलिए इस समय गुणों की अपेक्षा सामर्थ्य व समझौते सम्मानीय हैं। चालाक व्यक्ति और कार्य मानक हैं। जब निर्णय खाने की मेज पर लिए जाते हैं तो ऐसे में राजनीतिक भागीदारों के पास महिलाओं के लिये आकर्षक प्रस्ताव नहीं हैं जबकि एक अच्छी महिला के लिए सांस्कृतिक आधार यह हो कि वह अभौतिक, स्वच्छ व ईमानदार हो।

जब महिला राजनीति को जीविकावृत्ति के तौर पर अपनाने की इच्छा रखती है तो पारिवारिक सदस्य उस पर गैर-जिम्मेदार का ठप्पा लगाते हैं और उसे ऐसे देखते हैं जैसे वह गटर में जा रही है और उसका कोई चरित्र नहीं

है। ये समय महिला राजनीतिज्ञों के नैतिक साहस व दृढ़ता को परखने का होता है। चरित्र हनन की धमकी, राजनीति का अपराधीकरण और राजनीतिक हिंसा, महिलाओं की राजनीतिक अभिलाषा का गला घोंटने के लिए काफी है।[28]

दैनिक राजनीतिक कार्य, निर्वाचन क्षेत्र में नियमित दौरा, विचार–विमर्श और मीटिंग में सक्रिय भागीदारी, किसी भी समय जनता से मिलने की तत्परता, इन सबका सामंजस्य महिला के जीवन, उसके परिवार के साथ नहीं होता। इन कामों का टकराव उसकी घरेलू भूमिका से होता है। इसके अतिरिक्त सार्वजनिक मीटिंग में बोलना, अपने व्यक्तित्व का प्रभाव डालना, सत्ता के सौदे की बातचीत, इन सबके लिये प्रशिक्षण और अनुभव की आवश्यकता है जो महिलाओं को आसानी से उपलब्ध नहीं होता। अतः यह महिलाओं के लिये और ज्यादा चुनौतीपूर्ण कार्य होता है।[29]

महिला राजनीतिक सहभागिता और महिला सशक्तिकरण में वृद्धि हेतु प्रयास

राजनीतिक रूप से महिलाओं को सशक्त व सक्षम बनाने, राजनीतिक जीवन में उनके प्रवेश को प्रोत्साहित करने तथा उनकी राजनीतिक भागीदारी में वृद्धि के संदर्भ में निम्न प्रयास महत्वपूर्ण हो सकता है–

- राज्य का यह कर्तव्य होना चाहिए कि वह अपने समस्त नागरिकों जिसमें महिलाएँ भी शामिल हों की राजनीतिक प्रक्रिया में लोकतांत्रिक उपस्थिति दर्ज कराएं।
- महिलाओं की आवाज सुनी जाए और उनको प्रोत्साहित किया जाए।
- प्रणाली के वर्तमान स्वरूप के कारण भी लोकतांत्रिक संस्थाओं में महिलाओं का कम संख्यात्मक प्रतिनिधित्व देखा जाता है। अतः निर्वाचन प्रणाली के वर्तमान स्वरूप पर पुनर्विचार किये जाने की आवश्यकता है।
- सार्वजनिक जीवन से सम्बंधित नीतियों के निर्माण में उनके सार्थक योगदान हेतु स्थानीय से राष्ट्रीय–स्तर पर चुनाव प्रक्रिया में अधिकाधिक नामांकन हेतु उन्हें प्रोत्साहित किया जाना।

- लैंगिक न्याय व समानता के मूल्यों के प्रति प्रतिबद्धता दिखाते हुए, राजनीतिक दलों को भी दलीय संस्तरण के प्रत्येक स्तर पर महिलाओं के प्रतिनिधित्व को सुनिश्चित करना चाहिए।

वास्तविकता तो यह है कि जब तक निर्णय प्रक्रिया में सम्पूर्ण मानव आबादी के इस आधे भाग की आवाज नहीं सुनी जाएगी हमारी निर्वाचित संस्थाओं व कार्यपालिका की निष्पक्षता पर प्रश्नचिन्ह लगा रहेगा। वस्तुतः समाजीकरण की निश्चित प्रकार की प्रक्रिया तथा विविध सामाजिक दबावों के कारण औसत भारतीय महिला इन क्षेत्रों में स्थान पाने में स्वयं को अक्षम महसूस करती हैं।

इस अध्याय के उपर्युक्त विश्लेषण से स्पष्ट है कि राजस्थान की महिलाओं ने राज्य व भारतीय राजनीतिक व्यवस्था के विभिन्न पहलुओं के बारे में परिपक्वता एवं रूचि दिखाई है। इनका राजनीति के प्रति जो दृष्टिकोण उभर कर सामने आया है, वह राजनीति के लिये एक शुभ संकेत है। अतः यह कहा जा सकता है कि शिक्षा के माध्यम से शिक्षित होकर महिलाओं की राजनीतिक भागीदारी से महिला सशक्तिकरण संभव हुआ जिसके कारण महिलाएँ पारिवारिक जिम्मेदारियाँ संभालते हुए राजनीतिक भागीदारी में बढ़ चढ़ कर भूमिका निभा रही हैं।

संदर्भ ग्रंथ

1. जैन.एस. जैक्यूट (सं.), वूमेन इन पॉलिटिक्स, ए.ओ. विले, इण्टर साईन्स पब्लिकेशन्स।
2. बार्कर, सर अर्नेस्ट, यूनानी राजनीतिक सिद्धान्त, अनुवादक विश्व प्रकाश गुप्त, दिल्ली विश्वविद्यालय, दिल्ली, पृ. 331
3. उपर्युक्त, पृ. 331
4. गरडाक जान, टवेल्व इयर्स ऑफ इण्डियन प्रोग्रेस, 36 उद्धरण, नोट–5, पृ. 88
5. लक्ष्मी मेनन, यूनेस्को, स्टेट्स ऑफ वूमेन इन साउथ एशिया, 89, उद्धरण, नोट–5, पृ. 88

6. वीना मजूमदार, ''सिम्बिलस ऑफ पॉवर'', बम्बई, एलाइड् 1979, विस्तार वर्णन हेतु।

7. श्यामा कुमारी नेहरूः अवर काजः ए सिम्पोजियम बॉय, इण्डियन वूमन, इलाहाबाद, किवाविस्तान, पृ. 364

8. जॉन, टी. रोड़ ''डेमोक्रेसी इन एडिमिनिस्ट्रेशन एण्ड पॉलिटिक्स इन मॉर्डन डेमोक्रेसी'', इलाहाबाद चुग पब्लिकेशन, 1976, पृ. 5

9. गावा, ओ.पी. ''राजनीति विज्ञान के आधार तत्व'', जयपुर मालिक एण्ड कम्पनी पब्लिकेशन्स, 1997, पृ. 5

10. गेना सी.बी., ''तुलनात्मक राजनीति एवं राजनीतिक संस्थाएँ'', नई दिल्ली विकास पब्लिकेशन्स, 2001, पृ. 3

11. माईकल ऑकशॉट एम. रेशनालिज्म इन पोलिटिक्स एण्ड अदर एसेज, लन्दन मैथ्यून, 1962

12. जे.बी. इलसटैन (1981), ''पब्लिक मैन, प्राइवेट वुमेन'', मार्टिन रॉबर्टसन ऑक्सफोर्ड।

13. कंट्री रिपोर्ट, (1995), ''महिलाओं पर चौथा विश्व सम्मेलन, बीजिंग'', 1995 भारत सरकार, नई दिल्ली।

14. डायमेंट अल्फ्रेड, ''पोलिटिकल डिवलपमेन्ट'' अप्रोचेज टू थ्योरि एण्ड स्ट्रेटिज'' इन जेडी मोंटगोमरी एण्ड डब्ल्यू. जे. सिफिन, (सम्पादित) एप्रोचेज टू डिबलपमेंट न्यूयॉकः मेक्ग्राहिल, 1966, पृ. 16

15. एलेन बलः आधुनिक राजनीति और शासन, मैकमिलन; 1971, पृ. 85

16. लास्कीः ए ग्रामर ऑफ पॉलिटिक्स, पृ. 312-313

17. जे.बी. इलसटैन (1991) ''पब्लिक मैन, प्राइवेट वुमेन'', मार्टिन रॉबर्टसन ऑक्सफोर्ड।

18. डॉ. पुखराज जैन एण्ड बी.एल फड़ियाः भारतीय शासन और राजनीति साहित्य भवन पब्लिकेशन्स, आगरा, पृ. 460

19. आमण्ड, जी.ए. सिड़नी वर्बा, दि सिविल कल्चर, बोस्टोन; लिटल, ब्राउन, 1965, पृ. 12

20. हर्बर्ट हीमेन, पोलिटिकल सोशलाइजेशन: ए स्टडी इन द साइकोलॉजी ऑफ पोलिटिकल विहेवियर, न्यूयॉर्क, फ्री प्रेस, 1959, पृ. 11

21. प्रेम प्रकाश झा: प्रेसिडेन्टल सिस्टम हेज मैनी स्नेगस दि टाइम्स ऑफ इण्डिया, न्यू देहली, 1972

22. रिपोर्ट ऑफ द कमेटी ऑन द स्टेटस ऑफ वीमेन इन इण्डिया गर्वनमेन्ट ऑफ इंडिया, सोशियल वेल्फेयर मिनीस्ट्री ऑफ एजुकेशन एण्ड सोशियल वेल्फेयर दिसम्बर 1974, पृ. 291

23. टूवर्ड इक्वलिटी (1974) महिलाओं की परिस्थिति पर समिति की रिपोर्ट भारत सरकार, नई दिल्ली।

24. रजनी कोठारी: भारत में राजनीति, न्यू देहली, 1970 पृ. 128

25. पाई. डब्ल्यू. ल्यूसियान, कम्यूनिकेशन एण्ड पोलिटिकल डबलपमेंट, न्यू देहली, पृ. 17

26. नीरा देसाई, ऊषा ठक्कर, 'भारतीय समाज में महिलाएँ', नई दिल्ली, 1982, पृ. 94

27. नीरा देसाई, ऊषा ठक्कर, 'भारतीय समाज में महिलाएँ', नई दिल्ली, 1982, पृ. 96

28. श्रम शक्ति (1998) अनौपचारिक क्षेत्र में महिला और स्व: रोजगार में लगी महिलाओं पर राष्ट्रीय आयोग की रिपोर्ट, नई दिल्ली।

29. नीरा देसाई, "भारतीय समाज में महिलाएं," नई दिल्ली, 1982, पृ. 97

अध्याय–षष्ठ

राजस्थान में महिलाओं के लिये राज्य की नीतियाँ

महिलाओं को कानूनी व्यवस्थाओं द्वारा उनके अधिकारों को संरक्षण प्रदान करने के साथ-साथ राष्ट्रीय उद्देश्यों एवं पंचवर्षीय योजनाओं के लक्ष्यों के अनुरूप महिलाओं को सशक्त करने के लिये समय-समय पर सरकार द्वारा अनेक नीतियों का निर्माण किया गया है। किसी भी देश व राज्य के समग्र विकास के लिये महिला व पुरुष दोनों का समान गति से निर्बाध रूप से उन्नति के पथ पर अग्रसर होना आवश्यक है। महिलाएँ समाज की अभिन्न अंग हैं। अतः सामाजिक व आर्थिक विकास की संकल्पना महिलाओं के विकास व सशक्तिकरण के बिना अधूरी है।[1]

देश के प्रथम प्रधानमंत्री पंडित जवाहरलाल नेहरू ने भी महिलाओं के विकास को प्राथमिकता देते हुए कहा था कि, ‘‘यदि आपको विकास करना है तो महिलाओं का उत्थान करना होगा। महिलाओं का विकास होने पर समाज का विकास स्वतः ही हो जाएगा।’’[2] स्वतंत्रता प्राप्ति से पूर्व देश की अधिकांश महिलाएँ विशेष तौर पर ग्रामीण गरीब महिलाएँ निरक्षर, रूढ़िवादी एवं परम्परागत बंधनों में जकड़ी हुई थीं। घर की चारदीवारी तक सीमित ग्रामीण महिलाएँ अनेक प्रकार की कुरीतियों एवं कुप्रथाओं यथा- बाल-विवाह, पर्दा प्रथा, सती प्रथा व दहेज का दंश झेल रही थी।

किन्तु स्वतन्त्रता के पश्चात् सरकार ने महिलाओं की सामाजिक-आर्थिक स्थिति में सुधार लाने, उनके समग्र व संतुलित विकास को सुनिश्चित करने व उनको विकास की मुख्यधारा में समावेशित करने हेतु अनेक विधायी उपाय, कल्याणकारी योजनाओं व विकास कार्यक्रमों को मूर्त रूप प्रदान किया। यही

नहीं महिलाओं को सशक्त, अधिकार संपन्न व जागरूक बनाने हेतु देश के संविधान ने महिलाओं के लिये निम्न प्रावधान किये[3]-

अनुच्छेद - 14: कानून के सक्षम समानता दिलाना।

अनुच्छेद - 15(3): महिलाओं तथा बच्चों हेतु विशेष सुविधा।

अनुच्छेद - 16 : बिना भेदभाव के नौकरी में समानता।

अनुच्छेद - 19 : समान अभिव्यक्ति।

अनुच्छेद - 21 : प्राण व दैहिक स्वतत्रंता से वंचित न करना।

अनुच्छेद - 23 व 24: नारी क्रय-विक्रय व बेगार प्रथा पर रोक लगाई।

अनुच्छेद - 39(घ): समान कार्य समान वेतन।

अनुच्छेद - 39 : में स्पष्ट उल्लेख किया गया है कि, 'राज्य अपनी नीति का विशिष्टतया इस प्रकार संचालन करेगा कि सुनिश्चित रूप से पुरुष और स्त्री सभी नागरिकों को समान रूप से जीविका के पर्याप्त साधन प्राप्त करने का अधिकार हो'।

अनुच्छेद - 243(घ) पंचायती राज व नागरीय संस्थाओं में 73वे व 74 वे संशोधन के माध्यम से महिला आरक्षण।

अनुच्छेद - 47 : पोषाहार, जीवन-स्तर तथा लोक स्वास्थ्य में सुधार करना सरकारी दायित्व।

अनुच्छेद - 330: 84वें संशोधन द्वारा लोक सभा में महिला आरक्षण।

अनुच्छेद - 332: 84वें संशोधन द्वारा विधान सभा में महिला आरक्षण।

इसके साथ ही संविधान में महिलाओं को परम्परागत बंधनों से विमुक्त करवाने के लिए विशेष रियायतों व प्रोत्साहनों का भी प्रावधान किया गया है।[4]

वर्ष 1975 को **'अन्तर्राष्ट्रीय महिला वर्ष'** के रूप में मनाए जाने के पश्चात् सरकार ने महिला विकास हेतु विशेष प्रयास किए। यही नहीं राजनीति के क्षेत्र में ग्रामीण महिलाओं की सक्रिय भागीदारी सुनिश्चित करने हेतु सरकार ने वर्ष 1991 में 73वें संविधान संशोधन के माध्यम से देश की पंचायती राज संस्थाओं में महिलाओं का 33 प्रतिशत स्थान आरक्षित कर दिया। निसंदेह रूप में ग्रामीण महिलाओं को जागरूक, अधिकारयुक्त व शक्ति-संपन्न बनाने के दृष्टिकोण से यह एक क्रांतिकारी व महत्वपूर्ण कदम है। सरकार ने वर्ष 2001

को **'राष्ट्रीय महिला सशक्तिकरण वर्ष'** के रूप में मनाकर महिलाओं की सामाजिक-आर्थिक दशा को सुधारने की दिशा में एक साहसिक कदम उठाया है।[5]

गरीब महिलाओं को निरक्षर रूढ़िवादी एवं परम्परागत बंधनों में जकड़े होने के कारण विविध प्रकार के अत्याचार, अनाचार, तिरस्कार व उपेक्षा आदि का सामना करना पड़ता था। महिलाओं के हितों व अधिकारों की सुरक्षा व संवर्द्धन, समाज में लैंगिक समानता व महिलाओं के विरूद्ध भेदभाव व अत्याचारों की समाप्ति हेतु संवैधानिक निकाय के रूप में **'राष्ट्रीय महिला आयोग'** की स्थापना वर्ष 1992 में तथा **'राज्य महिला आयोग'** की स्थापना 1993 में की गई। यह आयोग महिला सशक्तिकरण से संबंधित विभिन्न सामाजिक, आर्थिक व कानूनी पक्षों पर विषद चर्चा हेतु संगोष्ठियों, सम्मेलनों व कार्यशालाओं को आयोजित या प्रायोजित करते हुए ग्रामीण महिलाओं की स्थिति सुधारने व सुदृढ़ करने की दिशा में सराहनीय प्रयास कर रहा है।6 इस आयोग का मुख्य कार्य महिलाओं को अपने अधिकारों के बारें में जागरूक एवं सचेत करते हुए उनके अधिकारों को सुरक्षा कवच प्रदान करना है। इसके लिये आयोग ने बहुआयामी कार्यनीति अपनाते हुए निम्नलिखित कार्यों को प्राथमिकता प्रदान की है:-

- कानूनी जागरूकता कार्यक्रम एवं कानूनी और विधायी उपायों की समीक्षा।
- पारिवारिक महिला लोक अदालतें।
- कार्यस्थल पर महिलाओं के यौन उत्पीड़न पर रोक हेतु आचार संहिता।[7]

एक स्वस्थ व सभ्य राष्ट्र का निर्माण तभी संभव है जब उस राष्ट्र की महिलाएँ व बच्चे स्वस्थ, संस्कारिक, शिक्षित व मानसिक रूप से सुदृढ़ हों।[8] इस तथ्य के बावजूद भी राज्य में गरीबी, बढ़ती जनसंख्या, अशिक्षा व अज्ञानता के कारण महिलाओं के विकास के लिये राज्य सरकार ने राष्ट्रीय उद्देश्यों एवं पंचवर्षीय योजनाओं के लक्ष्य के अनुरूप महिलाओं को सशक्त करने के लिये समय-समय पर सरकार द्वारा अनेक नीतियों का निर्माण किया गया है। ये निम्नलिखित हैं:-

ग्रामीण क्षेत्र में महिला और विकास कार्यक्रम (DWCRA)

यह कार्यक्रम सितम्बर 1982 में प्रारम्भ किया गया था। इस कार्यक्रम के अन्तर्गत ग्रामीण क्षेत्रों की गरीबी रेखा के नीचे रहने वाले परिवारों की महिलाओं को 10-15 के समूह में संगठित करके कोई भी आर्थिक कार्य प्रारम्भ करने का प्रशिक्षण दिया जाता है तथा प्रत्येक समूह को 25,000 रूपये की सहायता प्रदान की जाती थी। अब इस कार्यक्रम को 1 अप्रैल 1999 से स्वर्ण जयन्ती ग्राम स्वरोजगार योजना (SGSY) में शामिल कर लिया गया है।[9]

ग्रामीण युवा स्वरोजगार हेतु प्रशिक्षण कार्यक्रम (TRYSEM)

यह कार्यक्रम समन्वित ग्रामीण विकास कार्यक्रम का एक सहायक अंग है। इस कार्यक्रम का उद्देश्य ग्रामीण युवाओं को तकनीकी तथा उद्यमशीलता की कुशलताएँ प्रदान करना है जो गरीबी की रेखा से नीचे बसर करने वाले परिवारों की है। इस कार्यक्रम में 40 प्रतिशत महिलाएँ होनी चाहिए। इस कार्यक्रम को 1 अप्रैल 1999 में स्वर्ण जयन्ती ग्राम स्वरोजगार योजना (SGSY) सम्मिलित कर लिया गया। इसमें 40 प्रतिशत महिलाएँ सम्मिलित की जाएगी। स्वयं सहायता समूह में महिलाओं को वरीयता दी जायेगी।[10]

स्वावलंबन कार्यक्रम

यह कार्यक्रम जो मूलत: महिला आर्थिक कार्यक्रम के नाम से जाना जाता था 1981-82 में नार्वेजियन एजेंसी फॉर डेवलपमेंट को आपरेशन की सहायता से शुरू किया गया। इस योजना के अन्तर्गत महिला विकास निगमों, स्वायत्त संगठनों और स्वैच्छिक संगठनों को गैर परंपरागत व्यवसायों में महिलाओं के प्रशिक्षण तथा इन क्षेत्रों में उन्हें सुनिश्चित रूप से रोजगार दिलाने के लिये सहायता दी जाती है।11

जवाहर रोजगार योजना (JRY)

यह योजना 1 अप्रैल 1989 में दो रोजगार कार्यक्रमों राष्ट्रीय ग्रामीण रोजगार कार्यक्रम और ग्रामीण भूमिहीन रोजगार गारन्टी कार्यक्रम को मिलाकर बनाई

गई थी। इस योजना के अन्तर्गत रोजगार के 30 प्रतिशत अवसर महिलाओं के लिये आरक्षित थे।[12]

समन्वित ग्राम विकास कार्यव्रफम (IRDP)

यह योजना 2 अक्टूबर 1980 में सम्पूर्ण देश में लागू की गयी थी। इसमें 40 प्रतिशत महिलाओं को स्वरोजगार उपलब्ध कराया जाता था। इस योजना में 5 से 10 महिलाओं का गुप इस कार्यक्रम में ऋण तथा सब्सिडी का लाभ उठा सकता था। प्रत्येक महिला ग्रुप को 15,000 का एक चक्रीय कोष (Revolving fund) स्वीकृत किया जाता था जिसमें राज्यों के लिये केन्द्र सरकार तथा राज्य सरकार इस खर्च को 50:50 अनुपात में वहन करती थी। इस योजना को 1 अप्रैल 1999 से स्वर्ण जयन्ती ग्राम स्वरोजगार योजना (SGSY) में सम्मिलित कर लिया गया।[13]

स्वर्णजयन्ती शहरी रोजगार योजना (SJSRY)

यह योजना 1 दिसम्बर 1997 में लागू की गई। इस योगना में शहरी स्वरोजगार कार्यक्रम के तहत् शहरी क्षेत्रों में महिलाओं और बच्चों की विकास योजना नामक उपयोजना बनाई गयी। शहरी क्षेत्रों में महिलाओं और बच्चों का विकास (DWCUA) की योजना शहरी गरीबी महिलाओं को विशेष सहायता दी जाती है जो व्यक्तिगत प्रयास की जगह समूह के रूप में स्वरोजगार उद्यम लगाने का निर्णय लेती हैं। समूह में कम से कम 10 शहरी गरीब महिलाएँ होनी चाहिए। DWCUP सोसायटी 1,25,000 रूपये अथवा परियोजना लागत का 50 प्रतिशत जो भी कम हो की सब्सिडी प्राप्त करने की हकदार होगी।[14]

स्वशक्ति योजना

ग्रामीण महिलाओं के विकास हेतु स्वशक्ति नाम की परियोजना विश्व बैंक और अंतर्राष्ट्रीय कृषि विकास कोष (IFAD) द्वारा संयुक्त रूप से संचालित की जाती है। यह योजना राज्यों में महिला विकास निगमों या समितियों के

माध्यम से लागू होती है। इस परियोजना का उद्देश्य जीवन का गुणवत्ता में सुधार के लिये संसाधनों तक महिलाओं की पहुँच बढ़ाना है।[15]

महिला उद्यमियों वेफ लिये बैंक ऋणों में आरक्षण की योजना

यह योजना 15 अगस्त, 2001 में घोषित की गई जिसके तहत महिला उद्यमियों को सार्वजनिक बैंकों द्वारा अधिक मात्रा में बैंक ऋण आसान शर्तो पर उपलब्ध कराने हेतु प्रावधान है। इस योजना के अन्तर्गत सार्वजनिक बैंक अगले 3 वर्षों तक अपनी कुल ऋण राशि का 3 प्रतिशत भाग महिला उद्यमियों को आवश्यक रूप से प्रदान करेंगे जिससे महिला उद्यमियों को प्रोत्साहन मिल सके।[16]

विल (WILL) योजना

विल (Women Integrated Learning for Life) अर्थात् 'जीवन के लिये महिलाओं का समेकित शिक्षण' महिलाओं के लिये एक महत्वाकांक्षी योजना है। इसका उद्देश्य निरक्षर लड़कियों और युवतियों को साक्षर बनाना, स्वास्थ्य और पोषण, स्वच्छता, परिवार कल्याण जैसे आवश्यक विषयों के बारे में जागृति बढ़ाना, शिशु देखभाल और दैनिक गृह प्रबन्ध का प्रशिक्षण देना तथा नव साक्षर महिलाओं की शिक्षा के प्रति रूचि बनाए रखने के लिये वाचनालय खोलकर महिलाओं की शैक्षणिक कमी को पूरा करते हुए दैनिक जीवन को सही ढंग से चलाने और बच्चों के समूचित विकास में महिलाओं की जानकारी बढ़ाना है।[17]

महिला शिक्षा को प्रोत्साहन

राष्ट्रीय शिक्षा नीति 1986 की संशोधित शिक्षा नीति और इसकी कार्य योजना में महिलाओं की शिक्षा को उच्च प्राथमिकता दी गई है। औपचारिक एवं गैर औपचारिक स्कूली शिक्षा में बालिकाओं के दाखिले और उनकी पढ़ाई जारी रखने, ग्रामीण अध्यापकों की नियुक्ति तथा पाठ्यक्रम में लिंग-भेद हटाने पर बल दिया गया है। 'ऑपरेशन ब्लैक बोर्ड' योजना में संशोधित नीति के अनुसार भविष्य में अध्यापकों की भर्ती में 50 प्रतिशत महिलाओं के होने का प्रावधान है।[18]

राष्ट्रीय महिला उत्थान नीति

महिला सशक्तिकरण हेतु वर्ष 2001 में प्रथम बार 'राष्ट्रीय महिला उत्थान नीति' बनाई गई ताकि देश में महिलाओं के लिये विभिन्न क्षेत्रों में उत्थान एवं समुचित विकास की आधारभूत विशेषताएं निर्धारित किया जाना संभव हो सके। महिला में सहभागिता सुनिश्चित करना तथा शिक्षा, स्वास्थ्य, रोजगार व सामाजिक सुरक्षा में सहभागिता को सुनिश्चित करना उद्देश्य रखा गया है। इसके अन्तर्गत महिलाओं की सामाजिक, आर्थिक एवं राजनीतिक सभी क्षेत्रों में सहभागिता को लक्ष्य बनाया गया है। इस महिला उत्थान नीति को देश में लागू करने के लिये 10 वर्ष की समय सीमा निर्धारित की गयी है।[19]

राजस्थान में भी महिला को आर्थिक रूप से सशक्त करने हेतु 'महिला विकास कार्यक्रम' के अन्तर्गत केन्द्र एवं राज्य सरकार द्वारा कई योजनाएँ लागू की गई हैं। 'महिला विकास कार्यक्रम' वर्ष 1984 में राज्य के 6 जिलों में प्रारम्भ किया गया। बाद में इस कार्यक्रम का विस्तार सम्पूर्ण राज्य में कर दिया है। 'महिला विकास कार्यक्रम' का वृहद् लक्ष्य जानकारी, शिक्षा एवं प्रशिक्षण के माध्यम से महिलाओं का आर्थिक एवं सामाजिक सशक्तिकरण करते हुए विकास की मुख्यधारा से जोड़ना है। 'महिला विकास कार्यक्रम' के अन्तर्गत राज्य सरकार व भारत सरकार द्वारा संचालित अनेक योजनाएँ हैं जो निम्न हैं[20]–

अ) राज्य सरकार द्वारा संचालित योजनाएँ

ब) भारत सरकार द्वारा संचालित योजनाएँ

राज्य सरकार द्वारा संचालित योजनाएँ

स्वयं सहायता समूह

महिलाओं के आर्थिक सशक्तिकरण, रोजगार के अवसर उपलब्ध करवाने तथा दैनिक जरूरतों को पूरा करने के लिये 'एक सब के लिये', 'सब के लिये एक' के सिद्धान्त पर स्वयं सहायता समूह योजना का क्रियान्वयन 1997-98 से किया जा रहा है। इस योजना का उद्देश्य गाँवों की गरीब महिलाओं की आसानी से की गई बचत से उन्हीं की सहायता करना है। इस योजना में

महिला को भागीदार बनाकर महिलाएँ बचत, सहयोग, स्वावलम्बन की वृत्तियों का विकास करती हैं और बैंक तथा अन्य वित्तीय संस्थाओं द्वारा उपलब्ध ऋण–सेवाओं का लाभ उठाकर अपनी वास्तविक जरूरतों को पूरा करती हैं। वर्ष 1999 में राज्य में कुल 25 हजार नए स्वयं समूह गठित करने का लक्ष्य रखा गया है। राज्य में जनवरी 2001 तक कुल 87,398 महिला स्वयं सहायता समूहों का गठन किया गया है।[21]

गृह उद्योग योजना

महिला उद्यमियों को प्रेरित करने एवं कुशलता में वृद्धि करने तथा उन्हें स्वरोजगार के प्रति प्रेरित करने के उद्देश्य से राज्य में गृह उद्योग योजना चलाई जा रही हैं। इस योजनान्तर्गत स्वयंसेवी संस्थाओं/नेहरू युवा केन्द्रों द्वारा महिलाओं को विभिन्न व्यवसायों का प्रशिक्षण दिया जाता है। योजना के अन्तर्गत मुख्य रूप से सिलाई, बुनाई, ड्रेस डिजाइन, कम्प्यूटर, लेदर गारमेंट आदि व्यवसायों में प्रशिक्षण दिया जाता है। वर्ष 2001 में 2950 महिलाओं को प्रशिक्षण दिया गया एवं 935 महिलाएँ प्रशिक्षणरत हैं।[22]

एकीकृत महिला सशक्तिकरण योजना (IWEP) स्वयंसिद्धा

प्रदेश की महिलाओं में आर्थिक स्वायत्तता लाने तथा उनके विकास के लिए अंतर्विभागीय सेवाओं में समन्वय एवं जागरूकता के उद्देश्य से राज्य में 'इन्दिरा महिला योजना' वर्ष 1995 में केन्द्र सरकार के सहयोग से आरम्भ की गयी। इस योजना के अन्तर्गत महिलाओं में क्षमता निर्माण, महिला जागरूकता तथा उनकी आय के साधनों के विकास को प्राथमिकता दी गई है। इस योजना के तहत आंगनबाड़ी स्तर पर इन्दिरा महिला केन्द्रों का गठन और प्रौढ़ साक्षरता कार्यक्रम के अन्तर्गत अन्य दलों का गठन किया गया ताकि ग्रामीण महिलाओं की आर्थिक स्थिति को मजबूत किया जा सके तथा महिलाओं के दृष्टिकोण में सकारात्मक परिवर्तन लाया जा सके।

जुलाई 2001 में इसे **'महिला स्वयंसिद्धा'** योजना नाम दिया गया। इस योजना में महिलाओं के लिये स्वयं समूह का गठन किया जाता है। इसका उद्देश्य महिलाओं में विभिन्न सरकारी तथा गैर सरकारी योजनाओं के प्रति

जागृति पैदा करना, उनका लाभ उठाना हेतु उन्हें प्रशिक्षित करना तथा आय उपार्जित करने की विभिन्न गतिविधियों को प्रोत्साहित कर शिक्षा एवं जागरूकता के लिए एक अनवरत प्रक्रिया का विकास करना है।[23]

शिशु पालन गृह का संचालन

राज्य द्वारा कामकाजी महिलाओं के बच्चों का दैनिक देखभाल की सुविधा उपलब्ध करवाने तथा बच्चों के स्वास्थ्य एवं पोषण स्तर में सुधार हेतु वित्तीय वर्ष 2001 में 500 शिशु पालनागृह प्रारम्भ करने की घोषणा की गयी थी।[24]

भारत सरकार द्वारा संचालित योजनाएँ

महिलाओं वेफ प्रशिक्षण एवं रोजगार कार्यव्रफम हेतु सहायता (STEP)

निर्धन ग्रामीण महिलाओं के आय स्तर में अभिवृद्धि के लिये परम्परागत क्षेत्रों में उनके कौशल अभिवृद्धि व उन्नयन के लिये 'स्टेप' कार्यक्रम का प्रावधान किया गया है। इस योजना के अन्तर्गत अल्प आय वर्ग की महिलाओं को रोजगार से जोड़ने हेतु भारत सरकार द्वारा अनुदान स्वीकृत किया जाता है। इस कार्यक्रम का उद्देश्य परंपरागत क्षेत्रों में महिलाओं के कौशल में सुधार तथा परियोजना के आधार पर रोजगार उपलब्ध कराकर महिलाओं की स्थिति में सुधार लाने का प्रयास करना है। इस योजना के अन्तर्गत रोजगार के आठ परंपरागत क्षेत्र सम्मिलित किये गये हैंः–कृषि, पशुपालन, हस्तशिल्प, मछली पालन, डेयरी व्यवसाय, हथकरघा, खादी और ग्रामोद्योग तथा रेशम कीट पालन। यह योजना राज्य के 10 जिलों अजमेर, बीकानेर, भरतपुर, पाली, जोधपुर, बांसवाड़ा, जयपुर, भीलवाड़ा, चुरू, उदयपुर में महिला डेयरी संघ द्वारा संचालित है। इस कार्यक्रम में न केवल दुग्ध उत्पादन एवं विपणन के माध्यम से पशुपालकों का सामाजिक एवं आर्थिक विकास किया जाता है अपितु इन जिलों की ग्रामीण महिलाओं में साक्षरता, ग्रामीण, स्वास्थ्य एवं सफाई, स्वरोजगार कार्यक्रम एवं जागरूकता कार्यक्रम चलाकर उनका सर्वांगीण विकास भी किया जाता है।[25]

स्वर्णिम योजना

पिछड़े वर्ग की गरीब महिलाओं को आर्थिक रूप से सक्षम बनाने हेतु 'स्वर्णिम योजना' को प्रारम्भ किया गया है। इस योजना के तहत इन महिलाओं को

अत्यन्त अल्प ब्याज दर पर 50 हजार रूपये तक का ऋण देने का प्रावधान है। इन ऋणों का उत्पादक व सार्थक उपयोग करते हुए ये गरीब महिलाएँ स्वावलम्बन के मार्ग पर अग्रसर हो रही हैं। यही नहीं इन ऋणों को 12 वर्ष की लम्बी अवधि तक चुकाने का प्रावधान है।

महिला डेयरी योजना के तहत् राज्य में महिला दुग्ध सहकारी समितियों का गठन किया गया ताकि ग्रामीण महिलाओं की स्थिति सामाजिक-आर्थिक दृष्टिकोण से उन्नत व मजबूत की जा सके। यह कार्यक्रम केन्द्र सरकार के महिला एवं बाल विकास मंत्रालय द्वारा संचालित किया जा रहा है। सहकारिता के सिद्धान्त पर आधारित यह डेयरी परियोजना ग्रामीण महिलाओं को आर्थिक रूप से स्वावलंबी बनाते हुए वरदान सिद्ध हो रही है। राष्ट्रीय महिला कोष भी ग्रामीण गरीब महिलाओं को उत्पादन कार्यों हेतु ऋण तथा अल्पवित्त की सुविधा प्रदान करता है। यह सुविधा सामाजिक संगठनों, सहकारी समितियों, महिला विकास निगमों आदि के माध्यम से उपलब्ध करवायी जाती है। इस कोष के द्वारा विभिन्न प्रकार की योजनाएँ, यथा- ऋण संवर्धन योजना, मुख्य ऋण योजना, चक्रीयन निधि योजना, फ्रेंचाइजी योजना, गोल्ड क्रेडिट पासवुक योजना, आवासीय ऋण योजना, परिवार ऋण योजना, पुनर्वित्त पोषण योजना संचालित की जा रही हैं। राजस्थान के प्रत्येक जिले में इस योजना के द्वारा महिलाएँ अपनी सामाजिक-आर्थिक स्थिति को सुधारने में भरसक प्रयास कर आगे बढ़ रही हैं। निसंदेह रूप से ये योजनाएँ ग्रामीण महिला सशक्तिकरण के दृष्टिकोण से मील का पत्थर साबित हो रही है।[26]

महिलाओं की आय वृद्धि एवं रोजगार की योजना (NORAD)

महिलाओं की आय वृद्धि एवं रोजगार की योजना के अन्तर्गत महिलाओं को प्रशिक्षण के माध्यम से स्वरोजगार प्रदान किया जाता है। इस योजना में स्वयंसेवी संस्थाओं से प्राप्त प्रस्तावों पर राज्य सरकार की अनुशंसा के आधार पर भारत सरकार द्वारा अनुदान स्वीकृत किया जाता है।

महिलाओं के लिये रोजगार-सह-आयोत्पादक एकक-कार्यक्रम के अन्तर्गत निर्धन महिलाओं के जीवन-स्तर में सुधार लाने हेतु इन महिलाओं को पारम्परिक तथा गैर-पारम्परिक व्यवसायों में प्रशिक्षण प्रदान करके, उनको

रोजगार प्रदान करने हेतु वित्तीय सहायता उपलब्ध कराई जाती है। इस योजना में इलेक्ट्रॉनिक घड़ियां बनाना, कम्प्यूटर प्रशिक्षण, रेडिमेड गारमेंट्स व कशीदाकारी आदि व्यवसाय समावेशित हैं। यह योजना सार्वजनिक उपक्रमों, निगमों, विश्वविद्यालयों व महिला विकास केन्द्रों के माध्यम से क्रियान्वित की जा रही है।

राष्ट्रीय महिला कोष

निर्धन महिलाओं विशेषकर असंगठित क्षेत्र की निर्धन महिलाओं की ऋण संबंधी आवश्यकताओं की पूर्ति हेतु एक समेकित, सरल प्रक्रियात्मक एवं लचीली पुर्न भुगतान प्रणाली विकसित करने के उद्देश्य से राष्ट्रीय महिला कोष की स्थापना भारत सरकार द्वारा की गई है। इसमें बचत के लाभ को ऋण से जोड़ा गया है। ऋण मुख्यतः उत्पादन और आर्थिक कार्यकलाओं के लिये होगा। यह ऋण राष्ट्रीय महिला कोष द्वारा स्वयंसेवी संस्था, सहकारी समितियों के माध्यम से जरूरतमंद महिलाओं को सस्ती ब्याज दरों पर उपलब्ध कराया जाता है।

स्वाधर योजना

महिलाओं की आर्थिक रूप से स्वावलम्बन प्रदान करने के उद्देश्य से जुलाई, 2001 में स्वाधार योजना की घोषणा की गई। इस योजना में विधवाओं, बेघर महिलाओं, जेल से रिहा की गई महिला कैदी जिसे परिवार का सहारा नहीं है, मानसिक रूप से विक्षिप्त महिलाएँ जिन्हें परिवार अथवा रिश्तेदारों से कोई मदद नहीं मिलती है आदि को सहायता दी जाती है। इस योजना के द्वारा राज्य के प्रत्येक जिले में महिलाओं ने विकास में महत्वपूर्ण भागीदारी निभाई है। इस योजना का उद्देश्य स्वयं सहायता समूहों के गठन के माध्यम से महिलाओं का आर्थिक-सामाजिक सशक्तिकरण करना भी है।[27]

महिलाओं की कार्य भागीदारी दर (डब्ल्यूपीआर) आधिकारिक गणना

आमतौर पर रोजगार की गणना, जनसंख्या के विभिन्न खंडों के लिए कामगार आबादी दर या कार्य भागीदारी दर (डब्ल्यूपीआर) को महिला आबादी में कर्मचारियों के अनुपात के रूप में परिभाषित किया जाता है। अतः डब्ल्यूपीआर

के आँकड़े दो स्रोतों से प्राप्त किए जाते हैं-जनसंख्या (दस वार्षिक) और राष्ट्रीय नमूना सर्वेक्षण[28] के विविध पंचवार्षिक चक्रों द्वारा रोजगार आकलन की जटिलताओं में उलझने के बजाए, हम अपनी बहस को आकलनों के एक समुच्चय तक सीमित रखते हैं। राष्ट्रीय नमूना सर्वेक्षण की जिन शब्दावलियों का इस्तेमाल किया गया है, उसकी व्याख्या तालिका 1 में दी गई है।

तालिका 1

पूरे भारत में कामगारों की आबादी अनुपात, लिंग और रिहायश के इलाकों में सामान्य स्तर के मुताबिक (पीएस एस एस 1973-2000 (%))

	ग्रामीण		*शहरी*		*कुल*		
वर्ष/राष्ट्रीय नमूना सर्वेक्षण चक्र	*पुरुष*	*महिला*	*पुरुष*	*स्त्री*	*पुरुष*	*महिला*	*व्यक्ति*
1972-73 (27)	54.5	31.8	50.1	13.4	*	*	*
1977-78 (32)	55.2	33.1	50.8	15.6	54.3	29.7	42.3
1983 (38)	54.7	34.0	51.2	15.1	53.8	29.6	42.0
1987-87 (43)	53.9	32.9	50.6	15.2	53.1	28.5	41.2
1993-94 (50)	55.3	32.8	52.1	15.5	54.5	28.6	42.0
1999-2000	53.1	29.9	51.8	13.9	52.7	25.9	39.7

स्रोत: भारत में रोजगार और बेरोजगारी पर राष्ट्रीय नमूना सर्वेक्षण के विभिन्न चक्रों की रिपोर्ट।

राष्ट्रीय नमूना सर्वेक्षण के आँकड़ों (1999-2000) के मुताबिक समग्र रूप से आधे से कुछ कम पुरुष (52.7 फीसदी) और एक तिहाई से कुछ कम महिलाएँ (25.9 फीसदी) राष्ट्रीय श्रम-बल के अंतर्गत आती हैं। पूर्ण आँकड़ों के तौर पर इनका तात्पर्य है तकरीबन 20 करोड़ पुरुष और 11.2 करोड़ महिलाएँ।[29] पुरुष करीब बराबर की संख्या में ग्रामीण (53 फीसदी) और शहरी क्षेत्रों में काम करते हैं जबकि महिला कामगारों की मौजूदगी शहरी क्षेत्रों (13. 9 फीसदी) के मुकाबले ग्रामीण क्षेत्रों में (30 फीसदी) कहीं अधिक हैं। (तालिका 1)

राष्ट्रीय नमूना सर्वेक्षण के आँकड़े भी यही दर्शाते हैं कि पुरुषों की (1 फीसदी) की तुलना में ग्रामीण महिलाओं की बड़ी संख्या (8.5 फीसदी) सहायक के रूप में कार्य करती हैं।

कमोबेश ये स्थिति 70 के दशक से वैसी की वैसी है जबकि इस दौरान अर्थव्यवस्था में बड़े पैमाने पर और विविध प्रकार के बदलाव हुए हैं। आबादी में निरंतर वृद्धि साथ ही साथ घटते लिंग अनुपात, साक्षरता में वृद्धि, परिवहन और गतिशीलता, शहरीकरण, मीडिया और उपभोक्तावाद से सम्पर्क और जन्म नियंत्रण के बेहतर विकल्प, ये कुछ ऐसे कारक हैं जिनके बारे में उम्मीद की जा सकती है कि वे महिलाओं को प्रभावित करेंगे।

1990 के दशक में भारत में आर्थिक सुधारों और भूमंडलीकरण की शुरूआत के फलस्वरूप समस्त आर्थिक नीति वातावरण में भी बदलाव आया जो दो सकारात्मक बदलाव हुए वो इस प्रकार हैं: पहला-श्रम बल का प्राथमिक से द्वितीयक और तृतीयक क्षेत्रों की तरफ धीमा लेकिन नियमित विस्थापन और दूसरा-1990 के आखिरी वर्षो (1999-2000 55वाँ चक्र, राष्ट्रीय नमूना सर्वेक्षण) से स्कूलों में दाखिले में वृद्धि और इसके परिणामस्वरूप 15 साल से कम उम्र के लड़कों के और कुछ कम मात्रा में लड़कियों की कार्य-भागीदारी में गिरावट।

बावजूद इसके कि हाल के वर्षो में देश के कुल रोजगार में कृषि क्षेत्र का हिस्सा घटता जा रहा है। ग्रामीण अर्थव्यवस्था के अन्तर्गत श्रम बल का अधिकांश हिस्सा यानी 85 फीसदी महिलाएँ और 72 फीसदी पुरुष (1999-2000) खेती का काम कर रहे हैं।[30] प्राथमिक क्षेत्रों में पुरुष कामगारों की संख्या का अनुपात (कृषि, उत्खनन, और खनन) 1972-73 के 83.3 फीसदी से गिरकर 1999-01 में 72.0 फीसदी तक पहुँच गया। (तालिका 6. 2) ये आँकड़े द्वितीय क्षेत्र (उत्पादन, विद्युत तथा जल, और निर्माण) और तृतीय क्षेत्र (अन्य सभी सेवाएं)[31] में उनकी बढ़ी हुई हिस्सेदारी के समानुपातिक है। इस समय-अंतराल के दौरान कृषि[32] में महिलाओं का अनुपात भी घटा लेकिन धीमी गति से यानी 89.9 फीसदी से घटकर 85.7 फीसदी तक पहुँचा। इन आँकड़ों से साफ निष्कर्ष निकलता है कि ग्रामीण क्षेत्रों में पुरुष, गैर-खेती कार्यो या शहरों की ओर पलायन कर रहे हैं और अपने पीछे महिलाओं को खेती और ग्रामीण अर्थव्यवस्था की जटिलताओं में फँसा छोड़ गए हैं।

तालिका 2
ग्रामीण भारत में लिंग के आधार पर मजदूरों (सामान्य पीएस. एसएस) का व्यापक क्षेत्रीय वितरण, 1961-2001 (%)

	पुरुष			महिला		
क्षेत्र/वर्ष	*प्राथमिक*	*द्वितीयक*	*तृतीयक*	*प्राथमिक*	*द्वितीयक*	*तृतीयक*
1972-73	83.3	7.8	8.9	89.7	6.0	4.3
1972-78	81.1	8.3	10.5	88.3	6.5	5.1
1983	78.1	9.4	12.2	87.8	7.1	4.8
1987-88	75.2	11.4	13.3	85.1	9.6	5.2
1993-94	74.8	10.5	14.7	86.6	7.9	5.6
1999-01	72.0	12.0	16.1	85.7	8.7	5.8

स्रोत: 1972 विसारिया (1979) तालिका 1977-78 उपरांत, राष्ट्रीय नमूना सर्वेक्षण के 55वें चक्र स्टेटमेंट के आकलन।

इस प्रक्रिया को कृषि का नारीकरण कहते हैं। यहाँ ये बताना जरूरी है कि आज भी कृषि में पुरुषों का प्रभुत्व है और पुरुषों और महिलाओं का अनुपात 3.2 है। वैसे समय के साथ-साथ महिला-श्रमिकों का बढ़ता अनुपात साफ दिखाई देता है।

कृषि का नारीकरण

कृषि के नारीकरण का अर्थ है श्रमशक्ति में महिलाओं की भागीदारी का बढ़ना और यदि पूर्णत: नहीं तो तुलनात्मक रूप से पुरुषों के रोजगार में कभी ये नौकरी पाने की विशेषताओं को भी इंगित करता है जो महिलाओं के रोजगार की पारंपरिक स्वरूप जैसे- कम वेतन, कौशल का निम्न स्तर, आवर्ती कार्यों इत्यादि से जुड़ा होता है यद्यपि जैसा कि पहले देखा गया है कि महिलाओं के रोजगार में हिस्से की तुलना में पुरुषों के रोज़गार हिस्से में गिरावट का रूझान सामान्यत: स्पष्ट तौर पर दिखाई देता है लेकिन कृषि में नारीकरण को प्रयोगसिद्ध तरीके से साबित करना काफी मुश्किल कार्य है। कई महत्वपूर्ण कारणों में से एक है समयबद्ध आँकड़ों यानी राष्ट्रीय नमूना सर्वेक्षण और जनगणना दोनों में तुलनात्मक का अभाव उदाहरण के लिए 1991 के

जनगणना के आँकड़े में श्रमिकों को केवल कृषकों और वैतनिक मजदूरों के रूप में वर्गीकृत किया गया है।

दूसरी तरफ जनगणना 2001 इस विभाजन को मुख्य और सीमांत मजदूरों दोनों के लिए वर्गीकृत करता है। जहाँ तक राष्ट्रीय नमूना सर्वेक्षण के आँकड़ों का सवाल है तो दिए गए अनुपातों से पुरुष और महिला श्रम बल के विकास दर की सटीक गणना कर पाना मुश्किल है। दूसरी मुश्किल ये है कि कृषि के लिए जनगणना के आँकड़े सामान्यत: फसल उत्पादन तक सीमित हैं जबकि महिलाएँ पुरुषों की तुलना में पशुपालन, मुर्गीपालन, मछलीपालन, गैर-लकड़ी वन उत्पादों का संग्रहण और इस तरह के अन्य कार्यों में जो कि कमोबेश कृषि-व्यवस्था के ही अंग हैं ज्यादा समय और ऊर्जा देती हैं।

जनगणना के आँकड़ों से जो बात प्रमाणित तौर पर कही जा सकती है वो है ग्रामीण श्रम-बल का नारीकरण। 1991 और 2001 के जनगणना आँकड़ों के आधार पर तालिका 6.3 में ग्रामीण श्रमबल का लिंग-आधारित विभाजन पेश किया गया है। 1991 में महिला मजदूरों की संख्या 80.53 करोड़ थी जो कि कुल ग्रामीण श्रमबल का 32 फीसदी हिस्सा था। 2001 में ये संख्या बढ़कर 111.46 करोड़ पहुँच गयी यानी कुल ग्रामीण श्रमबल का 36 फीसदी हिस्सा। ये राष्ट्रीय नमूना सर्वेक्षण के उन आँकड़ों की जिस पर पहले की चर्चा की जा चुकी है पुष्टि करता है। अगर बढ़ती संख्या की बात करें तो इस दशक में कुल 30.60 करोड़ पुरुष और 31.3 करोड़ महिला श्रमिक और जुड़े यानी पुरुष श्रमिकों की संख्या में 18.15 फीसदी और महिला श्रमिकों की संख्या में 38.53 फीसदी की बढ़ोतरी हुई।

इसकी वृहत् तस्वीर कृषि पर जिला स्तरीय आँकड़ों से स्पष्ट होती है। 582 जिलों में से जिनके आँकड़े जनगणना में मौजूद थे 46 फीसदी जिलों में पुरुषों से ज्यादा संख्या महिला किसानों की थी।

महिलाओं के लिए कृषि के बाहर विकल्पों का अभाव कई कारकों का सम्मिलित परिणाम है इनमें पहला और मुख्य है-वैसी शिक्षा और कौशल का अभाव जो विनिर्माण और सेवा क्षेत्रों की जरूरतों के मुताबिक हो। कृषि क्षेत्र से जुड़ी ज्यादातर महिलाएँ अशिक्षित (71 फीसदी) हैं और केवल 18 फीसदी

तालिका 3

ग्रामीण भारत में मुख्य और सीमांत मजदूरों में बढ़ोतरी दर

	कुल श्रमिक			*मुख्य श्रमिक*			*आंशिक श्रमिक*		
वर्ष	*व्यक्ति*	*पुरुष*	*महिला*	*व्यक्ति*	*पुरुष*	*महिला*	*व्यक्ति*	*पुरुष*	*महिला*
1991	249.03	168.60	80.53	222.29	166.29	56.00	26.74	2.31	24.43
2001	310.66	199.20	111.46	229.67	169.33	60.34	80.98	29.87	51.12
अंतर	61.63	30.60	31.03	7.38	3.04	4.34	54.24	27.56	26.68
1991 पर प्रतिशत वृद्धि	24.4	18.15	38.53	3.32	1.83	7.75	202.84	1193.07	109.21

संदर्भ: जनगणना 1991-2001 पर आधारित

महिलाओं को प्राथमिक शिक्षा प्राप्त है वहीं पुरुषों में 39 फीसदी अशिक्षित और 30 फीसदी प्राथमिक शिक्षा प्राप्त हैं। महिलाओं के लिए समाज द्वारा निधारित पारिवारिक जिम्मेदारियों को छोड़कर जाना संभव नहीं होता खासतौर पर एक माँ के रूप में या सबका ख्याल रखने वाली सदस्य के तौर पर जिसमें उनकी जिन्दगी का एक बड़ा हिस्सा गुजर जाता है और अंत में गैर-कृषि क्षेत्रों में महिलाओं के लिए बाहरी काम और घरेलू जिम्मेदारियों का एक साथ निर्वहन काफी मुश्किल होता है। वैसे शिक्षा की कमी और पंगु कर देने वाला घरेलू जिम्मेदारियों का बोझ दोनों ही पितृसत्तात्मक व्यवस्था के ही परिणाम हैं।

महिला नेतृत्व वाले परिवार

कृषि क्षेत्र में महिलाओं के ठहराव को जैसा कि प्रगतिशील साहित्य में कहा जाता है कि महिलाओं के नेतृत्व वाले परिवार या ऐसा परिवार जो एकमात्र या प्रमुखता से महिला की आर्थिक सहायता से चलता है कि वृद्धि के रूप में देखा जाता है। भारत में ऐसे परिवारों का कोई विश्वसनीय सरकारी आँकड़ा नहीं है क्योंकि जनगणना और राष्ट्रीय नमूना सर्वेक्षण के दौरान लोगों से सवाल किया गया था कि आपके घर का मुखिया कौन हैं? इस सवाल के जवाब में समाज द्वारा मान्यता प्राप्त प्रमुख का नाम लिया गया जो कि मुख्यत: वरिष्ठता

पर आधारित था ना कि परिवार को चलाने वाले स्त्री या पुरुष के नाम पर। दूसरे सूत्रों से मिले आँकड़ों के मुताबिक ऐसे परिवार की संख्या कुल ग्रामीण परिवारों का करीब 30 फीसदी है। विकल्पों की कमी, संसाधन का अभाव और उनके पास उपलब्ध निम्न स्तरीय रोजगार के कारण ऐसे परिवार सबसे गरीब परिवारों की श्रेणी में ही आते हैं। हम अब महिलाओं के काम के कुछ गुणात्मक पहलुओं की चर्चा करेंगे जैसे कि काम की स्थिति या स्तर रोजगार या बेरोजगारी की घटनाएं और मजदूरी में लिंग आधारित भेदभाव।

गुणात्मक आयाम

महिलाओं वेफ रोजगार की स्थिति

राष्ट्रीय नमूना सर्वेक्षण कृषि से जुड़े कामगारों की स्थिति को नियमित कर्मचारी, स्व-रोजगार श्रमिक और वैतनिक मजदूर के तौर पर प्रदर्शित करता है। नियमित कर्मचारियों को वेतन मिलता है और वे कई अन्य सुविधाओं जैसे- भविष्य निधि, संवैतनिक छुट्टियाँ, काम में तरक्की की संभावनाएं और पेंशन के हकदार होते हैं। इस तरह से ये कर्मचारियों के लिए सबसे सुरक्षित काम है। आकस्मिक कर्मचारियों के लिए स्थिति बिल्कुल विपरीत होती है। उन्हें ना तो नियमित वेतन मिलता है और ना ही दूसरे लाभ। स्व-रोजगार वाले कर्मी स्व-खाता श्रमिक होते हैं और उनकी जवाबदेही अपने अलावा किसी पर नहीं होती। ज्यादातर किसान और कृषक परिवारों के बगैर वेतन वाले पारिवारिक मजदूर इसके अंतर्गत आते हैं। कृषि क्षेत्र में स्व-रोजगार वाले मजदूरों (पुरुष और महिला दोनों) की संख्या सबसे ज्यादा है और इसके बाद आकस्मिक मजदूर आते हैं। नियमित रोजगार वाले कर्मियों का अनुपात काफी कम है। खासतौर पर महिलाओं में जो कि 3 से 4 फीसदी ही है इसे तालिका 3 में देखा जा सकता है।

1972-73 और 1999-2000 के बीच स्व-रोजगार के अनुपात में गिरावट दर्ज की गई जिसमें महिलाओं के मामले में ज्यादा क्रमिक गिरावट देखी गई। (1983 के बाद से स्व-रोजगार वाली महिलाओं का अनुपात पुरुषों के अनुपात की तुलना में ज्यादा बढ़ा) इसी दौरान नियमित रोजगार वाले

तालिका 3

रोजगार की विभिन्न श्रेणियों में कार्यरत लोगों का प्रतिशत अनुसार वितरण रोजगार की श्रेणी-सामान्य स्तर (पीएस + एसएस)

ग्रामीण पुरुष				*ग्रामीण महिलाएँ (प्रतिशत में) %*		
साल	*स्व-रोजगार*	*नियमित कर्मचारी*	*आकस्मिक कर्मचारी*	*स्व-रोजगार*	*नियमित कर्मचारी*	*आकस्मिक कर्मचारी*
1972-73	65.9	12.1	22.0	64.5	4.1	31.4
1977-78	62.0	10.6	226.6	62.1	2.8	35.1
1983	60.5	10.3	29.2	61.9	28.8	35.3
1987-88	58.6	10.0	31.4	60.8	3.7	35.5
1993-94	57.7	8.5	33.8	58.6	2.7	38.7
1999-01	55.0	8.8	36.2	57.3	3.1	39.6
औसत	58.0		32.7	60.5		36.3

स्रोत: 1992-73 और 1977-78 की राष्ट्रीय सर्वेक्षण रिपोर्ट, 50वां चक्र, 1983 के बाद 61वां चक्र।

कर्मचारियों की संख्या में भी गिरावट देखी गई। इस कारण आकस्मिक रोजगार के हिस्से में तेजी से वृद्धि हुई। पुरुष आकस्मिक कर्मचारियों का अनुपात 22 फीसदी (1972-73) से बढ़कर 36.2 फीसदी (1999-2000) पहुँच गया जबकि महिला आकस्मिक मजदूरों का अनुपात इससे थोड़ा ज्यादा तेजी से यानी 31.4 से बढ़कर 39.6 फीसदी तक पहुँच गया।

जहां तक महिलाओं का प्रश्न है उनकी आकस्मिक मजदूरी से स्व-रोजगार का स्तर प्राप्त करने से भी उन्हें कोई खास फायदा नहीं हुआ क्योंकि इसका मतलब है मजदूरी से अपनी आय बढ़ाने के बजाय बिना किसी मौद्रिक फायदे के प्रबंधक या सहायक के तौर पर पारिवारिक खेती या उद्यम में हाथ बंटाना। इस स्थानांतरण से दरअसल महिलाओं पर काम का बोझ बढ़ा ही है। वहीं दूसरी तरफ घर के बाहर समान स्थिति में काम कर रही दूसरी महिलाओं के साथ काम करने से समाज और परिवार दोनों ही स्तरों पर शोषणकारी प्रवृत्तियों से लड़ने की उनकी क्षमता बढ़ती है।

बेरोजगारी

जब नौकरी के अवसरों में वृद्धि की गति इनकी मांगों की तुलना में पिछड़ने लगी तो इसका परिणाम बेरोजगारी और अल्प बेरोजगारी के रूप में सामने आया। रोजगार और बेरोजगारी दोनों मामलों में राष्ट्रीय नमूना सर्वेक्षण ने तीन अलग-अलग तरीके अपनाते हुए आँकड़े जुटाए। ग्रामीण भारत में बेरोजगारी के कुछ सामान्य लक्षणों को आसानी से पहचाना जा सकता है। पहली बात कुल मिलाकर यहाँ बेरोजगारी की दर शहरी क्षेत्रों की तुलना में बहुत ज्यादा ऊँची नहीं है दूसरी ग्रामीण क्षेत्रों के लिए सामान्य स्थिति के जरिए आकलित बेरोजगारी दर काफी निम्न है जबकि इसकी तुलना में वर्तमान दैनिक स्थिति के आधार पर आकलित बेरोजगारी दर ऊँची है जो कि उच्च स्तरीय आंतरिक बेरोजगारी की तरफ इशारा करती है। इसकी मुख्य वजह है बड़ी संख्या में मजदूरों के लिए नियमित रोजगार का अभाव।[32]

तुलनात्मक रूप से 1999-2000 में सामान्य मूल स्थिति के आधार पर बेरोजगारी दर पुरुषों के मामले में ग्रामीण और शहरी इलाकों के लिए लगभग एक जैसी रही लेकिन महिलाओं के मामले में करीब 2 फीसदी की वृद्धि देखी गई।

बेरोजगारी पर राष्ट्रीय नमूना सर्वेक्षण के आँकड़ें यह भी बताते हैं कि ग्रामीण क्षेत्रों में -

अ) शिक्षित लोगों की बेरोजगारी दर माध्यमिक शिक्षा से भी कम पढ़े-लिखे लोगों की तुलना में ज्यादा ऊँची है और शिक्षित लोगों में महिलाओं की बेरोजगारी दर पुरुषों की तुलना में काफी ऊँची है। लैंगिक असमानता खासतौर पर उच्च माध्यमिक या इससे ज्यादा शिक्षित लोगों में ज्यादा है।

ब) पुरुष और महिलाओं का एक बड़ा हिस्सा जो कि सर्वेक्षण के दौरान बेरोजगार पाए गए इससे पहले कृषि में आकस्मिक मजदूर के रूप में काम कर चुके थे और अब मुख्य तौर पर इसलिए बेरोजगार थे क्योंकि इलाके में काम का अभाव था। प्रत्यक्ष रूप से शिक्षित महिलाओं के लिए ग्रामीण गैर-कृषि में भी काम के कुछ

तालिका 4

1972-73 से 2000 तक में सामान्य स्तर, वर्तमान साप्ताहिक स्तर (सीडब्ल्यूएस) और वर्तमान दैनिक स्तर (सीडीएस) के अनुसार बेरोजगारी दर

चक्र/वर्ष सामान्य स्तर	सामान्य स्तर (पीएस)		सामान्य सीडब्ल्यूएस (एडजस्टेड)	सीडब्ल्यूएस सीडीएस		सीडीएस (पी एस)	सामान्य स्तर (एडजस्टेड)	
27वाँ (72-73)	....	1.2	3.0	6.8	....	0.5	5.5	11.2
32वाँ (1977-78)	2.2	1.3	3.6	7.1	5.5	2.0	4.1	9.2
38वाँ (1983)	2.1	1.4	3.7	7.5	1.4	0.7	4.3	9.0
43वाँ (1987-88)	2.8	1.8	4.2	4.6	3.5	2.4	4.4	6.7
50वाँ (1993-94)	2.0	1.4	3.1	5.6	1.3	0.9	2.9	5.6
55वाँ (1999-01)	2.1	1.7	3.9	7.2	1.5	1.0	3.7	7.0

नोट: (...) चक्र के दौरान एकत्रित नहीं किए गए आँकड़े,

स्रोत: राष्ट्रीय नमूना सर्वेक्षण

> अवसर मौजूद थे लेकिन इसके साथ ही पुरुषों की तुलना में महिलाओं के लिए काम अधिक अस्थायी, छोटे अंतराल और आकस्मिक प्रकृति के थे।[33]

अल्परोजगार

अल्परोजगार को सामान्य तौर पर मजदूरों के श्रम-समय के अल्प उपयोग के तौर पर परिभाषित किया जाता है। राष्ट्रीय नमूना सर्वेक्षण अल्परोजगार की दो प्रकारों की पहचान करता है- प्रत्यक्ष और अप्रत्यक्ष।

प्रत्यक्ष अल्परोजगार दर यानी सामान्यतः रोजगार प्राप्त लोगों का प्रतिशत जिनके पास किए गए संदर्भ-हफ्ते के दौरान काम नहीं था। पुरुषों की तुलना में सामान्यतः रोजगार प्राप्त महिलाओं में अल्परोजगार की समस्या ज्यादा गंभीर है और यही हाल शहरी क्षेत्रों की तुलना में ग्रामीण क्षेत्रों का ही है। 1999-2000 के दौरान महिलाओं के बीच अल्परोजगार की दर ग्रामीण क्षेत्रों में 17 फीसदी और शहरी क्षेत्रों में करीब 9 फीसदी थी जबकि पुरुषों में ये क्रमशः 4 और 2 फीसदी थी। यह भी स्पष्ट है कि ज्यादातर सामान्य नौकरी पेशा महिलाओं ने जो दिए गए नियत हफ्ते में काम नहीं कर रही थीं खुद को बेरोजगारी के बजाय श्रम-बल के बाहर बताया (तालिका 5)। यही तथ्य

प्रत्यक्ष अल्परोजगार मापन के वैकल्पिक तरीकों में भी पाए गए। ये तथ्य कि महिलाओं ने बेरोजगार होने के बावजूद खुद को श्रम-बल के बाहर बताया। महिलाओं के रोजगार दर (डब्ल्यूपीआर) के न्यून आकलन की मुख्य वजह की ओर इशारा करता है और महिलाओं के श्रम-बल में अदृश्यता में सहयोग करता है।

अब बात अप्रत्यक्ष अल्परोजगार के पहले संकेतों के संबंध में अर्थात् सामान्यतः रोजगार-प्राप्त व्यक्तियों (15 साल या ऊपर) का प्रतिशत जिन्होंने कमोबेश नियमित काम नहीं किया। कृषि क्षेत्र की महिलाओं ने एक बार फिर अप्रत्यक्ष अल्परोजगार की उच्च दर पेश की जो कि उनके पास मौजूद काम की निम्न गुणवत्ता को साबित करता है।

तालिका 5

प्रत्यक्ष अल्परोजगार: सामान्य रोजगार (पीएस. एसएस) का प्रतिशत वितरण उनके व्यापक साप्ताहिक स्तर के द्वारा

	पुरुष		महिला	
वर्तमान साप्ताहिक स्तर	1993 1994	1999 2000	1993 1994	1999 2000
कार्यरत	95.7	95.6	80.7	83.2
बेरोजगार	1.5	2.2	1.4	2.1
श्रम-बल में नहीं	2.8	2.2	17.9	14.8
सभी	100	100	100	100

स्रोत: 2000-01 के एनएसएस रिपोर्ट का 55वां राउंड

कृषि में महिला आकस्मिक मजदूर खासतौर पर ग्रामीण इलाके में अप्रत्यक्ष अल्परोजगार की सबसे ऊंची दरों का प्रतिनिधित्व करती हैं। इनके बाद इनके पुरुष जोड़ीदार आते हैं। हालांकि अतिरिक्त कामों के लिए मांग या उपलब्धता के संदर्भ में सामान्य नियोजित पुरुष (15 साल या ऊपर) की संख्या (11 फीसदी) ग्रामीण महिलाओं (7 फीसदी) की तुलना में ज्यादा है। अतिरिक्त आय जैसा कि 50 फीसदी से अधिक ग्रामीण पुरुषों और महिलाओं ने यही कारण बताया। इसकी तुलना में केवल 26 फीसदी महिलाओं और 20

फीसदी पुरुष ने इसके लिए **'पर्याप्त काम नहीं'** होने को वजह बताया। वैकल्पिक कार्यों की तलाश करने वाले या उपलब्ध लोगों में ग्रामीण पुरुषों का प्रतिशत (9 फीसदी) ग्रामीण महिलाओं (6 फीसदी) की तुलना में ज्यादा था। इसके अलावा 67 फीसदी पुरुषों और 70 फीसदी महिलाओं ने दावा किया कि उनका वर्तमान कार्य पर्याप्त आय वाला नहीं है और इसलिए वो काम में बदलाव चाहते हैं।

महिलाओं का कुछ फीसदी हिस्सा ही क्यों वैकल्पिक काम चाहता है, इसकी दो व्याख्याएँ हो सकती हैं: पहला–कई ऐसे घरेलू काम होते हैं जिनमें समय देना परिवार के लिए अतिरिक्त आय कमाने से ज्यादा जरूरी होता है। दूसरा- अधिक गतिशीलता की सुविधा और मजदूरी में लैंगिक भेदभाव को देखते हुए अतिरिक्त या वैकल्पिक रोजगार से आय प्राप्त करना पुरुषों के लिए ज्यादा फायदेमंद है।[34]

मजदूरी और वेतन भिन्नता

लिंग–आधारित भेदभावपूर्ण पारिश्रमिक का व्यापक प्रचलन खासतौर पर कृषि में सभी जगह है। 1980 के दशक के दौरान महिला और पुरुष कृषि मजदूरों की वास्तविक आय बढ़ी[35] (हरित क्रांति के दौरान उच्चतर मजदूर उत्पादकता के कारण)। हालांकि 1990 के दशक में गिरावट भी दिखी यानी कि 1987–88 और 1993–94 के बीच में और फिर 1993–94 और 1999–2000 के बीच। 1983 तक अधिकांश राज्यों में पुरुष–महिला आय के अनुपात का अंतर कम हो गया था लेकिन 1980 के आखिर में और 1990 के दशक में अंतर काफी बढ़ गया क्योंकि महिला श्रमिकों की आय का स्तर और वृद्धि दोनों ही पुरुषों की तुलना में पिछड़ गए। इस लैंगिक अंतर का एक महत्वपूर्ण कारक था महिला और पुरुषों खेतिहर मजदूरों की दैनिक मजदूरी और वैधानिक न्यूनतम आय के बीच का संबंध। वैधानिक न्यूनतम आय भारत सरकार द्वारा ये सुनिश्चित करने के लिए तय की जाती है कि श्रमिक वर्गों की मजदूरी इतनी कम ना हो कि उनके लिए जीवन–निर्वाह भी मुश्किल हो जाए। परिभाषा के मुताबिक इसमें लिंग–भेद जैसी कोई बात नहीं थी।

महिला श्रमिकों के औसत पारिश्रमिक में राज्यों के आधार पर बड़े पैमाने पर विविधता पाई जाती है। पंजाब और केरल में मजदूरी की दरें सबसे ज्यादा हैं। वहीं विहार, उड़ीसा, महाराष्ट्र, कर्नाटक और मध्यप्रदेश में मजदूरी काफी कम है जबकि हरियाणा, गुजरात और राजस्थान मध्य स्थिति में आते हैं। दुर्भाग्यवश कई ऐसे कार्यों में लिंग-भेद बड़े पैमाने पर कायम है जो ज्यादातर महिलाओं द्वारा निष्पादित किए जाते हैं जैसे- बुवाई, निराई आदि (कृष्णराज और शाह 2000)।

सामान्य तौर पर देखा जाता है कि महिलाओं द्वारा किए जाने वाले कामों के लिए सिर्फ इसलिए कम मजदूरी दी जाती है क्योंकि वो महिलाओं का काम है भले ही उसकी उत्पादकता कितनी ही ज्यादा क्यों ना हो। पंजाब कृषि विश्वविद्यालय द्वारा एक शोध में पाया गया कि महिलाएँ पुरुषों की तुलना में चार गुनी ज्यादा कार्यकुशल हैं (अहमद, एस. 2000)। फिर भी महिलाओं की मजदूरी पुरुषों से कम थी। इससे पता चलता है कि अकेले बाजार की शक्ति से मजदूरी के मामले में चले आ रहे लैंगिक अंतर को खत्म नहीं किया जा सकता। समान पारिश्रमिक की परिकल्पना तब तक संभव नहीं जब तक महिलाओं के योगदान को पहचान और प्रशंसा नहीं मिलती। सारदामोनी ने ठीक ही निष्कर्ष निकाला:- रोजगार में महिलाओं की अप्रत्यक्षता को दूर करना, आँकड़ों को घटाने-बढ़ाने या उनके जोड़-तोड़ से जुड़ा नहीं है। इसके लिए जरूरी ये है कि वो जो भी करती हैं उसकी सामाजिक प्रासंगिकता और उपयोगिता और सबसे बढ़कर उसकी कठिन प्रकृति को पहचाना जाए। हम जिस परिवर्तन की मांग करते हैं उसे मुख्यधारा की सोच में शामिल होना चाहिए और सामाजिक विज्ञान का हिस्सा होना चाहिए। इससे जो परिणाम निकलकर आएगा वह केवल महिलाओं पर आँकड़ों का नया समुच्चय नहीं होगा बल्कि उसमें महिलाएँ, पुरुष, बच्चे और सामाजिक व्यवस्था भी शामिल होंगे। एक बार ये स्वीकार कर लिया जाए तो तुलना उत्पादकता या आर्थिक क्रियाओं के आधार पर उठाई गयी ज्यादातर आपत्तियां अपने आप अप्रासंगिक हो जाएंगी। (अहमद, 2000)।

अंतर्राज्यीय विविधता

अभी तक अखिल भारतीय स्तर पर जो तस्वीर खींची गई है उससे महिलाओं और पुरुषों दोनों के लिए राज्यों के आधार पर विविधताएं स्पष्ट नहीं होतीं। महिलाओं के काम में भागीदारी का विस्तार दरअसल प्रांत, राज्य, जिलों और यहां तक कि गांव के अन्तर्गत विभिन्न समूहों में भी बदल जाता है। अखिल भारतीय स्तर पर साथ महिलाओं की ग्रामीण भागीदारी दर की तुलना के द्वारा 15 प्रमुख राज्यों को दो समूहों में विभाजित किया गया (तालिका 6)। पहले समूह में हिमाचल प्रदेश, आंध्रप्रदेश, महाराष्ट्र, तमिलनाडु, कर्नाटक और गुजरात, राजस्थान और मध्यप्रदेश हैं जो सालों से सुसंगत तरीके से एक-सा उच्च महिला रोजगार दर (डब्ल्यूपीआर) प्रदर्शित कर रहे हैं।

राजस्थान और हिमाचल प्रदेश को अपवाद स्वरूप छोड़ दिया जाए तो इस समूह के राज्य आकस्मिक महिला मजदूरों के उच्च विस्तार को भी प्रदर्शित करते हैं। राजस्थान और हिमाचल प्रदेश इन दो राज्यों में महिलाओं में आकस्मिक मजदूरी की दर सबसे कम पाई गई यानी क्रमशः 2 फीसदी और 12 फीसदी। हालांकि 1999-2000 के बीच इस अनुपात में वृद्धि दर्ज की गई जबकि पूरे देश में इससे विपरीत स्थिति थी।

तालिका 6

ग्रामीण क्षेत्रों में मजदूर आबादी दर (डब्ल्यूपीआर) अखिल भारतीय स्तर 1961 से 2000

पुरुष									
राज्य	*1961*	*1971*	*1972 -73*	*1977 -78*	*1981*	*1983*	*1987*	*1993 -94*	*1999 -2000*
कर्नाटक	60.4	56.4	57.5	58.5	57.2	58.7	56.8	60.4	59.5
आंध्रप्रदेश	64.3	60.2	62.4	61.2	60.2	60.6	59.5	63.1	60.5
तमिलनाडु	62.2	58.6	60.3	60.3	59.2	59.5	58.7	60.2	59.4
गुजरात	55.3	52.8	52.3	55.1	54.2	55.0	55.9	57.4	58.4

क्रमशः...

पुरुष									
उड़ीसा	61.0	55.8	57.7	56.5	56.7	57.5	56.6	56.6	55.1
प. बंगाल	53.5	48.5	50.4	53.8	50.6	53.9	55.0	55.7	53.4
महाराष्ट्र	58.1	52.6	54.6	56.8	55.4	56.1	54.6	55.1	53.1
केरल	47.4	45.3	46.8	50.8	45.2	48.6	50.6	53.7	55.3
हिमाचल प्रदेश	59.2	52.3	53.3	58.8	52.5	53.0	53.9	छा।	छा।
पंजाब	53.5	53.8	54.9	55.9	54.5	58.1	56.5	54.6	53.0
भारत	58.2	53.5	54.5	55.2	53.8	54.7	53.9	55.3	53.1
मध्यप्रदेश	61.6	55.3	56.3	57.2	56.4	56.2	54.6	57.2	53.6
हरियाणा	52.9	47.5	49.2	50.5	49.8	46.4	47.5	46.3	47.5
राजस्थान	60.1	53.6	58.1	57.7	52.2	55.0	51.2	54.0	50.0
उत्तरप्रदेश	59.2	53.0	53.3	52.2	51.5	53.1	51.8	52.2	48.1
बिहार	56.0	52.7	51.6	52.1	51.1	50.9	50.0	51.1	49.2
महिला									
हिमाचल प्रदेश	50.2	21.7	45.2	56.6	33.4	47.6	48.8	61	61
आंध्रपदेश	46.0	27.4	45.1	44.6	40.0	47.1	47.0	52.1	47.8
महाराष्ट्र	58.1	24.4	45.5	47.5	40.9	47.3	46.2	47.7	43.4
तमिलनाडु	37.1	17.6	44.4	44.4	33.6	45.5	46.1	47.8	43.0
कर्नाटक	36.8	15.8	42.9	37.3	30.7	38.6	37.7	43.0	38.0
गुजरात	34.2	12.1	37.8	39.3	26.9	41.1	38.1	39.6	41.3
राजस्थान	40.8	9.3	53.0	53.0	25.0	46.5	45.0	45.7	38.8
मध्यप्रदेश	48.6	20.8	44.0	42.2	35.8	43.3	41.0	42.0	38.2
भारत	31.4	13.1	31.8	33.1	23.2	34.0	32.3	32.8	29.9
उड़ीसा	27.4	6.8	30.7	27.4	21.1	29.4	27.6	31.7	29.9
पंजाब	5.9	0.7	27.0	27.6	6.9	31.9	31.7	22.0	28.0
हरियाणा	24.7	2.3	29.0	26.7	12.3	23.2	29.7	27.1	20.2
केरल	20.9	14.1	25.4	41.3	17.7	31.4	28.6	23.8	23.8
उत्तरप्रदेश	19.9	7.3	23.8	21.3	9.0	25.7	21.9	21.9	20.1
प. बंगाल	10.6	4.6	12.6	17.6	8.9	19.3	19.6	18.5	16.0
बिहार	28.5	9.3	19.6	20.9	14.7	24.8	19.3	17.2	17.3

स्रोत: कृष्णराज मैत्रेयी और अमिता शाह (2000), स्टेट द इंडियन फार्मर वीमेन इन एग्रीकल्चर कृषि एवं सहकारिकता विभाग, कृषि मंत्रालय, भारत सरकार, नई दिल्ली

दूसरे समूह यानी ऐसे राज्य जहाँ महिला भागीदारी दर कम थी में शामिल थे केरल, पश्चिम बंगाल, उड़ीसा, उत्तर पद्रेश, बिहार, पंजाब और हरियाणा। महिला श्रमिकों की सबसे बड़ी संख्या उत्तर प्रदेश (87 फीसदी), बिहार (86 फीसदी), पंजाब (90 फीसदी) और हरियाणा (91 फीसदी) में थी। इनमें से केवल बिहार में आकस्मिक मजदूरों का अनुपात ज्यादा था। पश्चिम बंगाल और केरल में महिलाएँ कम अनुपात (क्रमशः 59 और 52 फीसदी) में देखी गई और यहाँ आकस्मिकता मजदूरी में कम विस्तार (4.5 फीसदी) भी दिखता है लेकिन यहां भी एक अपवाद है-असम में महिलाओं की भागीदारी दर ऊँची है साथ ही आकस्मिक मजदूरी का भी अनुपात ऊँचा है (21 फीसदी)।

इस तरह महिलाओं की भागीदारी विभिन्न प्रकार के कारकों पर निर्भर करती है। जलवायु के अलावा कई और कारक जैसे- फसल की किस्म (खाद्य या नकदी फसल, गेहूं, चावल, मोटे अनाज), सिंचाई की उपलब्धता, खेती का प्रकार (बाजार या आजीविका), इस्तेमाल की गई तकनीक, यंत्रीकरण का परिमाण और सामाजिक-आर्थिक कारक जैसे- गरीबी, पिछड़ापन, भूमिहीनता का विस्तार, जाति, वर्ग और सामाजिक गतिशीलता और एकान्तवास के सांस्कृतिक नियम ये सब मिलकर महिलाओं की भागीदारी की सीमा तय करते हैं।

विभिन्नताओं की व्याख्या में सामान्यतः एक अंतर की चर्चा की जाती है। कुछ विश्लेषक किसी एक राज्य में राज्य स्तर और जिला स्तर पर पिछड़ेपन और महिला-श्रम की भागीदारी को भी एक-दूसरे से जोड़कर देखते हैं। वहीं दूसरे ध्यान दिलाते हैं कि ज्यादातर राज्य जहाँ महिला रोजगार दर (डब्ल्यू पी आर) उच्च है जैसे- आंध्रप्रदेश, गुजरात, राजस्थान, महाराष्ट्र, कर्नाटक, मध्य प्रदेश, और तमिलनाडु, मुख्य रूप से शुष्क-भूमि प्रांत हैं। इन राज्यों में उच्च भागीदारी का श्रेय कुछ हद तक तो पशुधन अर्थव्यवस्था को जाता है। इन क्षेत्रों से पुरुषों का दुखद पलायन भी महिलाओं की उच्च भागीदारी के कारणों में गिना जाता है। कुछ खास जाति और जनजाति का बाहुल्य भी अधिक अनुपात में भूमिहीन कृषि मजदूरों के होने और उनके आकस्मिक मजदूर बनने के कारण में गिना जाता है। (अहमद एस. 2000)

कुल मिलाकर ग्रामीण भारत की अधिकांश महिलाएँ अब भी रोजगार के लिए कृषि पर ही आश्रित हैं। अगर रोजगार की गुणवत्ता की बात की जाए तो यह अनिश्चित आन्तरायिक और असुरक्षित है; साथ ही पुरुषों की तुलना में महिलाओं के लिए अधिक विषम है। महिलाएँ या तो किसी आय की हकदार नहीं होती। जब वो अपने खेत में प्रबंधक, सहायक, या दोनों ही रूपों में बिना वेतन के काम करती हैं या फिर बिना उनकी उत्पादकता पर गौर किए आकस्मिक मजदूर के रूप में कम वेतन या अन्यायपूर्ण वेतन पाती हैं। हालांकि राष्ट्रीय नमूना सर्वेक्षण में इसे नोट नहीं किया गया लेकिन ये आमतौर पर पाया गया कि महिलाओं को कठिन शारीरिक श्रम पर आधारित और ज्यादा समय लगने वाले कार्यों में लगाया जाता है। सेवा क्षेत्रों में काम की बेहतर परिस्थितियां मौजूद होने के बावजूद वो अपनी अल्प शिक्षा, निम्न कौशल और गतिशीलता के अभाव के कारण बाहर के विकल्पों का फायदा उठाने में असक्षम है।

ये विडम्बना ही है कि महिलाएँ उच्च माध्यमिक या इससे अधिक शिक्षा प्राप्त हैं उनके पास भी अशिक्षित और निरक्षर महिलाओं की तुलना में कम विकल्प हैं और संभवतः इसकी वजह सामाजिक-सांस्कृतिक कारक हैं।

राष्ट्रीय योजनाओं में महिलाएँ

किसी भी समाज में महिलाओं की स्थिति के कई आयाम होते हैं फिर भी सार्वजनिक नीतियां केवल कुछ चुनिंदा पक्षों पर ही ध्यान केंद्रित करती हैं। प्रजनन और मातृत्व संबंधी स्वास्थ्य, शिक्षा और रोजगार यही तीन पक्ष हैं जिन पर ध्यान दिया जाता है। महिलाओं के लिए रोजगार को गरीबी-उन्मूलन और नारी सशक्तिकरण का एक प्रमुख साधन माना जाता है। सत्ता के शीर्ष स्तर पर महिलाओं की अधीनस्थ स्थिति और सरकारी संस्थानों में अंदर तक पैठे लैंगिक भेदभाव के बारे में जागरूकता कोई नई बात नहीं है। महिलाओं की समाज में हीन स्थिति ने भारत के राष्ट्र के रूप में गठन से पहले भी पश्चिमी दिग्गजों और भारतीय राष्ट्रवादियों दोनों का ही ध्यान इस ओर खींचा है (अहमद 2001)। महिलाओं ने बड़ी संख्या में पुरुषों के साथ कदम से कदम

मिलाकर आजादी की लड़ाई में हिस्सा लिया और उन में से कई नेतृत्व के स्तर तक भी गई।

1930-40 में राष्ट्रीय योजना आयोग को महिलाओं से जुड़े मुद्दों पर सलाह देने के लिए एक उप-समिति का गठन किया गया। यह समिति अपने समय से काफी आगे थी। इसने महिलाओं के लिए स्वतंत्र आर्थिक साधनों के महत्व पर जोर दिया और सिफारिश की कि महिलाओं का उनकी आय पर पूर्ण नियंत्रण होना चाहिए। इसने महिलाओं के लिए रात में काम पर प्रतिबंध लगाने जैसे कदमों का विरोध किया और राष्ट्रीय योजना की दृष्टि से परिवार को मूल आर्थिक इकाई मानने से होने वाले खतरे के प्रति आगाह किया। इसका मानना था कि इससे महिलाएँ अनुपूरक अर्जक की भूमिका में आ जाएंगी (कृष्णराज एम 2000)। लेकिन उसके बाद चूंकि रोजगार को बड़े पैमाने पर मुक्ति के साधन के रूप में देखा जाने लगा इसलिए सार्वजनिक नीति में परिवार को बुनियादी इकाई मानने संबंधी विचारों में मामूली बदलाव ही आय।[36]

आजादी के बाद भारतीय संविधान (1950) ने जाति, रंग और लिंग के आधार पर भेद-भाव किए बिना सभी के लिए समानता के सिद्धांत (धारा 14 और 16) को लागू किया और आरक्षण और विशेष उपायों (धारा 15(3)) के रूप में राज्यों द्वारा सकारात्मक कार्यवाई के लिए अनिवार्य साधन प्रदान किए ताकि जरूरत पड़ने पर महिलाओं और बच्चों के पक्ष में समानता के मौलिक अधिकारों का भी उल्लंघन किया जा सके।[37] सभी स्तर पर समानता-प्राप्ति के लिए कुछ विशिष्ट कार्यनीतियों को राज्य के नीति निर्देशक सिद्धांतों के तहत छोड़ दिया गया। भारत के संघीय स्वरूप के कारण कल्याणकारी सेवाओं (शिक्षा, स्वास्थ्य, सामाजिक सुरक्षा) और आर्थिक सहायता मुहैया कराने की मुख्य जिम्मेदारी राज्य सरकार की होती है।[38]

पहली पंचवर्षीय योजना (1951-56) में अन्य लक्ष्यों के अलावा 'महिला-कल्याण को बढ़ावा देना' भी एक लक्ष्य रखा गया ताकि वे परिवार और समुदाय में अपनी वैध भूमिका का निर्वहन कर सकें। इस विचार के केन्द्र में था महिलाओं को गृह-निर्मात्री के रूप में परिवार के स्वास्थ्य और पोषण

के लिए उत्तरदायी मानना। इसलिए नीति–निर्धारकों का ध्यान मातृत्व, परिवार नियोजन, स्वास्थ्य और महिलाओं की शिक्षा पर ज्यादा रहा। हालांकि इस उद्देश्य के लिए सरकार के अधीन विशिष्ट संस्थाओं के अभाव के कारण महिला–कल्याण को बढ़ावा देने की जिम्मेदारी ज्यादातर निजी स्वैच्छिक क्षेत्रों के भरोसे छोड़ दी गई।39 सामुदायिक विकास कार्यक्रम द्वारा ग्राम सेविकाओं की नियुक्ति और महिला मंडल के गठन के माध्यम से कुछ हद तक महिलाओं को विकास प्रक्रिया से जोड़ने की कोशिश की गई है लेकिन इनमें पुरुष सेवकों और महिला सेविकाओं का अनुपात 5:1 था और सभी महिला कल्याणकारी कार्यक्रम विभिन्न क्षेत्रों में बांटे जाने के बजाय महिला मंडल के अंतर्गत डाल दिए गए थे। 1954 में महिलाओं खासतौर पर गरीब और विध वाओं तक सामाजिक सेवाएं पहुँचने के स्पष्ट उद्देश्य के साथ एक केन्द्रीय समाज कल्याण बोर्ड का गठन किया गया। हालांकि इन प्रयासों की शुरूआत उच्च इरादे से की गई थी फिर भी ये उन पारंपरिक स्वरूपों को बदल पाने में असफल रहे जिसमें भारतीय समाज अपनी महिलाओं को रखता है यानी पत्नी या माता या फिर अन्य वर्ग के रूप में। इसके अलावा इन्होंने देश में महिलाओं की वर्षों से चली आ रही बदतर स्थिति की जड़ तलाशने में कोई रूचि नहीं दिखाई बल्कि बदहाली के लक्षणों को कम करने के तत्कालिक उपाय सुझाए। राष्ट्रीय योजनाएं 1980 के दशक तक इसी कल्याणकारी छवि को ढोती रही।[40]

परिवार चूंकि विकास की मूल इकाई बन गई और महिलाओं को इसके अंतर्गत ही शामिल कर लिया गया इसलिए इस दौरान होने वाले भू–सुधार और सामाजिक न्याय के अन्य उपायों में महिलाओं की अनदेखी कर दी गई। यही बात हरित क्रांति के नीतिगत ढांचे के विषय में भी कही जा सकती है जो महिलाओं की जरूरतों और उन पर पड़ने वाले प्रभावों को शामिल करने में विफल रही। वास्तव में कई विश्लेषकों को लगता है कि हरित क्रांति के दौरान तकनीकी आत्मनिर्भरता और निजी संस्थाओं (जो कि सामाजिक विकास के विरूद्ध है) पर दिए जाने वाले बल ने कृषि संबंधी निर्णयों के मामले में महिलाओं को दरकिनार कर दिया।

चौथी योजना ने (1969-74) पहली बार महिला किसानों की तकनीकी जरूरतों को पूरा करने की कोशिश की। कृषि मंत्रालय ने यूएनडीपी की मदद से किसानों के लिए प्रशिक्षण और शिक्षा कार्यक्रम की शुरूआत की जिसमें 150 किसान प्रशिक्षण केन्द्रों का नेटवर्क बनाया गया और जिसके तहत् मुख्यत: रेडियो सेवाओं और चल रहे साक्षरता कार्यक्रमों की मदद से किसानों तक नई तकनीकी जानकारी पहुँचाई गई। शुरूआत में महिलाओं और पुरूषों के लिए एक जैसी जानकारियां थी लेकिन जैसे-जैसे महिला पुरुषों की अलग-अलग जरूरतें सामने आने लगीं कई राज्य सरकारों ने इसी कार्यक्रम (एफटीईपी) में महिलाओं के लिए विशेष प्रशिक्षण कार्यक्रमों की शुरूआत की। अगली योजना यानी पांचवी (1974-79) में इस कार्यक्रम को विस्तार देते हुए इसमें प्रशिक्षण और दौरे की व्यवस्था शुरू की गई। ये व्यवस्था इस पूर्वानुमान पर आधारित थी कि परिवार के किसी एक सदस्य को दिया गया प्रशिक्षण या जानकारी परिवार के बाकी सदस्यों तक भी पहुँचेगी लेकिन अन्तत: यह महिलाओं तक पहुँचने में नाकाम रही (अहमद एस, 2000)।

इसी बीच अन्तर्राष्ट्रीय स्तर पर महिला मुद्दों के बढ़ते महत्व को देखते हुए सरकार ने 1974 में भारत में महिलाओं की स्थिति जानने के लिए एक समिति का गठन किया जिसे लैंगिक समानता की दिशा में प्रगति की समीक्षा की जिम्मेदारी सौंपी गई। समिति की रिपोर्ट 'समानता की ओर' ने महिलाओं की सामाजिक आर्थिक स्थिति के बारे में विस्तृत आँकड़े पेश किए। इसमें लिंग अनुपात, साक्षरता, शिशु मृत्युदर, जीवन-प्रत्याशा, स्वास्थ्य, शिक्षा और रोजगार के अवसरों तक महिलाओं खासकर ग्रामीण महिलाओं की पहुँच से संबंधित महिला पृथक आँकड़ों का विश्लेषण किया गया। ग्रामीण महिलाओं के लिए चिन्ता की दो वजहें थीं एक तो यह कि अधिकारहीन और वंचित महिलाओं में बहुसंख्यक ग्रामीण हैं और दूसरी महिलाओं को पंचायती राज व्यवस्था में शामिल करने को लेकर चल रही बहस। रिपोर्ट ने निष्कर्ष निकाला कि सिवाय कुछ फायदों के पिछले ढाई दशकों के योजनाबद्ध विकास ने महिलाओं की स्थिति को कई मामलों में खराब ही किया है। सबसे अधिक चिंताजनक स्थिति थी महिलाओं के कार्य भागीदारी की दर में जबरदस्त कमी

और इसके कारण थे कुछ पारंपरिक कार्यों का खत्म हो जाना और बाकी कार्यो में नई तकनीकों का सूत्रपात।[41] इसकी कई सारी संस्तुतियों में ग्रामीण महिलाओं की स्थानीय शासन में ज्यादा भागीदारी, महिलाओं को रोजगार के समान अधिकार प्रदान करने से जुड़ी एक अच्छी तरह परिभाषित नीति और समान नागरिक संहिता की आवश्यकता शामिल थीं (अहमद एस, 2000)। कुछ लोगों के मुताबिक यही वह समय था जब सरकारी प्रयास में 'महिलाओं के कल्याण' की बजाय 'महिलाओं के समेकन' पर अधिक ध्यान दिया जाने लगा।[42]

एसडब्लूआई के रिपोर्ट के तुरंत बाद ही महिला आंदोलनों का दबाव एक तरफ हिंसा खासकर दहेज हत्या और बलात्कार द्वारा खिलाफ अभियानों के रूप में दिखने लगा तो दूसरी तरफ महिला शोधकर्ताओं के सरकारी आँकड़ों में महिलाओं की आर्थिक भूमिका और योगदान को तोड़-मोड़ कर पेश करने से संबंधित खुलासों के रूप में दिखने लगा। भारतीय महिलाओं ने सबसे पहले अंतर्राष्ट्रीय महिला दशक से प्रभावित होकर अपने लिए एक चैप्टर की स्थापना की।

1976-77 में एक राष्ट्रीय कार्यवाई योजना तैयार की गई। वही योजना आयोग के महिलाओं के रोजगार के लिए बने एक कार्यकारी समूह ने पारंपरिक रोजगार में महिलाओं की उत्पादकता बढ़ाने के लिए और कौशल तथा प्रशिक्षण तक उनकी पहुँच में सुधार के लिए सुझाव दिए ताकि उनके लिए आधुनिक रोजगारों में अवसर खुल जाएं (कृष्णराज एंड शाह)।[43] लेकिन तीन दशकों से ज्यादा समय के बाद आज भी महिलाओं की गैर-कृषि क्षेत्रों में प्रवेश के मार्ग में शिक्षा, छठी पंचवर्षीय योजना (1978-85) में बार-बार महिलाओं के लिए स्वतंत्र रोजगार और आय के अवसर प्रदान करने के महत्व को दोहराया गया ताकि उनका सामाजिक स्तर सुधारा जा सके। हालांकि इसे महिलाओं के प्रजनन व्यवहार से जोड़ा गया जिसमें जन्म दर और शिशु मृत्युदर में कमी तथा बच्चें के पोषण में सुधार लाना शामिल थे। (भारत सरकार, 1979)।[44] इस तरह महिलाओं के रोजगार को सामान्य तौर पर विकास प्राप्ति के साधन के तौर पर और खासकर योजना के लक्ष्यों के तौर पर देखा गया

ना कि कार्यनीति के तौर पर जिसमें महिलाओं की सामाजिक आर्थिक दशा को सुधारा जाए या पितृसत्तात्मक व्यवस्था से मुक्ति दिलाई जाए। योजना में महिलाओं की प्राथमिकता वाले कार्यों या क्षेत्रों की पहचान से इंकार किया गया और महिलाओं की आर्थिक कार्यों के संपूर्ण क्षेत्र में शामिल करने की जरूरत पर बल दिया गया जो महिलाओं के लिए उम्मीद की किरण थी।

हालांकि वृहत् आर्थिक नीति में महिलाओं से जुड़े कई क्षेत्र अनछुए रह गए जैसे–छठी योजना में महिलाओं के कम बेरोजगारी दर को उनके नियमित और पूर्णकालिक रोजगार की मांग में कमी का संकेत माना गया था जबकि इन पर लागू उन कई तरह के ढांचागत, सामाजिक–आर्थिक और सांस्कृतिक कारकों पर विचार नहीं किया जो महिलाओं को काम में शामिल होने से रोकते हैं। (कृष्णराज एंड शाह, 2000)

महिलाओं के आर्थिक प्रतिनिधि के रूप में पहचान की प्रगति काफी धीमी थीं। सबसे पहले सातवीं पंचवर्षीय योजना (1985–90) ने महिला किसानों के लिए विज्ञान और तकनीक की जरूरत पर बल दिया और कौशल को बढ़ाने के क्षेत्र में ध्यान देने की बात कही गई। इसके बाद आठवीं योजना (1999–96) में महिलाओं के रोजगार को स्पष्टतौर पर बढ़ावा दिया गया और उन्हें श्रमिकों के साथ–साथ उत्पादकों के रूप में भी देखा गया जिसकी पुष्टि हेतु महिलाओं के सहकारी संगठनों और उत्पादक समूहों को प्रोत्साहन देने संबंधी कई प्रावधान किए गए (भारत सरकार 1992)[45] इस अवधि में कृषि को ग्रामीण विकास के बृहत्तर संदर्भ में प्रोत्साहित किया गया और दानकर्त्ता एजेंसियां जैसे–डीएएनआईडीए (DANIDA) और रॉयल नीदरलैंड ऐम्बेसी ने 'कृषि में महिलाएँ' कार्यक्रमों के माध्यम से महिला किसानों की लामबंदी का वित्तपोषण किया। राज्यों ने भी आठवीं और नौवीं योजना के अंतर्गत इसी तरह की योजनाएं चलाई जिससे महिलाओं को समूह बनाने के लिए प्रेरित और संगठित किया जा सके। इसके बाद उन्हें तकनीकी मदद, ऋण और उद्यमिता कौशल से जुड़ा प्रशिक्षण दिया गया।

1988 में गैर–संगठित क्षेत्र की महिलाओं पर बनी समिति की श्रमशक्ति रिपोर्ट आई जिसमें महिलाओं के अनौपचारिक अर्थव्यवस्था में योगदान की

पहचान करने की जरूरत को रेखांकित किया गया और इसने निवास-आधारित श्रमिकों और ऐसे अन्य लोगों पर भी प्रकाश डाला। 1980 के दशक के मध्य से ग्रामीण अर्थव्यवस्था में बड़े पैमाने पर पुरुषों के देशांतर-गमन के कारण महिला नेतृत्व वाले परिवारों की बढ़ती संख्या और उसकी वजह से महिलाओं की बढ़ती गरीबी पर काफी बहस होने लगी।

इस अवधि में यह भी समझ में आया कि महिलाएँ खासतौर पर दक्षिण एशिया में किसी भी तरह सजातीय वर्ग में नहीं आती हैं और वो अलग-अलग उम्र वर्ग, जाति, वंश, धर्म, संस्कृति जैसे कई आधारों पर शोषण की शिकार होती हैं। नारीवादी लेखकों और कार्यकर्ताओं ने इस जरूरत पर बल दिया कि स्थानीय, राष्ट्रीय और वैश्विक स्तर पर मौजूद सत्ता संरचना को चुनौती दी जाए और महिलाओं को खासकर गरीब महिलाओं को सशक्त किया जाए ताकि वो अपनी मर्जी से विकल्पों का चयन कर सके, भौतिक और गैर भौतिक संसाधनों पर अपने अधिकार का प्रयोग कर सके और इस तरह परिवर्तन की धारा को प्रभावित कर सके (मोजर, 1993)।

जहां तक वृहत् आर्थिक नीति में महिलाओं के हितों को बढ़ावा देने की बात है, नौवीं योजना (1997-2002) एक बड़े कदम का प्रतिनिधित्व करती है। इस योजना में महिला सशक्तिकरण को प्राथमिक उद्देश्यों में शामिल किया गया और महिलाओं के 'सशक्तिकरण के लिए राष्ट्रीय नीति 2001' को लागू करने की बात कही गई। इसने निश्चित ध्येय, लक्ष्य और नीतिगत नुस्खे निर्धारित किए और साथ ही एक महिला विकास सूचकांक तय किया ताकि इसके क्रियान्वयन के असर की निगरानी की जा सके (भारत सरकार 1997)। इसने महिला श्रमिकों की स्थिति सुधारने की दिशा में कुछ विशेष कदमों की घोषणा भी की ताकि परिवार के स्तर पर खाद्य सुरक्षा में सुधार हो (कृष्णराज एंड शाह)।

संविधान के 73वें और 74वें संशोधन ने स्थानीय शासन निकायों को संवैधानिक स्थिति प्रदान की और पंचायती राज संस्थाओं में महिलाओं के लिए एक तिहाई आरक्षण की व्यवस्था की।[46] 1993 में पारित इन संशोधनों में महिलाओं के सत्ता में ज्यादा भागीदारी का रास्ता खुल गया। हालांकि, संसद में महिलाओं को आरक्षण देने की कोशिश अभी तक सफल नहीं हुई है।

इस योजना के अंतर्गत महिलाओं के सशक्तिकरण के लिए कई दिशाओं में प्रयास किए गए जैसे महिला किसानों के विभिन्न संसाधनों तक पहुँच का विस्तार, अतिरिक्त भूमि के बंटवारे में महिलाओं को संपत्ति के अधिकार देना या व्यर्थ भूमि का पट्टा पुरुषों के साथ महिलाओं को भी या महिलाओं की स्वयं सहायता समूह को देना, स्वयंसहायता समूहों को आजकल महिलाओं से जुड़ी लगभग हर समस्या के लिए रामबाण के रूप में देखा जाता है। स्वयं सेवी क्षेत्रों और सरकार के बढ़ावे के बाद स्वयंसहायता समूहों का तेजी से विस्तार हुआ है लेकिन इनमें से अधिकांश बचत समूहों के रूप में कार्य कर रहे हैं।

हालांकि स्वयं सहायता समूह महिलाओं को खासतौर पर आर्थिक क्षेत्र में ज्यादा स्थान उपलब्ध कराते हैं अगर वे अवधारणा अच्छी तरह काम करें तो स्वयं सेवा समूहों में प्राप्त आत्मविश्वास और मोल-तोल की क्षमता इसके बाकी फायदों जैसे बचत या ऋण से ज्यादा फायदेमंद साबित हो सकती है। ये संस्थाएं सशक्तिकरण का अभिन्न हिस्सा माने जाने वाले क्षमता निर्माण में सहायक हैं या नहीं यह देखना बाकी है।

इसी बीच सितंबर 2000 में हुए **'संयुक्त राष्ट्र सहस्राब्दि शिखर सम्मेलन'** में भारत सहित समस्त अंतर्राष्ट्रीय समुदाय विकास के एक व्यापक दृष्टिकोण पर सहमत हो गया जिसमें इन दिनों प्रयुक्त सहस्राब्दि विकास लक्ष्य (एमजीडी) अंतर्निहित है। एमजीडी मानव विकास को सभी सामाजिक-आर्थिक प्रगति के केन्द्र में रखता है और गरीबी-उन्मूलन और विकास के लिए महिला सशक्तिकरण की केंद्रीय भूमिका को स्वीकार करता है।

भागीदारी, अधिकार, और सशक्तिकरण आज के दौर के मंत्र बन चुके हैं। सार्वजनिक नीतियां महिलाओं के समेकन के पूर्ववर्ती लक्ष्य से अब महिलाओं को मुख्यधारा में शामिल करने की ओर मुड़ गई हैं। मुख्यधारा में शमिल करने की कार्यनीति का मकसद है सभी निर्णय प्रक्रियाओं जैसे नीतियां, योजनाओं, संस्थाओं, कार्यक्रमों और स्कीमों में महिलाओं की भूमिका या जरूरतों को शामिल किया जाए।

इस प्रकार किसी भी देश में परिवर्तन लाने का शिक्षा सशक्त माध्यम है। यही नहीं, राधाकृष्ण आयोग ने **'पढ़ी-लिखी माता को घर की भाग्य**

विधाता' के आदर्श वाक्य से संबोधित किया है। शिक्षा को सामाजिक सशक्तिकरण का महत्वपूर्ण साधन स्वीकार करते हुए महिला शिक्षा को बढ़ावा देने के लिये सरकार अनेक योजनाओं को क्रियान्वित कर रही है। शिक्षित होने पर महिलाओं के सोचने-विचारने की क्षमता बढ़ती है, वह निर्णय लेने में समर्थ हो जाती है तथा आर्थिक विकास में महत्वपूर्ण भूमिका अदा करती है। राज्य में आय के निम्न स्तर, गरीबी, परम्परावादी सोच, बाल विवाह तथा निरक्षरता व जागरूकता में कमी के कारण ग्रामीण अभिभावक बालिका व महिला शिक्षा पर व्यय को अनुत्पादक व फिजूलखर्ची समझते है। स्वतंत्रता के पश्चात् देश में बालिका व महिला साक्षरता में बढ़ोतरी करने हेतु अनौपचारिक शिक्षा कार्यक्रम सर्वशिक्षा अभियान, प्रौढ़ शिक्षा कार्यक्रम, शिक्षा सहयोग योजना, बालिका समृद्धि योजना, राष्ट्रीय साक्षरता मिशन, राष्ट्रीय बालिका शिक्षा कार्यक्रम, महिला समाख्या कार्यक्रम, कस्तूरबा गांधी शिक्षा परियोजना जैसे अनेक कार्यक्रमों का प्रभावी संचालन किया जा रहा है।[47]

महिला शिक्षा हेतु अनेक कार्यक्रमों व योजनाओं को मूर्त रूप देने के कारण महिला साक्षरता में अप्रत्याशित परिवर्तन आया है। शहरी ही नहीं अपितु ग्रामीण महिलाओं में भी शिक्षा के प्रति जागरूकता व चेतना आई है। शिक्षा के दृष्टिकोण से महिलाओं की स्थिति में धीरे-धीरे सुधार हुआ है। वर्ष 1911 महिला 20.84 जो बढ़कर वर्ष 2001 में 52 प्रतिशत थी वहीं पूरे भारत में 1981 में महिला साक्षरता दर 29.76 प्रतिशत थी जो बढ़कर वर्ष 2001 में 54. 16 प्रतिशत थी से काफी कम थी। बालिकाओं को शिक्षा प्रदान करने के दृष्टिकोण से देश में सकारात्मक परिवर्तन दिख रहे हैं। स्कूलों में बालिकाओं का नामांकन निरन्तर बढ़ रहा है। इसी कारण गांवों में भी महिलाओं के सामाजिक-आर्थिक जीवन में क्रांतिकारी परिवर्तन दिखाई पड़ते हैं।[48]

महिलाओं को भेदभाव, शोषण, प्रताड़ना, यौन प्रहार व बलात्कार जैसी कुत्सित प्रवृत्तियों से छुटकारा दिलाने के लिये सरकार कानूनी सुरक्षा कवच भी प्रदान करती है। इस संदर्भ में सतीप्रथा (निवारण) अधिनियम 1929, स्त्री अशिष्ट रूपं (निषेध) अधिनियम 1986, दहेज निषेध अधिनियम 1961, अनैतिक व्यापार (निवारण) अधिनियम 1956 उल्लेखनीय हैं। इन कानूनों को

अधिक तर्कसंगत, कारगर व व्यावहारिक बनाने हेतु समय-समय पर राष्ट्रीय व राज्य महिला आयोग द्वारा इनकी समीक्षा की जाती है।49 यही नहीं कठिन व विकट परिस्थितियों जैसे- प्राकृतिक विपदाओं तथा भूकम्प, आग, सुनामी, आंतकवादी गतिविधियों या सामाजिक समस्याओं जैसे वेश्यावृत्ति व अवैध रूप से व्यापार आदि से जूझती महिलाओं को संरक्षण, परामर्श व राहत प्रदान करने हेतु सरकार ने अल्पावास, गृह परामर्श केन्द्र व स्वाधार जैसी योजनाओं को क्रियान्वित किया है।[50]

विवाह संबंधित विवाद या अपराध जैसी समस्याओं की शिकार महिलाओं को 'अल्पावास गृहों' में आश्रय प्रदान किया जाता है। इस योजना से जेल में रिहा महिलाएँ, वेश्यावृत्ति में लिप्त व देह व्यापार से जुड़ी महिलाएँ भी लाभान्वित होती रही हैं। इस योजना के तहत् इन महिलाओं को चिकित्सा सहायता, कानूनी व डॉक्टरी परामर्श भी उपलब्ध करवाया जाता है। यही नहीं देश में समाज कल्याण बोर्ड की सहायता से स्वैच्छिक संगठन परामर्श केन्द्र, परामर्श विशेषज्ञ सेवाएं और पुनर्वास जैसे कार्यक्रमों का सफल संचालन करते हुए विपदा में फंसी महिलाओं की सहायता कर रहे हैं। यही नहीं बलात्कार की शिकार महिला को क्षतिपूर्ति प्रदान करने हेतु 'क्रिमिनल इन्जरीज कम्पनसेशन बोर्ड का गठन किया गया है।'[51]

राजस्थान राज्य में इन सब कार्यक्रमों, नीतियों व योजनाओं के प्रभावी क्रियान्वयन के फलस्वरूप ग्रामीण महिलाओं की सामाजिक-आर्थिक स्थिति में सकारात्मक परिवर्तन परिलक्षित हो रहे हैं। गत दशकों के दौरान महिलाओं की जीवन-प्रत्याशा में वृद्धि हुई है। गौरतलब है कि पुरुषों की प्रत्याशित आयु 62.76 वर्ष आंकलित की गई है जबकि महिलाओं की आयु पुरुषों की अपेक्षा कुछ अधिक 65 वर्ष अनुमानित की गई है।[52]

इसी भांति इन कार्यक्रमों की बदौलत ही लिंगानुपात में भी सुधार हुआ है। राज्य में वर्ष 1991 में स्त्री-पुरुष अनुपात 910 था जोकि बढ़कर वर्ष 2001 में 922 हो गया। इस तरह 1991-2001 के दशक में प्रदेश की लिंग संरचना में सुधार हुआ। 2001 में राज्य के सौलह जिलों में स्त्री-पुरुष अनुपात राज्य के औसत अनुपात से अधिक पाया गया। ये जिले हैं- डूंगरपुर (1027),

बांसवाड़ा (978), उदयपुर (972), पाली (983), सीकार (951), सिरोही (944), चित्तौड़गढ़ (966), झुन्झुनूं (946), भीलवाड़ा (964), जालोर (968), चुरू (988), टोंक (936), अजमेर (937), झालावाड़ (928), राजसमन्द (1002) एवं नागौर (952)। राजस्थान में लिंगानुपात में एक क्षेत्र से दूसरे क्षेत्र में विषमता दृष्टिगत होती है।[53]

इसी प्रकार शिशु एवं मातृत्व मृत्यु दर में भी गिरावट आई है। पंचायती राज व्यवस्था में महिलाओं के लिये एक तिहाई आरक्षण व्यवस्था का प्रावधान होने से प्रदेश की लगभग 4 लाख महिलाएँ पंच, सरपंच व अन्य पदों को सुशोभित कर रही हैं। इस प्रकार से शिक्षा, स्वास्थ्य व रोजगार के दृष्टिकोण से महिला विकास कार्यक्रम काफी हद तक अपने उद्देश्यों में सफल हुए हैं।

इन सब उपलब्धियों के बावजूद भी विशेष रूप से ग्रामीण गरीब महिलाएँ शिक्षा, स्वास्थ्य, जागरूकता व समानता के दृष्टिकोण से पिछड़ी हुई हैं। तथा महिला सशक्तिकरण की मंजिल से कोसो दूर हैं।[54] स्वतंत्रता के करीब छः दशक बीत जाने के बावजूद भी ग्रामीण परिवेश में महिलाओं पर अत्याचार, अनाचार व शोषण की लकीरें साफ दिखाई देती हैं। प्रदेश में महिलाओं के प्रति बढ़ते शोषण, अत्याचार व शर्मनाक कृत्यों पर प्रकाश डालते हुए राष्ट्रीय रिकार्ड ब्यूरो ने बताया है कि देश में प्रतिवर्ष एक लाख से अधिक मुकदमें, बलात्कार, दहेज प्रथा व महिलाओं के शोषण से संबंधित दर्ज होते हैं। यही नहीं समाज में लड़कियों का जन्म अशुभ माना जाता है तथा कुछ समुदायों में उन्हें पैदा होते ही मार दिया जाता है। राजस्थान जैसे राज्य में तो ये आम बात है। लड़की जन्म ले भी ले तो बाल विवाह का सामना करना पड़ता है। ग्रामीण क्षेत्रों में कन्या भ्रूण-हत्या की बढ़ती प्रवृत्ति महिला विकास व महिला सशक्तिकरण के नाम पर कलंक है।[55]

यही नहीं एक गैर-सरकारी सर्वेक्षण ने यह चिंताजनक व भयावह निष्कर्ष दिया है कि देश में प्रतिवर्ष 20 लाख कन्याओं का जन्म से पूर्व ही कत्ल कर दिया जाता है। विभिन्न सर्वेक्षणों व अध्ययनों के दौरान यह तथ्य उभर कर सामने आया है कि प्रशासनिक ढिलाई, भ्रष्टाचार, महिलाओं में जागरूकता व शिक्षा के अभाव के साथ ही ग्रामीण महिलाओं में अधिकारों के

लिये संघर्ष करने का विश्वास व संकल्प नहीं होने के कारण महिला विकास कार्यक्रम व योजनाएं अपेक्षित सफलता हासिल नहीं कर पाए।[56]

निसंदेह रूप से ग्रामीण महिला विकास व सशक्तिकरण जैसे जटिल किन्तु महत्वपूर्ण उद्देश्य प्राप्ति की राह में अनेक समस्याएँ, अवरोध एवं बाधाएँ हैं। सरकार, समाज एवं स्वयंसेवी संगठनों को संयुक्त रूप में महिला विकास कार्यक्रमों के निर्माण, इनके सफल क्रियान्वयन व प्रगति को सुनिश्चित करते हुए महिलाओं को साक्षर, स्वावलम्बी व सशक्त बनाने के लिये हर सम्भव प्रयास करने होंगे तथा समाज में सकारात्मक व समानतापरक वातावरण तैयार करना होगा। इसके अतिरिक्त समाज में प्रचलित रूढ़ियाँ, मान्यताएँ, परम्परागत प्रथाएं एवं आडम्बर जैसी बेड़ियाँ ही महिला सशक्तिकरण के मार्ग में अवरोध हैं। महिलाएँ स्वयं आगे आकर इन अवरोधकों को दूर करके ही अपना निर्भीक, स्वतंत्र व सशक्त विकास कर सकती हैं।[57] 'देश व राज्य की खुशहाली व समृद्धि का रास्ता गाँव की गलियों से होकर गुजरता है'। इस तथ्य को देखते हुए ग्रामीण महिलाओं के विकास, खुशहाली व समृद्धि के लिये व्यापक गरीबी निवारण व बेरोजगारी उन्मूलन योजनाओं का क्रियान्वयन ईमानदारी, पारदर्शी व प्रभावी ढंग से सुनिश्चित किया जाना चाहिए।[58]

कृषि, पशुपालन, लघु, कटीर व हथकरघा उद्योगों में महिलाओं के योगदान को दृष्टिगत रखते हुए ऐसी योजनाओं व कार्यक्रमों को संचालित किया जाना अपेक्षित है जिससे इन क्षेत्रों में महिलाओं की उत्पादकता, कौशल व दक्षता में अभिवृद्धि संभव हो सके जिससे उनकी आय में बढ़ोतरी होगी तथा वे निर्धनता के दुश्चक्र से मुक्त हो सकेंगी।[59]

उल्लेखनीय है कि जब तक महिलाएँ 'गरीबी' का दंश झेल रही हैं तब तक उनकी साक्षरता, स्वास्थ्य व पोषण संबंधी प्रावधानों की चर्चा करना व्यर्थ है। गरीबी की सर्वाधिक मार महिलाओं को झेलनी पड़ती हैं। इसलिए यह सर्वाधिक आवश्यक है कि गरीबी निवारण कार्यक्रमों व महिला विकास कार्यक्रमों का क्रियान्वयन ईमानदारी पूर्ण निष्ठा व प्रभावी ढंग से किया जाए ताकि महिला विकास व सशक्तिकरण जैसे जटिल किन्तु महत्वपूर्ण उद्देश्य को प्राप्त किया जा सके।

सन्दर्भ सूची

1. कुरूक्षेत्र 2006 - महिला सशक्तिकरण
2. Government of India (1986) "National Policy on Education Programme of Action", New Delhi, Ministry of Human Resource Development.
3. भारतीय संविधान - सुभाष काश्यप, 1978
4. भारतीय संविधान - पी.एम वक्क्षी, 1999
5. कुरूक्षेत्र 2006 -महिला सशक्तिकरण
6. Singha, Rajni (1992) "Work Force Participation and Education of Women in Economic Development" Ph.D Thesis Rajasthan University, Jaipur.
7. Singha, Rajni (1992) "Work Force Participation and Education of Women in Economic Development" Ph.D Thesis Rajasthan University, Jaipur.
8. Lxmipathi, Raju (2007) "Women Empowernment Challenges and Strategies" Regal Publicatins, New Delhi.
9. Government of Indian (1986) "National Policy on Education Programme of Action" New Delhi, Ministry of Human Resource Development.
10. Rajasthan State Development Report (2005), Planning Commission Governmnet of India.
11. Rajasthan State Development Report (2005), Planning Commission Governmnet of India.
12. Rajasthan State Development Report (2005), Planning Commission Governmnet of India.
13. Government of India (1974) "TowarosQ Eqaulity, Report of The Committee on the Status of Women in India" Ministry of Education and Social Welfare, New Delhi.
14. Government of India (1974) "TowarosQ Eqaulity, Report of The Committee on the Status of Women in India" Ministry of Education and Social Welfare, New Delhi.

15. Government of India (1974) "TowarosQ Eqaulity, Report of The Committee on the Status of Women in India" Ministry of Education and Social Welfare, New Delhi.
16. Sharma Sangeeta and Rajesh Kumar Sharma (2005) "Mahila Vikash avam Rajkiya Yojnaye", Ritu Publication, Jaipur.
17. Sharma Sangeeta and Rajesh Kumar Sharma (2005) "Mahila Vikash avam Rajkiya Yojnaye", Ritu Publication, Jaipur.
18. Sharma Sangeeta and Rajesh Kumar Sharma (2005) "Mahila Vikash avam Rajkiya Yojnaye", Ritu Publication, Jaipur.
19. Government of Rajasthan "Human Development Report" (1995), (1999), (2002).
20. Rajasthan National Family Health Survey (NFHS-2) India (2005-2006), Ministry of Health and Family Welfare.
21. Rajasthan State Development Report (2005) Planning Commission.
22. Rajay Mahila Vikash Report (2005) Governmnet of India.
23. डॉ. अनीता मोदी (कुरूक्षेत्र) - महिला सशक्तिकरण सरकारी प्रयास एवं चुनौतियां।
24. डॉ. अनीता मोदी (कुरूक्षेत्र) - महिला सशक्तिकरण सरकारी प्रयास एवं चुनौतियां।
25. डॉ. अनीता मोदी (कुरूक्षेत्र) - महिला सशक्तिकरण सरकारी प्रयास एवं चुनौतियां।
26. डॉ. अनीता मोदी (कुरूक्षेत्र) - महिला सशक्तिकरण सरकारी प्रयास एवं चुनौतियां।
27. Thakkar, (1998) "Women, Work and Employment" Economic Political Weekly.
28. इन स्रोतो में मुख्य अंतर ये हैं कि पहला पूर्ण गणना पर आधारित है इसलिए सटीक आँकड़े देता हैं, जबकि दूसरा सैंपल सर्वे है इसलिए केवल दरों का पता चलता हैं।
29. 2001 की जनगणना के आँकड़े।
30. हालांकि शहरी क्षेत्रों में भी श्रम-बल का एक छोटा अनुपात कृषि में संलग्न हैं, लेकिन हमारा मुख्य ध्यान ग्रामीण आवादी पर हैं।

31. थोक और खुदरा व्यापार, होटल और रेस्तरां, परिवहन, भंडारण और संचार, वित्तीय मध्यस्थता और अन्य वित्तीय सेवाएं, अचल संपत्ति और व्यापारिक सेवाएं, लोक प्रशासन शिक्षा, स्वास्थ्य और सामुदायिक सेवा।

32. राष्ट्रीय नमूना सर्वेक्षण के आधार पर।

33. राष्ट्रीय नमूना सर्वेक्षण के आधार पर।

34. 2000-1 के एन एस एस रिपोर्ट का 55वां राउंड।

35. राष्ट्रीय नमूना सर्वेक्षण के आँकड़ों की मदद से ग्रामीण श्रम जांच (रूरल लेवर इन्क्वायरी) द्वारा आकलित।

36. मैत्रेयी कृष्णराज एम 'लिंग-वार नीति' - 'भारतीय महिला किसान' पृष्ठ-98।

37. सुभाष काश्यप - 'हमारा संविधान' भारत का संविधान और संवैधानिक विधि से पृष्ठ-82।

38. सुभाष काश्यप - 'हमारा संविधान' भारत का संविधान और संवैधानिक विधि से पृष्ठ-124।

39. मैत्रेयी कृष्णराज, अरूणा कांची - 'लिंग-वार नीति' - 'भारतीय महिला किसान' पृष्ठ- 98-99

40. मैत्रेयी कृष्णराज, अरूणा कांची - 'लिंग-वार नीति' - 'भारतीय महिला किसान' पृष्ठ- 99

41. भारत सरकार की समिति की रिपोर्ट 'समानता की ओर' के द्वारा प्रकाशित

42. मैत्रेयी कृष्ण राज एम 'लिंग-वार नीति' पृष्ठ-100

43. मैत्रेयी कृष्ण राज एम 'लिंग-वार नीति' पृष्ठ-101

44. भारत सरकार द्वारा छठी पंचवर्षीय योजना (1978-85)

45. भारत सरकार द्वारा आठवीं योजना (1991-96)

46. सुभाष काश्यम - 'हमारा संविधान' भारत का संविधान और संवैधानिक विधि से, पृष्ठ- 298-299

47. Vishawanthan (1998) Development Orientationry Women's Education", Printwell, Jaipur.

48. Vishawanthan (1998) Development Orientationry Women's Education", Printwell, Jaipur.

49. अर्चना पराशर (1992) वुमेन एंड फैमिली लॉ रिफॉर्म इन इंडिया, सेग पब्लिकेशन, नई दिल्ली।

50. लड़के और लड़कियों की शिक्षा के विभेदीकरण पर हंसा मेहता कमीशन की रिपोर्ट।

51. स्टेट जेंडर एंड द् रिट्रोरिक ऑफ लॉ रिफार्म, 'महिलाओं के अध्ययन का शोध केन्द्र', एस.एन.डी.टी महिला विश्वविद्यालय।

52. Census of Rajasthan (2001) Series 1, Rajasthan, Provisional Population Total, Directorate of Census Operation, Rajasthan.

53. Census of Rajasthan (2001) Series 1, Rajasthan, Provisional Population Total, Directorate of Census Operation, Rajasthan.

54. Census of Rajasthan (2001)

55. डॉ. अनीता मोदी - महिला सशक्तिकरण पर लेख, राजस्थान।

56. मानव विकास रिपोर्ट (2000) यू.एन.डी.पी ऑक्सफोर्ड यूनिवर्सिटी प्रेस, दिल्ली।

57. डॉ. अनीता मोदी - महिला सशक्तिकरण पर लेख, राजस्थान।

58. डॉ. अनीता मोदी - महिला सशक्तिकरण पर लेख, राजस्थान।

59. मानव विकास रिपोर्ट (2000)।

महिला और सामाजिक ढांचे का दृष्टिकोण

परिवार और समुदाय के पुरूषों के मुकाबलें महिलाएं अपनी और दूसरों की जिदंगी में अधिक परिवर्तन लाती है। इस बात को मान्यता देना सामाजिक नीति का एक महत्वपूर्ण आधार होना चाहिए। सामाजिक नीतियां अक्सर इस अनुमान पर आधारित होती है। कि महिलाएं कुछ मायनों में कमजोंर होती है और उन्हें समर्थन की अधिक जरूरत होती है। वे खुद का बचाव नहीं कर सकती और पुरूषों और बाहरी दुनिया से कमतर होती हैं। लेकिन वास्तविकता में इसका एकदम उलट है–खासकर जब हम उन परिवारों या घरों की तरफ देखते है जहां गरीबी बहुत अधिक है।

ऐसे परिवारों की बुनियादी जरूरतों जैसे पानी, ईंधन, खाना और देखभाल का इंतजाम महिलाओं द्वारा ही किया जाता है। इसके अलावा अधिकतर घरों में महिलाएं ही सभी वस्तुएं जुटाती है–चाहे वह धन हो या कोई वस्तु। अकाल जैसी स्थितियों में जब खेत–खलिहान सूख जाते है और परिवारों को अन्न उपलब्ध नहीं होता तो अक्सर महिलाएं ही परिवार का पेट भरने के लिए जुगत लगाती हैं- कंदमूल खोदती है, फल तोड़कर लाती है।

परिवारों, समुदायों और समाज के जीवन में महिलाओं की महत्वपूर्ण भूमिका है जिसके आधार पर सामाजिक सहयोग की नीति का निर्माण किया जाना चाहिए। इस पर नोबेल पुरस्कार विजेता अमर्त्य सेन का कहना है: 'हमें मानव जाति को रोगी नहीं, ऐसा माध्यम समझना चाहिए जिनके जरिये प्रभावी कार्य संभव हैं: व्यक्तिगत और संयुक्त, दोनों रूपों से। हमें सिर्फ यह नहीं सोचना चाहिए कि उनकी भूमिका मात्र उपभोक्ता या जरूरतमंद व्यक्तियों की है। इससे आगे बढ़ते हुए हमें व्यापक स्तर पर सोचना चाहिए कि वे परिवर्तन के वाहक हैं जो अगर अवसर मिले तो सोच–समझकर, आकलन और मूल्यांकन करके, हल निकालकर, प्रेरक बनकर, उत्तेजित होकर और इन साधनों का उपयोग करते हुए दुनिया का रूप बदल सकते है।

महिलाओं को सामाजिक विकास नीतियों द्वारा सहयोग या समर्थन देने के मार्ग में अनेक बाधााएं रही हैं। सबसे पहली बाधा तो इन नीतियों को समझने के तरीके से उत्पन्न होती है। परिवारों पर 1970 के दशक की

शुरूआत में, किए गए सर्वेक्षणों, जो आंकड़े एकत्र करते थे, और नीतियों के निर्माण में मदद करते थे, को इस तरह बनाया गया कि इसमें महिलाओं को कम सक्षम लोगों, जैसे विधवा, निराश्रित आदि की श्रेणी में रखा गया। ऐसा माना गया कि महिलाओं को बुनियादी तौर से सामाजिक कल्याण सेवाओं की जरूरत है। कई दशकों तक चले महिला आंदोलनों ने लोगों की सोच बदली। उन्हें समझाया कि महिलाएं किसी भी समुदाय या अर्थव्यवस्था में निर्णायक आर्थिक आधार होती है इसलिए उनके साथ सिर्फ यह सोचकर व्यवहार नहीं किया जाना चाहिए कि समाज को उनका कल्याण करना है, बल्कि यह सोचना चाहिए कि महिलाएं अर्थव्यवस्था में महत्वपूर्ण योगदान देती है। उनके काम के बेहतर परिणाम प्राप्त हों, इसके लिए उनकी भूमिका को मान्यता दी जानी चाहिए। उन्हें मौद्रिक पुरस्कार मिलना चाहिए तथा उन्हें सामाजिक एवं आर्थिक सहयोग दिया जाना चाहिए।

व्यक्तिगत और पारिवारिक स्तर पर आंकड़े एकत्र करने के प्रयासों में भी सुधार की जरूरत है। सर्वेक्षणों मे अक्सर पुरूषों को अपने परिवार का मुख्य कमाऊ सदस्य बताया जाता है जबकि महिलाओं को उनके बाद जगह मिलती है। वे पुरुष सदस्यों की सहायक मानी जाती है या उनकी आश्रिता।

अपने अध्ययनों में रेनाना झबवाला भी यहां कहती है – 'महिलाएं अक्सर अदृश्य होती है और श्रमिक के रूप में उन्हें मान्यता नहीं मिलती। इसका कारण यह है कि सबसे पहले तो वे औरतें होती है और दूसरा यह कि वे अनौपचारिक अर्थव्यवस्था का हिस्सा होती है जो अधिकतर दबी-छिपी होती है। अर्थव्यवस्था मे उनके काम और योगदान को परिवार ओर समुदाय में उनके योगदान को कम करके आंका जाता है, खास तौर से इसलिए क्योंकि वे घरों में काम करती है, घरेलू कामगार या नौकर होती है, परिवार के कारोबार या खेतों मे बिना वेतन के हाथ बंटाती है।

हमारे समाज में कमजोर वर्ग की, गरीबी के कुचक्र में फंसी महिला अपनी बड़ी बेटी के भरोसे घर काम छोड़कर-मीलों चलकर ईंधन और पानी इकट्ठा करती है। कितना ही अच्छा हो कि ऐसी महिलाओं को ऐसी सामुदायिक सेवा की सुविधा दी जाए। यहां वह अपने बच्चे को क्रेच में छोड़

सकेगी, उसके लिए समान ईधन स्रोत पर चपातियों बना सकेगी, अपने कपड़े धोएगी और फिर काम पर चली जाएगी।

सत्तर के दशक में हमने नीति निर्धारकों के समाने बेहद चौंकाने वाले आंकड़े प्रस्तुत किए। हमने प्रदर्शित किया कि महिलाओं की मृत्यु दर और उनकी श्रम भागीदारी दरों की बीच समानता थी। 20-35 वर्ष के आयु वर्ग की महिलाओं की श्रम भागीदारी दर सबसे अधिक थी। हमने पाया कि इसी आयु समूह की महिलाओं में मृत्यु दर भी अधिाक है। यह विशेष रूप से भारत के सबसे गरीब क्षेत्रों में, जिन्हें बीमारु राज्य भी कहते है। बिहार, मध्य प्रदेश, राजस्थान, उत्तर प्रदेश में अधिक था। आंकड़ो से पता चलता था कि महिलाओं पर किस प्रकार अपने परिवार को चलाने का दबाव होता है। जो उनकी श्रम भागीदारिता बढ़ाता है लेकिन इसका असर उनके स्वास्थ्य पर पड़ता है क्योंकि उन्हें कई दूसरे कार्य भी करने होते है। कहने का अर्थ यह है कि जब हम निर्धानतम वर्गो की बात करते है तो हमें यह सोचना होगा कि किस प्रकार सामाजिक कल्याण की नीतियों को महिलाओं की आर्थिक भूमिकाओं से जोड़ा जाए।

हालांकि इन उपायों को प्रभावी तभी बनाया जा सकता है। जब महिलाओं और वंचित समूहों की ओर ध्यान दिया जाए और सरकारी योजनाओं में उन्हें केन्द्र मे रखा जाए। उदाहरण के लिए योजना प्रक्रिया के सर्वेक्षणों में यह सुनिश्चित किया जाना चाहिए कि महिलाओं के विचारों को सुना जाए, विशेष रूपमें समूह चर्चा के माध्यम से, समुदाय के महिला नेतृत्व को चिन्हित किया जाए और विभिन्न क्षेत्रें के लिए बनी समितियों में उन्हें शामिल किया जाए जिससे यह सुनिश्चित हो कि सामाजिक विकास के अतिरिक्त अन्य क्षेत्रें जैसे बुनियादी ढांचे, सार्वजनिक भूमि के प्रयोग प्राकृतिक संसाधानों और रोजगार के संबंधा में योजना बनाते समय महिलाओं के हितों का ध्यान रखा जाएगा।

संदर्भ

- एंटोनोपोलस, आर (2009): द अनपेड केयर वर्क-पेड कनेक्शन (वर्किंग पेपर 86), पॉलिमी इंटीग्रेशन एंड स्टैटिक्स डिपार्टमेंट, अंतर्राष्ट्रीय श्रम कार्यालय, जिनेवा।

- जैन, देवकी (2001): द लुकिंग ग्लास, ऑफ पावर्टी, न्यू हॉल, कैब्रिज में प्रस्तुत पेपर।
- जैन, देवकी (1985): द हाउसहोल्ड ट्रैप: ट्रैनी ऑफ द हाउसहोल्ड: इनवेस्टिगेटिव एसेज ऑन विमेन्स वर्क में महिलाओं की गतिविधियों के पैटर्न पर की गई फील्ड स्टडी जैन, डी और बैनर्जी एन, द्वारा संपादित, शक्ति बुक्स, विकास प्रकाशन हाउस, भारत।
- जैन, देवकी (1979): वैल्यूइंगवर्क: टाइम एस अ मेजर इकोनॉमिक एंड पॉलिटिकल वीकली वॉल्यूम III, नंबर 43, 26 अक्तूबर 1996, और इंस्टीट्यूट ऑफ सोशल स्टडीज ट्रस्ट, इपैक्ट ऑन विमेन वर्कर्स-महाराष्ट्र रोजगार गारंटी योजना, आईएलओए जिनेवा द्वारा प्रायोजित एक अध्ययन।
- जैन.डी. (2006): विमेन्स इकोनॉमिक रीजनिंग एंड डेवलपमेंट इकोनॉमिक्स: कुछ वर्गो पर एक चर्चा।

सामाजिक न्याय और महिला विधेयक

सामाजिक न्याय और महिला विधेयक पर चर्चा करना भूस के ढ़ेर से सूई खोजने की तरह है। वास्तव में समय सापेक्ष रखकर जब हम इतिहास में इस उत्स की खोज करते है। तो कई चौंकाने वाले तथ्य निकलते हैं। केवल सामाजिक न्याय की धारणा पर ही चर्चा करें तो भारतीय समाज और महिलाओं के शोषण के अनगिनत चिन्ह मिलते है। महिलाओं के अधिकार, हक, सुरक्षा, एवं भारतीय जनतंत्र में उनकी भागीदारी के सवाल हमेशा ठंडे बस्ते में डाले गये है। हालांकि इतिहास की धारा में महिलाओं ने अपनी सक्रिय हिस्सेदारी को दर्ज कराया है। अपाला, मुद्रालोपा से लेकर, अणाक, मीरा, महादेवी वर्मा, झांसी की रानी, दुर्गावती, कर्मवती इत्यादि साहित्य और राजनीति में अपनी गहरी पैठ रखती रही है। महिला विधेयक पर चर्चा करने से पहले थोड़ी-सी बहस सामाजिक न्याय की धारणा पर कर लें तो, विषय को समझने में सुविधा होगी।

सामाजिक न्याय: अवधरणा

सामाजिक न्याय की धारणा एक विवादित पद बंध है। भारत एवं पाश्चात्य देशों के चिंतन पद्धति में इस शब्द के अलग-अलग अर्थ लगाये जाते है।

अरस्तु, प्लेटों, कण्ट, बेन्थम इत्यादि विद्वानों ने केवल राजनीतिक अधिकारों को लेकर पहली बार सामाजिक न्याय की गंभीर वकालत की। अगर तथ्यों पर ध्यान दें तो हमारे देश की स्थिति विश्वपटल 103 रैंक पर है यानी पूरी दुनिया में 12 प्रतिशत ही महिलाओं की भागीदारी है। एशियाई देशों के बीच हमारा 13वां स्थान है, जबकि स्त्री अधिकारों को लेकर शरिया कानून वाले देश भी हमसे ज्यादा प्रगति पर है।

उपरोक्त विद्वानों का मानना है कि सरकार (स्टेट) का यह दायित्व होगा कि वह व्यक्ति के राजनीतिक हितों की रक्षा करेगा। पश्चिम के देशों में व्यक्ति के अधिकार महत्वपूर्ण थे। इस व्यक्ति में 'स्त्री' के लिए कड़े संघर्ष के बाद विदेशों में उनके राजनैतिक हित सुरक्षित हुए। भारतीय संदर्भ में 'सामाजिक न्याय' की धारणा की स्थिति बहुत जटिल है। भारतीय समाज व्यवस्था में 'वर्ग' एवं 'जाति प्रथा' एक अनिवार्य घटक है, इस वर्ण एवं जीत के सवाल के अलावा कई 'सामाजिक कानून' है जिसके कारण स्त्री की राजनैतिक स्थिति कमजोर दिखलाई पड़ती है। एक स्त्री को धर्म, परम्परा, रूढ़िवादिता, कुल प्रतिष्ठा, इज्जत के नाम पर पग-पग पर बेड़ियां पहनाई जाती है, एक स्त्री जटिल भारतीय सामाजिक व्यवस्था से लड़कर अपने राजनैतिक अधिकारों की लड़ाई लड़ती है।

भारतीय राजनीति में स्व. इंदिरा गांधी, सोनिया गांधी, ममता बनर्जी की सक्रियता पुरुष सत्तात्मक समाज के समझ एक चुनौती है। कहने को तो ये सभी सक्रिय महिला राजनैतिक हस्तियां है और भारतीय राजनीतिक की दशा और दिशा तय करती रही है। किन्तु इनके सामाजिक संरचना के विन्यास पर बात करें तो सामाजिक न्याय की धारणा बिल्कुल साफ दिखायी देती है। सवर्ण समाज की महिलाओं से स्वीकार की जाती है। इसी संदर्भ में देखा जा सकता है राष्ट्रीय पार्टियां एवं क्षेत्रीय दलों के अध्यक्ष के पद पर अधिकांश पुरुष ही काबिज है। सोनिया गांधी, मायावती, ममता बनर्जी, एवं जयललिता जैसी सक्रिय, कर्मठ, विदुषी, एवं विचारशील महिलायें भारतीय राजनीति की आइकॉन है किंत यह देश का दुर्भाग्य है कि महिला विधेयक आज भी संसद के पटल पर अपने अस्तित्व के लिए लड़ रहा है।

भारत की आज़ादी को 70 वर्ष हो चुके है। इन वर्षो में भारत ने अपने इतिहास में कई उतार चढ़ाव देखे। देश में कई सरकारों ने शासन किया, महिलाओं के लिए कई योजना, एवं नीतियां बनी और बहुत से प्रशासनिक सुधार हुए किंतु उनके लिए महिला आरक्षण का सवाल आज भी जस का तस है।

महिला आरक्षण की भूल भूलैया

इसी प्रकार महिलाओं को चुनावों में हिस्सा लेने ओर चुनाव लड़ने की स्वतंत्रता और समानता का अधिकार दिए जाने के बावजूद निर्वाचित और निर्णय लेने के वाले निकालों में महिलाओं का प्रतिशत बहुत कम ही नहीं बल्कि कुछ मामलों में यह शून्य भी रहा है। इस उद्देश्य के लिए स्थानीय निकायों में महिलाओं के लिए सीट आरक्षित करने के लिए सन् 1988 में पहल की गई थी। सन् 1992 में संविधान का 73वां और 74वां संशोधन पारित किया गया जिसमें पंचायती राज निकायों और नगरपालिकाओं मे विभिन्न स्तरों पर महिलाओं के लिए 33 प्रतिशत सीटें आरक्षित करने की व्यवस्था की गई। परंतु संसद और राज्य विधानसभाओं में महिला आरक्षण का प्रस्ताव अभी तक संसद में विचारधीन है जो राजनीतिक दलों की अच्छा शक्ति पर प्रश्न चिन्ह लगाता है या फिर राजनीतिक दल महिलाओं के लिए संविधान संशोधन करने का साहस नहीं जुटा पाएं है।

33 प्रतिशत महिला आरक्षण मुद्दा राजनीतिक विवादों में है। प्रत्येक सरकार हमेशा यही कहती है कि हम तो महिला आरक्षण का बिल पास करना चाहते है, परंतु कुछ क्षेत्रीय राजनीतिक दल नहीं चाहते कि ये बिल पास हो। अतः इस महिला विधेयक में वंचित वर्गों की महिलाओं के लिए स्थानों को सुनिश्चित किया जाए अन्यथा महिला आरक्षण कानून अप्रसांगिक ही रहेगा। वास्तव में भारतीय जनतंत्र की मजबूती तब तक नहीं होगी जब तक समाज के सभी लोगां की सामूहिक भागीदारी और कर्तव्य सुनिश्चित नहीं किये जाते। क्योंकि जो भी महिलायें शीर्षपदों पर आसीन है वह पारिवारिक रूप से संपन्न परिवार से संबंध रखती है। जिनका साधारण जीवन से और जमीनी हकीकत से कोई सरोकार नहीं है। महिला जनसंख्या का बड़ा भाग अब भी समाज की

मुख्य धारा से वंचित है यहां तक कि कुछ महिलाओं को तो महिला सशक्तिकरण का अर्थ ही नहीं पता है।

तथाकथित परम्परागत आधुनिक समाज में महिला दोहरे तले दबी है। भारतीय समाज में अगर कोई बलिदान का जीवन व्यतीत करता है तो वो महिला है। महिला अपना पूरा जीवन बलिदान करके व्यतीत करती है जब महिला अपनी किशोरावस्था में होती है तो वह अपना जीवन अपने भाई बहन और माता-पिता के लिए समर्पित करती है और जब उसका विवाह होता हे तो वह अपने पति और बच्चों के लिए अपना जीवन समर्पित करती है, इस प्रकार महिला अपना पूरा जीवन बलिदान करके व्यतीत करती है उसे अपने लिए जीने का मौका कब मिला? फिर भी उसे समाज में नये-नये भेदभावों का शिकार होना पड़ता है।

यह हमारे समाज की विडंबना ही है कि हमारे समाज में महिलाओं को देवी का रूप माना जाता है परंतु इसी समाज में ही महिलाओं को सबसे अधिक शोषण का शिकर होना पड़ता है। दरअसल महिलाये वर्षो से जूर्म और शोषण का शिकार हो रही है जिस कारण महिलाओं ने इसे स्वीकार कर लिया है। समाज में जब किसी भी प्रथा, शोषण और अत्याचार को सामाजिक स्वीकृति मिल जाती है तो उसे सामाजिक वैधता प्राप्त हो जाती है। इसी प्रकार जिस समाज में महिला रह रही है उन्हें यह ही नहीं पता की उनका शोषण हो रहा है और वह आज भी मानसिक रूप से गुलाम है। महिलाओं का सशक्तिकरण करने के लिए आवश्यकता इस बात है कि पहले महिलाओं को यह एहसास दिलाना होगा की उनका शोषण हो रहा है और वह आज भी मानसिक रूप से गुलाम है और उन्हें ही अपने सशक्तिकरण के लिए खुद संघर्ष करना है। हमारे समाज में एक वाक्य बहुत ज्यादा प्रचलित है कि कोई भी परिवर्तन होने में समय लगता है। परंतु परिवर्तन की शुरूआत तो कहीं से होनी ही चाहिए और इस परिवर्तन की पहल हमें खुद अपने घर से करनी होगी तभी समाज में परिवर्तन होगा और समाज के विकास में हमारी भागीदारी बढ़ेगी तभी महिला सशक्तिकरण के साथ-साथ भारत का भी सशक्तिकरण होगा।

महिला सशक्तिकरण की प्रासंगिकता

समाज-सुधारकों, मनौवैज्ञानिकों एवं राजनीतिज्ञों ने अलग-अलग आन्दोलनों द्वारा समाज में फैली कुरीतियों के प्रति ध्यान आकृष्ट कराया और उन्हें त्यागने की प्रेरणा दी। इस प्रेरणा ने नारी के हृदय में विद्रोह ही ज्वाला को प्रज्वलित कर दिया और इन कुरूपताओं को नष्ट करने का प्रयास करने लगी, जिससे समाज में स्वतन्त्रता समानता और भाई-चारे के सिद्धान्तों की प्रतिष्ठा हुई। नवीन विचार धाराओं ने उन्हें प्रगति की ओर अग्रसर कर दिया। इन समस्त समाज सुधारकों के अथक प्रयासों के परिणाम स्वरूप और असीम संघषों के पश्चात् भारतीय नारी शताब्दियों की परतन्त्रता की बेड़ी के बन्धन से मुक्त हुई उसने सार्वजनिक जीवन मे प्रवेश किया, जिससे वह पति सेवा में अतिरिक्त राष्ट्र, जाति एवं कार्य आदि के प्रति अपने उत्तरदायित्वों को समझ सकी। अपने अधिकारों के प्रति उसमें जागरूकता उत्पन्न हुई। उसने घर की चारदीवारी को लांघकर परम्परागत सीमाओं को तोड़, समाज में अपने महत्वपूर्ण योगदान द्वारा नवीनता को प्रतिस्थापित किया। पाश्चात्य प्रभावों द्वारा स्वतन्त्र अस्तित्व की स्थापना का प्रयास किया तथा युगों से पुरूषों तले दबे अधिकारों को चुनौती दी। शिक्षा ने उसमें आत्मविश्वास का संचार किया। आज की नारी अपने नवीन रूप में पुरातन मूल्यो की नकारने एवं सामाजिक आग्रहों को तोड़ने की चेष्टा मे रत है। उसकी क्षमताओं पर प्रकाश डालते हुए महादेवी वर्मा ने कहा है। "वह अपनी कोमल भावनाओं को जीवित रखकर भी कठिन से कठिन उत्तरदायित्व का निर्वाह कर सकती है, दुर्लभ कर्त्तव्य का पालन कर सकती है और दुर्लभ से दुर्लभ कर्मक्षेत्र में ठहर सकती है।

आज की नारी के सम्बन्ध में यह उक्ति अत्यन्त उपयुक्त है। उसकी इस उन्नति को देखते हुए यदि 'महिला जागरण का युग" कहा जाये तो अतिश्योक्ति नहीं होगी। अतः कहा जा सकता है कि आज की नारी पुरुष के विस्तृत अधिकार क्षेत्र की प्राचीरो को तोड़ने मे प्रयासरत है तथा स्वेच्छानुसार अपने व्यक्तित्व निर्माण की ओर अग्रसर है। बीजिंग सम्मेलन, 2001 में राष्ट्रीय महिला सशक्तिकरण नीति बनायी गयी नौवीं पंचवर्षीय योजना का मूल उद्देष्य महिलाओं को अधिकार सम्पन्न बनाना था। नारी सशक्तिकरण का अर्थ है

सबलता, सुयोग्यता, आत्मनिर्भरता, आत्मविश्वास। इस प्रकार सशक्तिकरण एक मानसिक अवस्था है जिसकी पहली कसौटी निर्भयता। यह सर्वमान्य एवं सर्वानुभूत तथ्य है कि महिला सदियों से भेदभाव एवं शोषण सहते-सहते निशक्त हो गयी है। स्त्री और पुरुष एक ही इकाई के दो हिस्से हैं तथापि इसमें असामनता बनी हुई है।

वैदिक युग से लेकर आज तक भारतीय समाज की धुरी पुरूष ही रहा है। मानव विकास के सभी मुख्य मानदण्डों ज्ञान, कला, संस्कृति, साहित्य, राजनीति, उद्योग, कृषि, व्यापार, युद्ध आदि का संचालन और मूल्यांकन उसी के अनुरूप होता आया है, पर पिछली सदी के मानव चेतना मे बाहरी और भीतरी स्तर पर तीव्र आन्दोलन हुए है और बहुत सी बातें जो पचास वर्ष पहले तक सपना प्रतीत होती थी अब ठोस यथार्थ बन गयी हैं। यह परिवर्तन वस्तुगत एवं भागवत दोनों स्तरों पर हुआ है। नारी सम्बन्धी सोच में अभी तक आये बदलाव मे जनसंचार माध्यमों की भूमिका महत्वपूर्ण रही है साथ ही महिलाओं द्वारा जनसंचार माध्यम में उपयोगी एवं क्रियाशील भूमिका निभाये जाने से भी उनके आत्मविश्वास का स्तर तेजी से ऊपर उठा है। समय और समाज के संदर्भ मे सजग रहकर नागरिकों के दायित्व बोध कराने की कला ही पत्रकारिता एवं जनसंचार है।

जनसंचार समाज को नयी दिशा प्रदान करता है। असत्य, अशिव और असुन्दर पर सत्यं, शिवम्, सुन्दरम् का पावन शंखनाद ही पत्रकारिता एवं जनसंचार है। जैसे-जैसे जीवन की विविधता और नूतन साधनों का विकास हुआ, पत्रकारिता का दायरा भी बहुआयामी होता गया। जैसे रेडियो, टी.वी., आर्थिक, ग्रामीण सन्दर्भ, संसदीय फोटो, सर्वोदय पत्रकारिता आदि।

परन्तु अब बदलते परिवेश में बदलती मानसिकता एवं जनसंचार के द्वारा प्रभावशाली महिलायें ही इस अघोषित नियन्त्रण के घेरे को तोड़कर पुरुषों के लिए आरक्षित विषयों में प्रवेश कर पायी है। पारिवारिक जिम्मेदारियां, सामाजिक मान्यतायें और नैतिकता के प्रचलित मानदण्ड महिलाओं को जोखिम वाले तथा देर रात तक घर से बाहर रहने की मांग करने वाले कार्यो को सम्भालने से निरूत्साहित करते है। परन्तु मुख्य बाधा उनकी अपनी इच्छा या अनिच्छा नहीं

वरन यह परम्परागत दृष्टिकोण है कि जब भी किसी तथा कठिन या सरल काम में चयन करना हो तो पहली तरह का काम पुरुष एवं दूसरी तरह का महिला के लिये उपयुक्त माना जाता है।

स्वतंत्र भारत में नारी की इस विकास यात्रा पर चिंतन-मनन के बाद यह पता चलता है कि आज जो मुकाम नारी जगत ने हासिल किया है वह भारत के लिए गौरव की बात है। इन विशिष्ट नारियों ने अपनी सफलता के परचम देश-विदेश में फहरायें हैं। 21वीं सदी में भारत की इन प्रमुख शिखरोन्मुखी नारियों का जीवन-दर्शन वर्तमान पीढ़ी के लिए प्रेरणास्पद अध्याय है। किन्तु बहुसंख्यक आबादी आज भी समस्याओं से ग्रसित है। उनके उत्थान हेतु अनेक आन्दोलन एवं शासकीय प्रयास किये जा रहे है तब भी संतोषजनक परिणाम समाने नहीं आ पा रहे है। इन्हीं बिन्दुओं पर केन्द्रित होकर मैंने यह शोध-आलेख प्रस्तुत करने का एक छोटा सा प्रयास किया है। इसके लिए संदर्भ सामग्री के रूप में पत्र-पत्रिकाएं, जीवनी ग्रन्थ एवं इतिहास ग्रन्थ, टेलीविजन से प्राप्त जानकारियों की सहायता ली गई है। भारत में नारी उत्थान का प्रथम चरण स्वतंत्रता आंदोलन काल में दिखाई पड़ता है।

स्वतंत्र भारत में अनेक स्वयंसेवी संगठनो एवं राजनीतिक पार्टियों द्वारा अनेक नारी समस्याओं को उठाया गया। जैसे दहेज, घरेलू, हिंसा, बलात्कार, आत्महत्या आदि। फलतः नारी आंदोलनों का भी अभ्युदय हुआ। किन्तु इसका स्वरूप शांत, सृजनात्मक एवं सुदृढ़ीकरण की नींव पर आधारित था। नारी उत्थान के आंदोलनात्मक प्रयास निम्नांकित है:

- 1970 के दशक के स्वायत्त महिला दलों का आंदोलन आरम्भ हुआ।
- 1972 में ग्रामीण आदिवासी द्वारा शराबी पतियों के विरूद्ध आंदोलन चलाया गया। सुन्दरलाल बुहुगुणा के 'चिपको आंदोलन' में भी पर्यावरण रक्षा के उद्देश्य से महिलाओं ने भागीदारी निभायी।
- 1973-75 के बीच मूल्यवृद्धि विरोधी का सृजन महाराष्ट्र की कम्युनिस्ट व सोशलिस्ट महिलाओं ने किया।

- 1946-47 मे बंगाल के तेभागा किसान आंदोलन के दौरान 'नारी वाहिनी' बनाई गयी।
- 1946-50 के बीच तेलंगाना आंदोलन मे महिलाओं के ऊपर होने वाली घरेलू हिंसा का सवाल उठाया गया। यद्यपि यहां पर नारी क्षमता पर आधारित नेतृत्व स्वीकार करने के बजाय 'महिला मोर्चे' पर काम करने के लिए उन पर दबाव डाले गये।
- 1954 में कम्युनिस्ट महिलाओं ने राष्ट्रीय महिला फेडरेशन बनाया। महिलाओं ने किसान, आदिवासी, ट्रेड यूनियन और पर्यायवरण संबंधी आंदोलनो में भूमिका निभाई।
- 1947 में हैदराबाद मे उस्मानिया विश्वविद्यालय का प्रगतिशील महिला संगठन बना।
- 1975 में संयुक्त राष्ट्र संघ द्वारा विश्व महिला वर्ष की घोषणा की गई तथा 8 मार्च को प्रतिवर्ष विश्व महिला दिवस मनाया जाने लगा।
- 1975 मे बम्बई मुक्ति संगठन तथा पुणे में पुरोगामी स्त्री संगठन बने।
- 1977 मे आपात काल की घोषणा के बाद दिल्ली में एक ऐसे संगठन की स्थापना की गई जिसमें 'मानुषी' नामक पत्रिका का प्रकाशन किया जाने लगा। इस पत्रिका ने महिला आंदोलनों के दस्तावेजों का संरक्षण एवं प्रकाशन आरंभ किया है। इसमें मधु किश्वर का योगदान सराहनीय है।
- 1981 में ऑल इण्डिया डेमोक्रेटिक वीमेंस एसोसियेशन ने महिला उत्पीड़न के खिलाफ घर-घर जाकर अभियान चलाया। इसके बाद राजस्थान में सती प्रथा के खिलाफ आंदोलन शुरू हुआ।
- 1988 में महिलाओं के लिए राष्ट्रीय परिपेक्ष्य में योजनाएं तैयार की गई।
- 1989 में पंचायती राज बिल पेश किया गया। यद्यपि यह 1993 मे पास हो सका। इसमे महिलाओं के लिए एक तिहाई सीटें, आरक्षित की गई। इसमें ग्रामीण महिलाओं के विकास के लिए धन उपलब्ध कराने का प्रयोजन है।

- 1980 के दशक में जन अभियानों के बजाय महिलाओं की सहायता हेतु महिला सेलों की स्थापना, सलाह केन्द्र, दस्तावेज एकत्रित करना, शोध कार्य एवं प्रकाशन पर महत्त्व देना आरंभ किया गया। दिल्ली में 'सहेली' नामक संस्था ने महिला समस्याओं के साथ-साथ उनके सुख-दुख पर ध्यान देना आरंभ किया। आपत्तिजनक विज्ञापनों, स्वास्थ्य समस्याओं, भ्रूण हत्याओं पर कड़ी निगरानी रखी जाने लगी। हैदराबाद में 'अन्वेशी' नामक संस्था ने महिलाओं की समस्यायें उठाई। दिल्ली विश्वविद्यालय में सेंटर फार वीमेन्स स्टडीज का पाठ्यक्रम चलाया गया तथा शोधकार्य और दस्तावेज संग्रह करने को प्रेरित किया गया।

मानव संसाधन मंत्रलय के महिला एवं बाल विकास विभाग के एक प्रतिवेदन के अनुसार "भारत में प्रत्येक 54 मिनट में एक महिला का बलात्कार, 51 मिनट मे छेड़छाड़, 26 मिनट में बदसलूकी, 120 मिनट मे दहेज के कारण हत्या होती है। 40 प्रतिषत से अधिक विवाहित महिलाएं घरेलू हिंसा का शिकार है।"

भारत में नारी उत्थान में निम्नाकिंत महत्वपूर्ण समस्यायें है।

- मानवाधिकारों का हनन और पर्यावरण का दुष्प्रभाव
- लैंगिक अनुपात में महिलाओं की घटती संख्या प्रति 1000 पर 940 महिलाएं (जनगणना 2011 के अनुसार)
- महिलाओं के कल्याण और विकास हेतु निर्मित सामाजिक विचारों की प्रभाव हीनता।
- ग्रामीण ढ़ाँचे के अन्तर्गत महिलाओं की विशिष्ट समस्याएं शोषण और गरीबी हीनतर सामाजिक प्रस्थिति, कठोर परिश्रम, कल्याण एवं विकास कार्यो की प्रभाव हीनता।
- निर्धनता एवं आर्थिक विषमता
- स्यारश्य एवं कुपोषण
- अशिक्षा

- सामाजिक भेदभाव और महिलाओं के विरूद्ध शारीरिक व मानसिक हिसां
- बालिका भ्रूण हत्या और बालिका शिशु हत्या
- दहेज हत्या और बाल विवाह
- वेश्यावृत्ति
- महिलाओं की पुरुषों पर निर्भरता

स्वतंत्रता पूर्व एवं स्वंतत्रता के पश्चात् नारी उत्थान हेतु शासन द्वारा किये गये विधिक उपाय निम्नांकिंत है।

- बाल-विवाह निषेध अधिनियम 1976
- स्त्री अशिष्ट निरूपण अधिनियम 1976
- सती निषेध अधिनियम 1987
- प्रसव पूर्व निदान तकनीकि अधिनियम 1994
- भारतीय तलाक (संशोधन) अधिनियम 2001
- महिलाओं पर घरेलू हिंसा अधिनियम 2001
- परित्याक्ताओं के लिए गुजारा भत्ता (संशोधन विधेयक) 2001
- हिन्दू महिलाओं के सम्पत्ति के अधिकार का अधिनियम 1937
- बागान श्रम अधिनियम 1951
- खान अधिनियम 1952
- हिन्दू विवाह अधिनियम 1955
- दहेज प्रतिबंध अधिनियम 1961/1986
- प्रसूति सुविधा अधिनियम 1961
- बीड़ी एवं सिंगार कमंकार अधिनियम 1966
- ठेका श्रम अधिनियम 1970
- समान पारिश्रमिक अधिनियम 1976

पुरुष के समान प्रत्येक कार्य के बराबरी का दर्जा प्रदान करने के हेतु प्रशासन द्वारा निम्नांकित कदम उठाये गये है:-

- 1948 कारखाना अधिनियम के जरिये किसी इकाई में महिला कर्मियों की संख्या मे अधिक होने पर पालनागृह उपलब्ध करने की अनिवार्यता।
- 1948 न्यूनतम वेतन कानून का कार्यान्वयन।
- 1961 मातृत्व लाभ अधिनियम पारित करके कामकाजी महिलाओं को सवेतन प्रसूति अवकाश का प्रावधान।
- 1978 समान वेतन अधिनियम लागू करके समान कार्य के लिए समान वेतन।
- 1988 महिलाओं को समानता का अधिकार दिलाने के लिए राष्ट्रीय शिक्षा नीति पर अमल शुरू।

महिलाओं को राजनीतिक रूप से सबल बनाने के लिए सर्वप्रथम अप्रैल 1993 में 73वें एवं 74 वें संविधान संशोधन विधेयक द्वारा त्रिस्तरीय पंचायती राज्य संस्थाओं एवं स्थानीय निकायों में प्रत्येक स्तर पर महिला सदस्यों और अध्यापकों के लिए एक तिहाई सीटें आरक्षित कर दी गई है। ताकि देश के राजनीतिक-सामाजिक जीवन में वे साक्रिय भागीदारी निभा सकें।

इस जागरूकता में इजाफा करने के उद्देश्य से केन्द्र सरकार द्वारा संसद तथा विधान मण्डलों में एक तिहाई सीटों पर आरक्षण प्रदान करने हेतु पहले 12 सितम्बर 1996 को 81वीं संविधान संशोधन विधेयक तथा पुन: 1998 में 84वां संविधान संशोधन विधेयक संसद मे प्रस्थापित किया गया। किन्तु दोनों ही बार दृढ़ इच्छा शक्ति की कमी के कारण लोक सभा के विघटन के साथ ही समाप्त हो गया।

महिला आरक्षण विधेयक के संदर्भ में एक अहम् बात यह भी है कि आरक्षण जाति-धर्म-सम्प्रदाय पर आधारित हो, वरना जो संवर्ग जिससे जुड़ा है उसको उसका लाभ ही नहीं मिल सकेगा और तब उस समुदाय का विकास उपेक्षित ही हो जायेगा।

उपरोक्त शिखरोन्मुखी नारियों की सफलता में उनके जागरूक एवं सामर्थ्यवान माता-पिता ने महती भूमिका निभाई। साथ ही भारत सरकार की नितियां एवं प्रोत्साहन भी इनके विकास का खास माध्यम रहा। आज भारत की प्रतिभाओं की जो साख अंतर्राष्ट्रीय जगत में स्थापित हो रही है, वह भी इन महिलाओं को शिखर तक पहुंचाने में सहायक है।

आज भी अवसर प्राप्त होने पर भारतीय नारी ने सरोजनी नाडयू, विजय लक्ष्मी पंडित, इन्दिरा गांधी, सुषमा स्वराज्य, अरूंधती घोष के रूप में राजनीति की बागडोर संभाली है। किरण बेदी के रूप में अपराधियों को समाज की मुख्य धारा से जोड़ने का क्रांन्तिकारी कार्य किया है। बछेन्द्रीपाल और संतोष यादव के रूप में एवरेस्ट की चोटी पर कदम रखा है। मेधा पाटकर के रूप में ज्वलन्त समस्याओं के प्रति जन जागरण किया है। सबल बजाज के रूप में मानसिकता को उजागर किया। महादेवी वर्मा, सुभद्रा कुमारी चैहान, गौरापंत शिवानी, अरूंधती राय के रूप में सशक्त लेखनी से अमिट हस्ताक्षर किए है। सोनल मानसिंह गिरिजा देवी, लता मंगेशकर के रूप में भारतीय कथा की उत्कृष्टता को विश्व के पटल पर सिद्ध किया है।

स्वयं मौन रहकर तथा मूकदर्शक बनकर यह सोचना कि अन्य व्यक्ति हमारी समस्याओं का समाधान करेंगे तथा स्वयं मिल जायेंगे, मूर्खतापूर्ण चिंतन है। केवल अधिकार प्राप्त कर लेने से समस्या का समाधान नहीं होता। महिलाओं को अपनी योग्यता सिद्ध करके तथा पहल करके अधिकारों को प्राप्त करना होगा। एक बार अधिकार प्राप्त हो जाने पर उनका उपयोग करने व अधिकारों को सुरक्षित रखने का कार्य भी स्वयं महिलाओं को ही करना होगा। महिलाओं की स्थिति सुधारने में अनेक स्वयं संगठनों ने सहायता प्रदान की है। मदर टेरेसा, जिसका समाज सुधार के क्षेत्र में अमिट योगदान है। वह समाज सम्पूर्ण देष को ''वसुधैव कुटुम्बकम'' की भावना से देखती थी। भारत की उड़नपरी के नाम से विख्यात पी.टी. ऊषा जानी जाती है।

भारत की प्रथम महिला प्रधानमंत्री के रूप में इन्दिरा गांधी ने देश को मजबूत राजनीति ढांचा प्रदान किया। महिलाओं को अपने आप ही आगे बढ़ चढ़कर हिस्सा लेकर आगे का रास्ता प्रशक्त करना है। आज के बदलते परिवेश

में नारी कमजोर नहीं, सशक्त है। जमाने से नारियां ऊंचे पदों पर कार्य कर रही है और वह सराहनीय है। भारतीय का अतीत साक्षी है कि विलक्षण प्रतिभा, बुद्धि व त्याग से भारतीय नारी ने राष्ट्र निर्माण मे महती भूमिका निभायी है।

स्त्री ईश्वर की अनूठी रचना है। स्त्री जीवन की जड़ है, इसे काटोगे तो संसार नष्ट हो जायेगा। स्त्री समाज का तारण करने वाली है, बावजूद इसके कि वह सांसारिकों के लिये भोग की वस्तु न बन जाये। संसार में ईश्वर ने स्त्री-पुरूष की संख्या लगभग बराबर रखी, परन्तु उसमें भी तथाकथित एडवांस कहे जाने वाले लोगों ने छेड़-छाड़ शुरू कर दी है। नारी के अधिकारों एवं कर्तव्यों को लेकर आदि काल से ही चर्चा होती रही है।

स्त्री शक्ति की महिमा को दर्शाने वाले बहुत सारे तथ्य हमारे प्राचीन संस्कृति में देखने को मिलते है। परन्तु आज स्त्री क्या है? वास्तविकता तो यह है कि आज स्त्री को पूर्ण समझा ही नहीं जाता है। एक नारी की पहचान किसी की पुत्री किसी की पत्नी, किसी की भगिनी एवं किसी की मां के रूप मे होती है, क्यों? 21वीं सदी कें प्राय: महिला प्रयोग की वस्तु हो गयी है।

आज स्त्री शक्ति के दावे तो बहुत किए जाते है, नारी सशक्तिकरण वर्ष मनाया जाता है। परन्तु नारी उद्धार तब तक नहीं होगा जब तक कि नारी स्वयं जिम्मेदारी अपने हाथ में नहीं लेगी। स्त्री के गहने, स्त्री की बेड़िया है जिसे पुरूषों ने सोची-समझी चाल के तहत बनाए रखा है। गहने पहनाकर एवं उसे सजा कर कहा जाता है कि तुम घर के अन्दर की चीज हो, तुम बाहर नहीं जा सकती। यदि स्त्री-शक्ति का जागरण किसी के कराने से होता तो अब तक हो चुका होता।

विनोबा जी ने स्वयं कहा है कि-"शहरो की जो दशा है, व अत्यन्त खतरनाक है। पढ़ी-लिखी लड़कियां शहर के रास्तों पर चलती है तो लड़के उनके पीछे लगते है उसका विरोध करने के लिये बहनों को आगे आना चाहिए। श्री विनोवा का मानना था कि स्त्रियां अपनी आत्मशक्ति, ब्रहम-शक्ति एवं धर्म शक्ति का मान रखकर सामने आयेंगी तभी दुनिया का उद्धार होगा। जो करना है, उन्हीं को करना है, उनके लिये यदि पुरूष करेगा, तो नारी कभी भी सशक्त नहीं हो पायेगी।

यदि आज की नारी को अपना वैदिक कालीन स्थान पुनः स्थपित करना है तो उन्हें कश्मीर की लल्ला, राजस्थान की मीरा, महाराष्ट्र की मुक्ता, कर्नाटक की अक्का एवं तमिलनाडु की आंडाल की भांति तपस्या कर इतिहास रचना होगा।

अन्ततः यह प्रश्न प्रासंगिक है कि स्त्री का उद्धार कैसे होगा क्योंकि स्त्री का उद्धार होगा तभी विश्व का कल्याण होगा। इस प्रश्न के उत्तर में यह कहा जा सकता है कि स्त्री का उद्धार तभी होगा जब स्त्रियां जागेंगी और स्त्रियों में शंकराचार्य जैसी कोई प्रखर ज्ञान-वैराग्य-सम्पन्न, भक्ति-मार्गी एवं निष्ठावान स्त्री पैदा होगी। एक सामान्य सा सिद्धान्त है कि प्राणी का उद्धार प्राणी के आत्मबल से ही होता है। परमेश्वर उसी को मदद करता है जो प्राणी स्वयं कोशिश करता है। नारी का उद्धार उसके स्वयं के इच्छा-शक्ति से होगा।

आज 21वीं सदी की नारी कितनी सशक्त है यह जानने से पूर्व यह जानना आवश्यक है कि शक्ति का स्रोत क्या है? इस संदर्भ में विनोबा जी ने लिखा है कि-शक्ति का जो मूल स्रोत है वह स्त्री एवं पुरूष के शरीर में न होकर उसके अन्तरात्मा में है। अन्तरात्मा स्त्री-पुरूष भेद रहित है।

इससे स्पष्ट है कि शक्ति हमेशा अन्तरात्मा से आती है, शरीर से नहीं उल्लेखनीय है कि श्री विनोबा शारीरिक रूप से भी महिला को कमजोर नहीं मानते है। उनके अनुसार पुरूष 2000 कैलोरी का आहार ग्रहण करता है एवं महिला 1600 कैलोरी का फिर भी वह किसी भी प्रकार पुरूषों से कमजोर नहीं है। उनके अनुसार शेरनी कभी शेर से कमजोर नहीं होती है, वह स्वयं स्वरक्षित है। आज दुनिया के लगभग सभी संविधान स्त्री-पुरूष मे भेद किए बगैर स्त्रियों को सामाजिक, राजनीतिक, आर्थिक एवं शैक्षणिक अधिकार दे रहे है। उदाहरण के तौर पर भारत के वर्तमान राजनीतिक एवं सामाजिक मंचों को देखें तो स्पष्ट हो जाता है कि केन्द्रीय एवं प्रान्तीय दोनों सत्ताओं का नेतृत्व स्त्रियां ही कर रही है।

भारत के इतिहास मे प्रथम बार महिला राष्ट्रपति के रूप में महामहिम श्रीमति प्रतिभा पाटिल भारी बहुमत से पदासीन हुई है। भारत के प्रधानमंत्री का पद श्रीमति गांधी जैसे प्रखर प्रतिभासम्पन्न महिला सुशोभित हो चुकी है। आज

अन्तरिक्ष में महिलाओं की प्रतिभागिता सुनिश्चित हो चुकी है, जहां कल्पना चावला ने अन्तरिक्ष मिशन यज्ञ में आहुति दी, वहीं सुनीता विलियम ने अपनी अन्तरिक्ष यात्रा सफलता पूर्वक सम्पन्न की है। महिलाएं सेना एवं खेलकूद में भी आगे निकल रही है। अब शायद महिलाएं अपनी शक्ति पहचान चुकी हैं। जिस दिन महिला में विनोबा के सपनों की अध्यात्मिक शक्ति जगेगी, उस दिन से ही विश्व का कायाकल्प हो जायेगी और वैश्विक कल्याण हो सकेगा।

आचार्य विनोबा भावे ने स्त्रियों में शील रक्षा (चरित्र-रक्षा) की बात की है, साथी ही स्वरक्षा की भी बात कही है। मेरी दृष्टि मे यह बहुत बड़ा विचार है। आज समाज में जिस तरह नैतिकता का ह्रास हुआ है उसमें उनका विचार अत्यन्त ही महत्व रखता है।

संदर्भ-सूची

1. डा. अन्जू शुक्ला: आधुनिक नारी एवं महिला सशक्तिकरण, पृ. 28-32
2. डा. अन्जू शुक्ला: आधुनिक नारी एवं महिला सशक्तिकरण, पृ. 33-36

निष्कर्ष

महिलाएँ समाज का अभिन्न भाग हैं जो कुल जनसंख्या का महत्वपूर्ण हिस्सा हैं। महिलाएँ परिवार, समाज सुदृढ़ राष्ट्र की रचना में महत्वपूर्ण भूमिका निभाती हैं। महिलाएँ परिवार, सभ्यता एवं संस्कृति का आधार–स्तम्भ हैं। महिला स्थिति से व्यक्ति, परिवार, समाज एवं राष्ट्र की सामाजिक तथा आर्थिक स्थिति प्रभावित होती है। महिलाओं को समाज में उचित स्थान एवं प्रतिष्ठा प्रदान करके ही समाज का विकास संभव है। इसी दृष्टिकोण को ध्यान में रखते हुए महिलाओं के सशक्तिकरण हेतु समय–समय पर केन्द्र एवं राज्य सरकार द्वारा प्रयास किये जा रहे हैं।

- राजस्थान में महिला साक्षरता दर में गत दशक में सुधार हुआ है लेकिन अभी भी महिलाएँ शिक्षा के क्षेत्र में काफी पीछे हैं। राज्य के ग्रामीण क्षेत्र में महिला शिक्षा नगरीय क्षेत्र की तुलना में बहुत कम पायी गई।
- राज्य के सभी जिलों में गत दशक में महिला साक्षरता दर बढ़ी है लेकिन कुछ जिले बाड़मेर, जालौर, डूंगरपुर एवं बांसवाड़ा में महिला साक्षरता दर बहुत कम पायी गयी है।
- राज्य में महिला कार्यसहभागिता की दर में भी पिछले दशक में काफी सुधार हुआ है। महिलाओं की रोजगार में पहुँच बहुत कम है। नगरीय क्षेत्र में महिला कार्यसहभागिता दर ग्रामीण क्षेत्र से काफी कम पायी गयी है। ग्रामीण क्षेत्र में भी अधिकांश महिलाएँ असंगठित क्षेत्र में कार्यशील हैं।
- शिक्षित व अशिक्षित दोनों ही संवर्गों की महिलाओं में गैरकर्मी का प्रतिशत आधे से ज्यादा रहा। नगरीय क्षेत्र में शिक्षित महिला

मुख्यकर्मी एवं सीमान्तकर्मी दोनों ही ग्रामीण क्षेत्र में शिक्षित महिला मुख्यकर्मी व सीमान्तकर्मी से कम पाए गए।

- राज्य के सभी जिलों में गत दशक में महिला कार्यसहभागिता दर में वृद्धि हुई है लेकिन उदयपुर एवं राजसमंद जिलों में महिला कार्यसहभागिता दर में कमी आयी है। गंगानगर, जयपुर एवं कोटा जिलों में भी वृद्धि बहुत कम हुई है।
- राज्य में महिलाओं का अधिकांश भाग काश्तकार व खेतीहर मजदूर में कार्यशील है जबकि पारिवारिक उद्योगकर्मी व अन्य कर्मी में प्रतिशत बहुत कम पाया गया।
- महिलाओं की आर्थिक संसाधनों जैसे बचत व साख एवं सम्पत्ति के संसाधनों तक पहुँच व नियंत्रण कम पाया गया। माईक्रोक्रेडिट कार्यक्रमों की जानकारी का अभाव होने के कारण बचत व साख तक पहुँच बहुत कम पायी गई।
- राज्य में वैश्वीकरण के कारण खुले रोजगार के विकल्पों का लाभ महिलाओं को नहीं मिल पाया क्योंकि अधिकांश महिलाएँ अशिक्षित हैं और प्रशिक्षण का अभाव है।
- राज्य में बाल–विवाह व महिलाओं की स्वास्थ्य सुविधाओं तक पहुँच कम होने के कारण मातृ मृत्युदर एवं शिशुमृत्युदर अधिक पायी गयी।
- राज्य में महिलाओं की सम्पत्ति के संसाधनों तक पहुँच बहुत कम पायी गई यहाँ तक सम्पत्ति से संबंधित सूचनाओं एवं आँकड़ों का अभाव पाया गया।
- महिलाओं की शिक्षा का स्तर उच्च होने पर शिक्षित महिलाओं को मुख्यकर्मी के रूप में रोजगार प्राप्त हुआ जैसे तकनीकी उपाधि प्राप्त महिलाओं का अधिकांश प्रतिशत मुख्यकर्मी में पाया गया।
- राज्य में पारिवारिक स्तर पर किए गए सर्वे में कच्ची बस्ती में अशिक्षित एवं कार्यशील महिलाओं का प्रतिशत शहरी क्षेत्र की तुलना में अधिक पाया गया।

- कच्ची बस्ती में कार्यशील महिलाओं का अधिकांश प्रतिशत असंगठित क्षेत्र (घरेलू बाई) में था जबकि शहरी क्षेत्र में महिलाएँ संगठित क्षेत्र में कार्यशील थीं। अतः कच्ची बस्ती में महिलाओं की आय का सामान्य स्तर शहरी क्षेत्र की तुलना में कम पाया गया।
- शिक्षित महिलाओं की महिला आर्थिक सशक्तिकरण को दर्शाने वाले सूचकों में पहुँच जैसे बाजार से खरीददारी में, सहभागिता, घर से बाहर जाने की स्वतंत्रता, राजनीति में सहभागिता, अशिक्षित महिलाओं की तुलना में अधिक पायी गयी।
- उच्च शिक्षित गृहणियों को सभी शिक्षित महिलाओं से सम्पत्ति से संबंधित निर्णयों में अधिक सहभागिता पायी गई।
- राज्य में राजनीतिक परिवेश में महिलाओं की संख्या अत्यन्त कम है।

राज्य में महिलाओं की जागृति ने उनमें शक्ति का संचार किया है। राज्य में जागृति बिना महिला जागृति सम्भव नहीं है। 'सशक्त नारी सशक्त राज्य' का नारा साकार करना होगा। अतः राजनीति के बिगड़ते स्वरूप को संवारने व उसे स्वच्छ बनाने के लिए महिलाओं को हिम्मत करके राजनीति में उतरना ही चाहिए। इसके लिए महिलाओं को सम्मान देने का उत्तरदायित्व पुरुष, समाज और राष्ट्र को लेना होगा।

महिला सशक्तिकरण का आत्मावलोकन करने से एक सच्चाई तथ्य के साथ सामने आती है कि महिलाएँ आज के दिन भारत व राज्यों में राजनीति, सरकारी तथा गैर–सरकारी संस्थानों में उच्च पदों पर हैं। प्रशासनिक एवं पुलिस सेवा में महत्वपूर्ण योगदान कर रही हैं। किसी को भी यह स्वीकार करने में संकोच नहीं होना चाहिए कि भारतीय महिलाएँ अनेक चुनौती भरी राह पर दौड़ लगाने में पुरुषों से आगे हैं।

महिला को शक्ति स्वरूपा नारायणी बनाकर महज मूर्ति एवं चित्रों में मत पूजिए। समाज मे रह रही उस जीवंत स्त्री को अपने सशक्तिकरण के लिए संकल्पित होने दीजिए। कंधे से कंधा मिलाकर चलिए परन्तु ईमानदारी से। नीयत में, दृष्टि में, सोच में जो खोट है उसे निकाल फेंकने में ही फायदा होगा। विकास के आयाम में जो भी पहलू हैं उसमें महिलाओं की

भागीदारी सुनिश्चित करें और परिणाम आने तक द्वेष नहीं बल्कि धैर्य का धर्म अपनाएं।

परिवार और समुदाय के पुरुषों के मुकाबले महिलाएँ अपनी और दूसरों की जिंदगी में अधिक परिवर्तन लाती हैं। इस बात को मान्यता देना सामाजिक नीति का एक महत्वपूर्ण आधार होना चाहिए। सामाजिक नीतियाँ अक्सर इस अनुमान पर आधारित होती हैं कि महिलाएँ कुछ मायनों में कमजोर होती हैं और उन्हें समर्थन की अधिक जरूरत होती है। वे खुद का बचाव नहीं कर सकतीं और पुरुषों और बाहरी दुनिया से कमतर होती हैं लेकिन वास्तविकता इसके एकदम उलट है खासकर जब हम उन परिवारों या घरों की तरफ देखते हैं जहाँ गरीबी बहुत अधिक है।

ऐसे परिवारों की बुनियादी जरूरतों जैसे पानी, ईंधन, खाना और देखभाल का इंतजाम महिलाओं द्वारा ही किया जाता है। इसके अलावा अधिकतर घरों में महिलाएँ ही सभी वस्तुएँ जुटाती हैं- चाहे वह धन हो या कोई वस्तु। अकाल जैसी स्थितियों में जब खेत-खलिहान सूख जाते हैं और परिवारों को अन्न उपलब्ध नहीं होता तो अक्सर महिलाएँ ही परिवार का पेट भरने के लिए जुगत लगाती है; कंदमूल खोदती हैं, फल तोड़कर लाती हैं।

परिवारों, समुदायों और समाज के जीवन में महिलाओं की महत्वपूर्ण भूमिका है जिसके आधार पर सामाजिक सहयोग की नीति का निर्माण किया जाना चाहिए। इस पर नोबेल पुरस्कार विजेता 'अमर्त्य सेन' का कहना है "हमें मानव जाति को रोगी नहीं ऐसा माध्यम समझन चाहिए जिनके जरिये प्रभावी कार्य संभव है: व्यक्तिगत और संयुक्त दोनों रूपों सें। हमें सिर्फ यह नहीं सोचना चाहिए कि उनकी भूमिका मात्र उपभोक्ता या जरूरतमंद व्यक्तियों की है। इससे आगे बढ़ते हुए हमें व्यापक स्तर पर सोचना चाहिए कि वे परिवर्तन के वाहक हैं जो अगर अवसर मिले तो सोच-समझकर, आकलन और मूल्यांकन करके, हल निकालकर, प्रेरक बनकर, उत्तेजित होकर और इन साध नों का उपयोग करते हुए दुनिया का रूप बदल सकते हैं"।

महिलाओं को सामाजिक विकास नीतियों द्वारा सहयोग या समर्थन देने के मार्ग में अनेक बाधाएं रही हैं। सबसे पहली बाधा तो इन नीतियों को समझने के तरीके से उत्पन्न होती है। महिलाओं को बुनियादी तौर से सामाजिक

कल्याण सेवाओं की जरूरत है। कई दशकों तक चले महिला आंदोलनों ने लोगों की सोच बदली। उन्हें समझाया कि महिलाएँ किसी भी समुदाय या अर्थव्यवस्था में निर्णायक आर्थिक आधार होती हैं। इसलिए उनके साथ सिर्फ यह सोचकर व्यवहार नहीं किया जाना चाहिए कि समाज को उनका कल्याण करना है, बल्कि यह सोचना चाहिए कि महिलाएँ अर्थव्यवस्था में महत्वपूर्ण योगदान देती हैं। उनके काम के बेहतर परिणाम प्राप्त हों इसके लिए उनकी भूमिका को मान्यता दी जानी चाहिए। उन्हे मौद्रिक पुरस्कार मिलना चाहिए था। उन्हें सामाजिक एवं आर्थिक सहयोग दिया जाना चाहिए।

सच्चाई यह है कि पूरे दिन इस तरह के काम को करने के कारण महिलाओं को बाहर निकलने और पुरुषों के समान कमाई करने के अवसरों से वंचित होना पड़ता है। इसलिए इस बात को मान्यता देना महत्वपूर्ण है। इस प्रकार महिलाओं द्वारा किए जाने वाले काम को मान्यता देना या काम की परिभाषा को व्यापक बनाना जिससे महिलाओं के काम को समझा जा सके, उसे परिगणित किया जा सके और उसका मूल्यांकन किया जा सके उन कुछ कदमों में से एक है जिससे महिलाओं का अच्छा स्वास्थ्य और अच्छा जीवन प्राप्त हो सकता है।

व्यक्तिगत और पारिवारिक स्तर पर आँकड़े एकत्र करने के प्रयासों में भी सुधार की जरूरत है। सर्वेक्षणों में अक्सर पुरुषों को अपने परिवार का मुख्य कमाऊ सदस्य बताया जाता है जबकि महिलाओं को उनके बाद जगह मिलती है। वे पुरुष सदस्यों की सहायक मानी जाती हैं या फिर उनकी आश्रिता। हालांकि भारत और विदेशों में किए गए अध्ययनों में महिलाओं द्वारा दिए गए समय और आर्थिक योगदान दोनों का प्रयोग किया जाता है। इसके बावजूद कि उनका मौद्रिक प्रतिफल नहीं निकाला जाता फिर भी महिलाएँ- खासतौर से गरीब और भूमिहीन परिवारों में पुरुषों के समान ही आर्थिक और सामाजिक योगदान देती हैं। इसलिए महिलाओं के लिए नीति निर्माण करने के लिए सर्वेक्षणों में सुधार की जरूरत है।

अध्ययनों में स्पष्ट होता है कि महिलाएँ अक्सर अदृश्य होती हैं और श्रमिक के रूप में उन्हें मान्यता नहीं मिलती। इसका कारण यह है कि सबसे पहले तो वे औरतें होती हैं और दूसरा यह कि वे अनौपचारिक अर्थव्यवस्था

का हिस्सा होती हैं जो अधिकतर दबी–छिपी होती हैं। अर्थव्यवस्था में उनके काम और योगदान को परिवार और समुदाय में उनके योगदान को कम करके आँका जाता है खास तौर से इसलिए क्योंकि वे घरों में काम करती हैं, घरेलू कामगार या नौकर होती हैं, परिवार के कारोबार या खेतों में बिना वेतन के हाथ बांटती हैं। महिलाओं पर अपने परिवार को चलाने का दबाव होता है जो उनकी श्रम भागीदारिता बढ़ाता है लेकिन इसका असर उनके स्वास्थ्य पर पड़ता है क्योंकि उन्हें कई दूसरे कार्य भी करने होते हैं।

कहने का अर्थ यह है कि जब हम निर्धनतम वर्गों की बात करते हैं तो हमें यह सोचना होगा कि किस प्रकार सामाजिक कल्याण की नीतियों को महिलाओं की आर्थिक भूमिकाओं से जोड़ा जाए हालांकि इन उपायों को प्रभावी तभी बनाया जा सकता है जब महिलाओं और वंचित समूहों की ओर ध्यान दिया जाए और सरकारी योजनाओं में उन्हें केन्द्र में रखा जाए। उदाहरण के लिये योजना प्रक्रिया के सर्वेक्षणों में यह सुनिश्चित किया जाना चाहिए कि महिलाओं के विचारों को सुना जाए विशेष रूप से समूह चर्चा के माध्यम से। समुदाय में महिला नेतृत्व को चिन्हित किया जाए और विभिन्न क्षेत्रों के लिए बनी समितियों में उन्हें शामिल किया जाए जिससे यह सुनिश्चित हो कि सामाजिक विकास के अतिरिक्त अन्य क्षेत्रों जैसे बुनियादी ढाँचे, सार्वजनिक भूमि के प्रयोग, प्राकृतिक संसाधनों और रोजगार के संबंध में योजना बनाते समय महिलाओं के हितों का ध्यान रखा जाएगा।

तथाकथित परम्परागत आधुनिक समाज में महिला दोहरेभार तले दबी है। गृह का भार, व्यावसायिक कार्य के मध्य सामंजस्य व समझौतापरक परिस्थितियों में महिला को स्वयं बलि देनी पड़ रही है। योजना संबंधी कार्यों में कम महत्त्व मिलता है। भारतीय समाज में अगर कोई बलिदान का जीवन व्यतीत करता है तो वो महिला है। महिला अपना पूरा जीवन बलिदान करके व्यतीत करती है जब महिला अपनी किशोरावस्था में होती है तो वह अपना जीवन अपने– भाई, बहन और माता–पिता के लिए समर्पित करती है और जब उसका विवाह होता है तो वह अपने पति और बच्चों के लिए अपना जीवन समर्पित करती है। इस प्रकार महिला अपना पूरा जीवन बलिदान करके व्यतीत करती है। उसे अपने

लिए जीने का मौका कब मिला? फिर भी उसे समाज में नये-नये भेदभावों का शिकार होना पड़ता है।

यह हमारे समाज की विडंबना ही है कि हमारे समाज में महिलाओं को देवी का रूप माना जाता है परन्तु इसी समाज में ही महिलाओं को सबसे अधिक शोषण का शिकार होना पड़ता है। दरअसल महिलायें वर्षों से जुर्म और शोषण का शिकार हो रही हैं जिस कारण महिलाओं ने इसे स्वीकार कर लिया है। समाज में जब किसी भी प्रथा, शोषण और अत्याचार को सामाजिक स्वीकृति मिल जाती है तो उसे सामाजिक वैधता प्राप्त हो जाती है। इसी प्रकार जिस समाज में महिलाएँ रह रही हैं उन्हें यही नहीं पता कि उनका शोषण हो रहा है और वे आज भी मानसिक रूप से गुलाम हैं। महिलाओं का सशक्तिकरण करने के लिए आवश्यकता इस बात की है कि पहले महिलाओं को यह एहसास दिलाना होगा कि उनका शोषण हो रहा है और वे आज भी मानसिक रूप से गुलाम हैं और उन्हें ही अपने सशक्तिकरण के लिए खुद संघर्ष करना है और समाज की मुख्यधारा में शामिल होना है। हमारे समाज में एक वाक्य बहुत ज्यादा प्रचलित है कि 'कोई भी परिवर्तन होने में समय लगता है' परन्तु परिवर्तन की शुरूआत तो कहीं से होनी ही चाहिए और इस परिवर्तन की पहल हमें खुद अपने घर से करनी होगी तभी समाज में परिवर्तन होगा और समाज के विकास में हमारी भागीदारी बढ़ेगी तभी महिला सशक्तिकरण के साथ-साथ समाज, राज्य तथा देश का भी सशक्तिकरण होगा।

राष्ट्र के विकास के लिए महिलाओं को पूर्ण रूप से सशक्त होना आवश्यक है तभी उनकी क्षमताओं का लाभ उठाया जा सकता है। महिलाओं को विकास की मुख्य धारा से जोड़े बिना किसी, समाज, राज्य एवं देश के आर्थिक एवं राजनीतिक और सामाजिक विकास की कल्पना नहीं की जा सकती है। भारतीय संविधान में महिलाओं के उत्थान के लिए शिक्षा एवं रोजगार से संबंधित समान अवसर, समान आजीविका, समान कार्य के लिए समान भुगतान के अधिकार दिये गये हैं।